消费心理学

(微课版)

主 编 杨仲基 徐岸峰 刘凯然

北京理工大学出版社
BEIJING INSTITUTE OF TECHNOLOGY PRESS

内 容 简 介

　　消费心理学是一门综合性学科，与心理学、管理学、市场营销学、公共关系学等多个学科领域密切相关。本书融合前沿理论与企业实践，突出实用性和可读性，构建形成了完善的消费心理学知识体系。

　　本书从影响消费心理的内外部因素入手，设计了十三个章节，内容涵盖消费者认识、情感、意志、个性特征、学习、记忆、态度、需要、动机、体验、自我概念、生活方式、消费文化、社会阶层、消费群体、产品、广告、营销沟通、消费情境等因素及其与消费心理和行为之间的关系，同时将大数据、人工智能等新技术与消费心理结合。本书既适用于高等院校应用型市场营销等专业人才培养的需要，还可以成为市场营销实践与管理人员的参考用书。

版权专有　侵权必究

图书在版编目（CIP）数据

消费心理学：微课版 / 杨仲基，徐岸峰，刘凯然主编． -- 北京：北京理工大学出版社，2023.11
ISBN 978-7-5763-3214-8

Ⅰ．①消⋯　Ⅱ．①杨⋯ ②徐⋯ ③刘⋯　Ⅲ．①消费心理学　Ⅳ．①F713.55

中国国家版本馆 CIP 数据核字（2023）第 231959 号

责任编辑：王晓莉	文案编辑：王晓莉
责任校对：刘亚男	责任印制：李志强

出版发行	/ 北京理工大学出版社有限责任公司
社　　址	/ 北京市丰台区四合庄路 6 号
邮　　编	/ 100070
电　　话	/ （010）68914026（教材售后服务热线）
	（010）68944437（课件资源服务热线）
网　　址	/ http://www.bitpress.com.cn

版 印 次	/ 2023 年 11 月第 1 版第 1 次印刷
印　　刷	/ 河北盛世彩捷印刷有限公司
开　　本	/ 787 mm×1092 mm　1/16
印　　张	/ 12
字　　数	/ 279 千字
定　　价	/ 79.00 元

图书出现印装质量问题，请拨打售后服务热线，负责调换

前言

新时代，我国社会的主要矛盾是人民日益增长的美好生活需要和不平衡不充分的发展之间的矛盾，党的二十大报告明确提出："着力扩大内需，增强消费对经济发展的基础性作用。"为各类新兴消费业态的出现和发展提供了根本遵循。当然，无论是在传统大宗消费中，还是在绿色消费、数字消费等新业态中，消费者无疑都是企业最为关注的核心主体。因此，加强消费心理学教学与研究工作一方面成为新文科改革背景下市场营销专业核心课程体系重构面临的新挑战，另一方面也是市场营销专业回应经济社会发展热点问题的重要机遇。

消费心理学是一门涵盖心理学、社会学、行为科学等多领域知识的应用型学科，以消费者的心理现象和行为的产生、发展及规律为对象。作为市场营销专业的核心必修课程，国内各大高校也都开设了相关课程，尽管课程叫法略有区别，但其核心内容都聚焦于消费者心理与行为，两者不可分割，紧密相连。对营销领域的学者和企业实践者而言，关注消费心理是为了更好地掌握行为背后的规律和机制，而对消费行为的敏锐洞察为心理研究提供了重要现实情境。面对数字经济如火如荼的发展，消费者展现出了新的个性特征，悦己消费、圈层消费、社交消费等新的消费现象不断出现，其背后的心理机制是否发生改变有待深入研究。

在教材理念方面，本教材以党的教育方针为根本遵循，坚持理论联系实际，突出科教融合与产教融合，兼顾学术研究和营销实践导向。在教材内容方面，本教材试图将最新的研究发现和结论介绍给读者，按照影响消费心理的内外部因素进行设计，形成十三个章节，其中内部因素涵盖认识、情感、意志、个性、学习、记忆、态度等心理因素和需要、动机、体验、自我概念、生活方式等个体因素，外部因素涵盖消费文化、消费群体、社会阶层等环境因素和产品、广告、营销沟通、消费情境等营销因素，最后提出数字经济时代消费心理的新动向，课程体系具有完整性和前沿性。在思政育人方面，本教材在各章节设计了"知识加油站"模块，同时在"导入案例"和"拓展阅读"模块尽量使用特色鲜明、代表性强的案例材料，旨在培养学生家国情怀、社会责任和职业操守。在配套素材方面，本教材提供了与教材内容体系配套的 PPT、教学大纲和线上学习视频等资料，有助于提高教学效率。应该看到，消费心理发生机制十分复杂，我们无法穷尽影响消费者决策与行为的所有因素，希望本教材从因素视角构建的消费心理学课程体系能够为读者带来启迪和系统性思考。

为满足学生数字化学习需求，本教材的编写团队已经在学银在线开设了"消费者行为学"线上课程，并以微视频的全新形式呈现在本教材当中，这是本教材编写团队在数字教材建设与混合式教学模式改革中的一次新的探索，也是黑龙江省高等教育教学改革项目"'课赛一体化'背景下市场营销专业社会实践一流课程建设模式研究"（SJGY20220325）和黑龙江省首批新文科研究与改革实践项目"数字经济时代理工科院校工商管理类专业新文科课程体系建设与实践"（2021HLJXWY043）的阶段性成果。

本教材由杨仲基和徐岸峰负责统稿和定稿工作，刘凯然参与编写。全书共十三章，徐岸峰负责第一章至第四章的编写工作，杨仲基负责第五章到第十章的编写工作，刘凯然负责第十一章到第十三章的编写工作。

本教材参考、吸收和借鉴了大量论文、著作和网络资料，教材编写也得到了北京理工大学出版社高等教育分社领导和编辑同志提供的全方位指导和服务，在此一并向各位表示感谢。限于编者时间和水平有限，书中疏漏与不当之处，恳请各位读者批评指正。

目录

第一章 消费心理学导论 (001)
- 学习目标 (001)
- 导入案例 (001)
- 第一节 消费心理学概述 (002)
- 第二节 消费心理学的研究对象和内容 (005)
- 第三节 消费心理学的研究方法和特点 (007)
- 第四节 消费心理学的发展和趋势 (011)
- 拓展阅读 (014)
- 思考题 (015)

第二章 消费者认识、情感与意志 (016)
- 学习目标 (016)
- 导入案例 (016)
- 第一节 消费者的认识过程 (017)
- 第二节 消费者的情感过程 (031)
- 第三节 消费者的意志过程 (035)
- 第四节 消费者认识、情感与意志的关系 (037)
- 拓展阅读 (038)
- 思考题 (039)

第三章 消费者个性特征 (040)
- 学习目标 (040)
- 导入案例 (040)
- 第一节 消费者的个性 (041)
- 第二节 消费者的气质 (045)
- 第三节 消费者的性格 (048)
- 第四节 消费者的能力 (050)

拓展阅读 ·· (051)
　　思考题 ·· (052)

第四章　消费者学习、记忆与态度 ·· (053)

　　学习目标 ·· (053)
　　导入案例 ·· (053)
　　第一节　学　习 ·· (054)
　　第二节　记　忆 ·· (058)
　　第三节　态　度 ·· (063)
　　拓展阅读 ·· (070)
　　思考题 ·· (072)

第五章　消费者需要、动机与体验 ·· (073)

　　学习目标 ·· (073)
　　导入案例 ·· (073)
　　第一节　需　要 ·· (075)
　　第二节　动　机 ·· (078)
　　第三节　体　验 ·· (084)
　　拓展阅读 ·· (086)
　　思考题 ·· (088)

第六章　消费者自我概念与生活方式 ·· (089)

　　学习目标 ·· (089)
　　导入案例 ·· (089)
　　第一节　自我概念 ·· (090)
　　第二节　生活方式 ·· (095)
　　拓展阅读 ·· (099)
　　思考题 ·· (101)

第七章　消费文化与社会阶层 ·· (102)

　　学习目标 ·· (102)
　　导入案例 ·· (102)
　　第一节　消费文化 ·· (104)
　　第二节　社会阶层 ·· (108)
　　拓展阅读 ·· (111)
　　思考题 ·· (112)

第八章　消费群体与消费心理 ·· (113)

　　学习目标 ·· (113)
　　导入案例 ·· (113)
　　第一节　消费者群体概述 ·· (114)
　　第二节　不同年龄阶段群体的消费心理 ································ (118)

第三节　参照群体 …………………………………………………………（121）
　　第四节　意见领袖 …………………………………………………………（123）
　　拓展阅读 ………………………………………………………………………（124）
　　思考题 …………………………………………………………………………（125）

第九章　产品与消费心理 ……………………………………………………（126）
　　学习目标 ………………………………………………………………………（126）
　　导入案例 ………………………………………………………………………（126）
　　第一节　产品名称与消费心理 ……………………………………………（128）
　　第二节　品牌与消费心理 …………………………………………………（129）
　　第三节　产品包装与消费心理 ……………………………………………（132）
　　第四节　新产品与消费心理 ………………………………………………（134）
　　第五节　价格与消费心理 …………………………………………………（135）
　　拓展阅读 ………………………………………………………………………（137）
　　思考题 …………………………………………………………………………（138）

第十章　广告与消费心理 ……………………………………………………（139）
　　学习目标 ………………………………………………………………………（139）
　　导入案例 ………………………………………………………………………（139）
　　第一节　广告概述 …………………………………………………………（141）
　　第二节　广告设计与消费心理 ……………………………………………（142）
　　第三节　增强广告效果的心理策略 ………………………………………（144）
　　拓展阅读 ………………………………………………………………………（147）
　　思考题 …………………………………………………………………………（148）

第十一章　营销沟通与消费心理 ……………………………………………（149）
　　学习目标 ………………………………………………………………………（149）
　　导入案例 ………………………………………………………………………（149）
　　第一节　营销沟通概述 ……………………………………………………（150）
　　第二节　整合营销沟通 ……………………………………………………（153）
　　第三节　营销沟通障碍与应对 ……………………………………………（155）
　　拓展阅读 ………………………………………………………………………（158）
　　思考题 …………………………………………………………………………（159）

第十二章　消费情境与消费心理 ……………………………………………（160）
　　学习目标 ………………………………………………………………………（160）
　　导入案例 ………………………………………………………………………（160）
　　第一节　消费情境概述 ……………………………………………………（161）
　　第二节　线下购物环境与消费心理 ………………………………………（163）
　　第三节　线上购物环境与消费心理 ………………………………………（166）
　　拓展阅读 ………………………………………………………………………（169）
　　思考题 …………………………………………………………………………（170）

003

第十三章　数字时代的消费心理 (171)
学习目标 (171)
导入案例 (171)
第一节　大数据与消费心理 (172)
第二节　人工智能与消费心理 (174)
第三节　网络营销的心理机制 (176)
拓展阅读 (179)
思考题 (180)

参考文献 (181)

第一章 消费心理学导论

学习目标

1. 掌握消费心理学基本概念。
2. 理解消费心理学研究对象和内容。
3. 掌握消费心理学研究方法。
4. 了解消费心理学发展历程与最新趋势。

导入案例

营销短视症——《哈佛商业评论》史上最畅销文章之一

20世纪60年代,哈佛大学教授西奥多·莱维特在《哈佛商业评论》发表了《营销短视症》一文,在学界及企业界引起了强烈反响,被认为是营销理论史上的一个重要里程碑。该文是《哈佛商业评论》上最为畅销的文章之一。今日读来,仍然极具穿透力。

营销短视症主要指不适当地把主要精力放在产品或技术上,而不是放在市场的需要(消费需求)上,其结果导致企业丧失市场,失去竞争力。莱维特断言:市场的饱和并不会导致企业的萎缩,造成企业萎缩的真正原因是营销者目光短浅,不能根据消费者的需要变化而改变营销策略。从世界通信到通用汽车,从诺基亚到HTC,产品为王的百年柯达也会遭遇破产……一个个巨头的轰然倒塌背后却有着相似的营销短视特性。

那么,营销短视症都有哪些显著特征?

第一,自认为只要生产出最好的产品,消费者自然会上门。

第二,只注重技术的开发,而忽略消费者的需要变化。

第三,只注重内部经营管理水平,忽略外部市场环境和竞争。

莱维特列举了四个广泛存在的信念,这些信念或者被企业管理者公开宣讲,或者成为其行动的暗含假设,而这四个信念则几乎一定会导致营销短视症。

一是认为人口的自然增长会为产业增长自动形成一个不断扩大的市场环境。

二是认为产业的主要产品不存在竞争性代替品，对于那些具有自然垄断性的产业如石油、电力等产业的经营者尤其如此。

三是认为大规模生产会形成规模经济，企业会因此打败竞争者。

四是只要造出了比竞争者更好的产品，就可以获得优势，企业经营者因此集中精力完善科学实验，改进产品和降低制造成本。

事实上，莱维特认为根本就不存在成长型行业，世间只有可以创造和利用成长机会的企业。

显然，企业要应付生存需求，必须适应市场的要求，而且越早越好。但生存仅仅是很一般的愿望，任何人都希望可以按某种方式生存，不仅仅是体验成功的甜蜜，还要从内心深处感受到创业的伟大。如果没有被强烈的成功愿望驱使，并拥有一定魄力，一家企业无法变得伟大。所以，领导者必须拥有伟大的愿景，这样才能够吸引大量热情的追随者。

(资料来源：哈评百年经典重读之营销短视症；https://www.tmtpost.com/watch/tFQXDi)
请思考：你认为营销短视症现象表现出企业决策者的何种心理？

第一节 消费心理学概述

消费心理学是研究消费者心理现象和行为规律的学科，由于心理是行为的基础，想要了解和预测消费行为，就必须充分了解消费心理。因此，无论消费心理学还是消费者行为学，都同时关注了消费心理和消费行为两大部分内容。作为一门新兴交叉学科，消费心理学涉及的知识比较广泛，对消费心理和行为的深入研究，一方面有助于指导我国企业的市场营销实践；另一方面，对个人消费者深入洞察消费陷阱，养成良好的消费习惯同样具有重要意义。为深入研究消费者心理特征及其行为规律，有必要先了解一下消费心理学的理论研究进程和发展现状。

一、心理学的内涵和范畴

既然消费心理学的对象聚焦于消费者，那么就应该首先思考人类心理现象的本质。概括地说，心理是大脑的功能，是在实践活动中人脑对客观现实的主观反映，心理的表现形式就是心理现象。

(一) 心理学的含义

心理学是研究人的心理现象及其规律的一门学科，人们之所以经常感到心理学很神秘，是因为心理现象不同于物理、化学现象，不是一般物质的运动，而是人的机体反应，而人的机体是十分复杂的，人们对机体组织活动的方式也不完全清楚。以感觉为例，人们已经发现人产生感觉时，从感觉器官到中枢神经系统的各种变化，但仍未能解释从刺激作用到意识的转化过程。可见，心理学中依然存在大量的未知领域亟待探索。

(二)心理学的范畴

1. 心理是人脑的机能

在人类社会发展史上,对人的心理是由人身上的哪个器官产生的问题一直争论不休。英语中"心理学"psychology 一词源于希腊语,意为"关于灵魂的学科"。而心理现象发生的物质基础,也往往被认为同人的器官(尤其是心脏)有关。所以在我国汉字中凡是反映心理现象的词语大多包含"心"字部分,如"思""想""悲""恋""愁""怒""情""恨""忧""慎"等,"粗心""耐心""心爱"和"心急"等都是"心脏说"的表现。

随着现代医学的发展,人们逐渐认识到,大脑皮层不仅具有与动物共有的第一信号系统,而且具有人类所独有的第二信号系统。这两种信号系统的协调,构成了人的心理活动。生理解剖学的大量研究表明,人的心理和大脑活动不可分割,如果大脑受到损伤,心理活动必然遭到破坏。因此,心理是人脑的机能,人脑是心理的器官。

2. 客观现实是心理现象的前提

人脑只是为心理的产生提供了物质基础和前提。倘若一个人一生下来,或者在大脑尚未发育成熟时就离开了人类社会的客观现实,自然就不会产生心理现象。大量事实证明,我们的大脑必须在客观事物的影响下,才能产生心理现象。对于人类而言,客观现实包括自然环境和社会生活两大方面,其中社会生活对人类心理起决定作用。在世界各地都发现过"狼孩、熊孩、豹孩、猴孩"等由动物抚养的人类,这些孩子由于从小被动物抚养,逐渐养成了动物的某些习性。例如,印度发现的"狼孩"用四肢行走,白天睡觉,晚上活动,后来经过人类训练,2年学会站立,到17岁死时只有相当于4岁儿童的心理水平。因此,人们发现人类知识、才能、直立行走、言语等并非天生的本能,都与后天社会实践和劳动密切相关。

3. 心理是客观现实的主观反映

心理并不是死板地、机械地、被动地对客观现实的反映,而是经过主观认识形成的,因而同样的客观现实在不同的人身上会有不同反应。例如,面对同样的微笑,有人感觉被对方恶意讽刺而感到难过,有人则认为对方是善意的、友好的而感到愉快。这些不同的反映,是由不同人在长期社会实践中所形成的个性特点、知识经验、世界观等决定的。因而,不同的人或同一个人在不同时间里对同一外界现象的反映不尽相同。由此可见,人的心理是一种非常复杂的现象。

总之,树立科学、正确的心理观不仅有助于解决个人成长过程中面对的各类问题,而且有利于深化对一系列消费心理现象的理解。

二、消费者与消费行为

(一)消费

在经济活动中,消费是社会再生产过程的最终环节。广义的消费包括生产消费和个人消费。其中,生产消费是指生产过程中对工具、原材料、人力等生产资料和劳动的消耗,它包含在生产之中,是维持生产过程持续进行的基本条件。个人消费是指人们为了满足自身需要而对各种物质生活资料、劳务和精神产品的消耗。它是人类维持生存、发展和劳动再生产的必要条件。通常情况下,狭义的消费专指个人消费,如人类衣食住行的基本消费。

(二) 消费者

消费者与消费有紧密的联系，消费者是指从事消费行为活动的主体，包括广义的消费者和狭义的消费者。其中，广义的消费者是指所有从事物质产品和精神产品消费活动的个体或组织。某种程度上，全社会的所有人都是消费者。狭义的消费者是指购买并使用各种产品或服务的个体或组织，是各类产品或服务的需求者、购买者和使用者。根据消费属性，可以分为个体消费者和组织消费者。个体消费者也叫作最终用户，他们购买商品或服务的目的是满足个人需求。而组织消费者是为了维持组织运行而购买产品或服务的企业、政府、高校或其他机构等。对企业而言，关注狭义的消费者更有意义，因为没有任何一个企业能够满足全社会所有人的消费需求。本书则聚焦于狭义消费者中的个体消费者，因为他们是购买产品或服务的最小群体，拥有不同年龄、背景、个性特征等，对个体消费者的关注能够直接指导企业的营销实践。当然，个体消费者研究中的某些原则、方法和结论可能同样适用于组织消费者，因为组织消费决策的参与者同样可能是具有喜好、感情和特定习惯的个体消费者，只不过他们由于组织身份等问题，会更多考虑组织利益而非个体利益。

(三) 消费心理

消费心理就是消费者在选择、购买、使用和处置等消费过程中产生的一切心理活动。由于心理活动的隐蔽性，企业无法从外部直接了解，但消费者的心理活动支配了消费行为，决定了人们购买什么品牌、什么时间购买以及如何购买等，在这个过程中，消费者所有的表情、动作及行为，都是其复杂心理活动的外在表现。因此，消费心理是消费行为的基础。

(四) 消费行为

消费行为是消费者受心理活动支配而表现出的外在行为。通过对消费行为进行观察，可以间接地了解其心理活动状态。消费行为被认为是消费者的需求、购买动机、消费意愿等方面的心理与现实表现的总和。消费者行为是动态的，它既涉及感知、认识、行为以及环境因素的互动作用，也涉及消费决策的过程。对企业而言，针对消费心理活动的营销策略能够刺激消费行为。对个体消费者而言，了解消费行为有助于养成理性消费习惯。

三、消费心理学的理论基础

消费心理学把消费者在消费活动中的心理现象及其行为规律作为研究对象，以心理学、社会学、经济学等多学科理论为基础，呈现出明显的学科交叉特征。

(一) 普通心理学

消费心理学继承了普通心理学中的一些重要的研究内容。例如，感觉、知觉、学习、记忆等这些与个体心理活动直接相关的特征是影响消费心理的基础。在研究方法方面，普通心理学还为消费心理学的研究提供了支撑。例如，普通心理学研究中常用的实验法、观察法等都可以用于研究消费者心理与行为。

(二) 生理心理学

生理心理学是通过探索个体的生理过程来解释个体心理及行为的学科，试图以脑内的

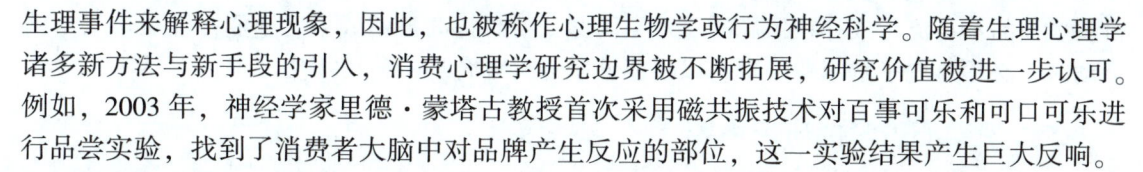

生理事件来解释心理现象，因此，也被称作心理生物学或行为神经科学。随着生理心理学诸多新方法与新手段的引入，消费心理学研究边界被不断拓展，研究价值被进一步认可。例如，2003年，神经学家里德·蒙塔古教授首次采用磁共振技术对百事可乐和可口可乐进行品尝实验，找到了消费者大脑中对品牌产生反应的部位，这一实验结果产生巨大反响。

（三）社会学

消费既是一个经济问题，又是一个社会问题。社会学的独特研究角度和对文化、年龄、性别、婚姻、家庭、社会群体、民族等主题的关注，可以为消费心理与行为研究提供方法和资料。同时，社会学常用的调查方法具有成本低、调查范围广、外部效度高等优点，与实验室研究的方法可以相互补充，丰富了消费心理学的研究方法。

（四）经济学

经济学中的边际效用、稀缺性等基本概念，对消费倾向、消费偏好以及某些消费行为有很好的解释和预测功能。此外，随着行为经济学的发展，消费心理与行为研究和经济学的关系更加紧密，前景理论、博弈论等很多经济学的理论与方法在消费心理与行为研究中得到大量的应用。

（五）市场营销学

消费心理学研究主要是为企业市场营销活动提供科学依据，因此市场营销学研究的很多问题也就成为消费心理学的研究内容，只是两个学科研究的角度有所区别。例如，市场营销更加关注如何去制订策略，而消费心理学更加侧重对策略背后消费者心理基础和行为特点的研究。

第二节　消费心理学的研究对象和内容

消费心理学主要关注消费者在消费活动中的心理特征与行为规律，对这一现象的专门研究目的在于引导、改善和优化消费者行为与企业营销实践。

一、消费心理学的研究对象

消费心理学以市场活动中消费者心理现象的产生、发展及其规律为研究对象，并探讨市场营销活动中各种心理现象之间的相互关系。

（一）消费者的心理活动基础

心理活动基础指消费者进行消费活动的基本心理要素及其作用方式，包括感觉、知觉、记忆、学习、个性、态度、需要和动机等。通过对消费者心理活动过程中各种心理要素的分析，把握其心理活动的一般规律，进而揭示消费者行为表现、差异及其具体原因。

（二）市场营销活动中的消费心理现象

在市场营销活动中，企业总是力图通过各种措施促使消费者产生购买的欲望，并且使购买行为向着有利于扩大销售的方向转化，而作为消费心理表象的消费行为却并不一定与企业的意图相符。例如，企业降价的本意是刺激消费者增加购买，但是有些消费者却把降价看成商品不再流行或存在瑕疵的表现。因此，要想提高营销效果，企业在开展市场营销活动时，必须首先了解消费心理，以便能够制订科学合理的营销策略。

二、消费心理学的研究内容

尽管现实中的消费形式和行为千差万别，但其本质都离不开某些共性的生理和心理活动，探讨这些共性因素体系是消费心理学最为重要的研究内容。

(一) 影响消费者心理及行为的内在因素

内在因素主要包括心理因素和个体因素。

1. 消费者的心理因素

心理因素涵盖了在不同环境中表现出来的稳定的心理模式特征，可以分为心理过程和个性心理。其中，心理过程是消费过程遵循的共性过程，包括对商品或服务的认识过程、情感过程和意志过程。个性心理表现在个性心理特征和个性倾向性两方面。个性心理特征反映了人的心理面貌差异性，个性倾向性指人与客观现实交互作用时对事物所持有的看法、态度等，是后天培养的结果。个性倾向性是推动消费活动的动力系统，包括需求、动力、态度、信念等，决定着人对周围世界认识和态度的选择和趋向。

2. 消费者个体因素

每个消费者都是一个独立个体，个体的生活环境、教育背景、成长经历等都不完全相同，这就形成了每个消费者不同的需要、动机、自我概念、生活方式等，这些因素又成为影响消费心理与行为的个体因素。

(二) 影响消费者心理及行为的外在因素

外部因素包括消费文化、社会阶层、消费群体等外部环境因素和产品、广告、营销沟通、消费情境等营销因素。

1. 消费文化

正如营销大师菲利普·科特勒所说，"文化是影响人的欲望和行为的基本因素"，消费文化作为直接影响消费心理和行为的外部重要因素之一受到广泛关注。对于中国消费者而言，超大型市场规模、广阔的地域以及多元文化结构决定了消费文化的多层次性和复杂性，从而形成了具有鲜明特色的消费文化，关注消费文化与消费心理及行为的关系具有重要意义。

2. 社会阶层

社会阶层是具有类似价值观、行为模式的社会成员组成的群体，对社会阶层的划分具有不同的标准，如可以按照职业、收入等属性进行划分。全世界公认的相对稳定的社会结构是"橄榄型社会"结构，或称为"纺锤型社会"，即以收入结构进行划分，社会群体中高收入阶层和低收入阶层占比少，中等收入阶层占比最多。不同社会阶层的个体具有不同的心理状态和消费需求，了解和掌握其消费心理特征与行为规律对企业具有重要价值。

3. 消费群体

人类是社会性动物，每个消费者都从属于一个或多个群体，群体的意识特征和行为准则对消费者个体的价值观念、消费方式和消费习惯有重要的影响，这种影响可能是在人们无意识状态下发生的，也可能是在有意识状态下产生的。研究消费者群体与消费心理，有助于指导企业制订针对目标市场的营销策略。

4. 营销要素

营销要素主要包括产品、广告、营销沟通、消费情境等与企业营销活动密切相关的一系列要素。具体而言，产品主要包括品牌、包装和价格，广告的心理功能能够直接影响消费者购买行为，营销沟通是影响消费心理的关键变量，消费情境同样能够影响消费者购买的心理感受。

第三节 消费心理学的研究方法和特点

消费心理学具有显著的交叉融合特征，随着现代科学技术发展和学科知识体系不断完善，越来越多跨学科方法和工具被应用于消费心理学领域，推动该领域研究方法和范式不断成熟。总体来看，消费心理学研究的常用方法包括定性研究法和定量研究法。

一、消费心理学的研究方法

相关学习视频：消费心理学的研究方法

（一）定性研究法

1. 观察法

观察法是定性研究中最常用的研究方法，也是研究消费心理学最基本的方法。观察法是指在消费活动中，有计划地观察消费者的动作、表情、语言等外在表现并如实记录的方法。

观察法的主要优点是比较直观，被观察对象的外在表现是在不受干扰的情况下自然流露的，因此，观察所获得的结果一般是比较真实和切合实际的。观察法的局限性是只能观察到被试者的外在表现，并不能完全了解其为什么这样做，因为通过短时间观察所得的资料往往难以区分哪些外在表现是偶然的、哪些是习惯性的。目前，解决观察法这一弊端的办法，一是引进各种辅助设备，提高观察时对活动细节的精准把控；二是增加观察时间，拉长时间间隔或增加观察的频次，发现行为背后的规律性现象。

2. 访谈法

访谈法是通过与受访人面对面地交谈来了解受访人的心理和行为的基本研究方法。由于研究问题的性质、目的或对象不同，访谈法具有不同的形式，例如，结构化访谈或非结构化访谈，深度访谈或焦点访谈，个人访谈或团体访谈等。

访谈法在理解消费者如何作出购买决定、产品被如何使用，以及消费者情绪和个人倾向时尤其有用。例如，某航空公司在对乘客的深度访谈中听到"我们像牛羊一样登机"，尽管乘客没有提出抱怨或者改进登机流程的需求，但可以听出这句话当中包含的负面情绪，由此提示航空公司改善乘客的登机体验。

3. 人种志研究

对消费者的访谈无论设计、组织得如何巧妙、精密，终究要依赖于消费者的口头表达，适用于挖掘那些消费者知道并且愿意说出来的需求。而对于那些消费者无法准确表达的需求，人种志研究可以作为首选方法。这是来自人类学领域的一种定性研究方法，通过在真实环境中进行第一手观察和参与，开展对人类社会的描述研究。例如，英国知名超市乐购在它的每一家分店开张之前，都要派出管理人员在当地居民家里住一段时间，以便更好地理解消费者的需求、购买行为和生活方式，以及能够激发其购买的情境。在人种志研究中，调研者往往会通过跟随、智能监控设备等手段全程记录消费者完整的生活场景。

著名的环球影城游乐场曾在美国佛罗里达州进行了一项人种志研究。通过全程跟随14个家庭在游乐场中的活动、情绪和行为，结合深度采访，总结出了自己与最大竞争对手迪士尼在消费者心目中的差异，即"在迪士尼玩耍就像坐在一条小溪旁边，而在环球影城就像攀岩一样。两者都是愉快的，都十分亲近大自然，但其中有一个（环球影城），让你体验到有更多的肾上腺素分泌带来的紧张刺激。"

4. 投射法

投射是指个人把自己的思想、态度、愿望、情绪或特征等，不自觉地反映于外界事物或他人的一种心理作用。投射（测验）法是一种间接获得信息的方法，是研究消费者不愿意或者自己也没有意识到的需求或想法的最佳选择，包括造句测验法、角色扮演法、罗夏墨迹测验法、主题统觉测验法等。

雀巢速溶咖啡曾经运用这项投射技术解决了一大难题。传统的咖啡豆需要研磨、高温冲调等复杂的程序，费时又费力。于是20世纪50年代，雀巢咖啡研发出了速溶咖啡，雀巢通过一系列的口味测试证明速溶咖啡与传统咖啡一样好喝。他们信心满满地将该产品推向市场，并大力宣传速溶咖啡"省时、不费事、口味不变"的特点。然而，销量却一直没有起色。雀巢公司对此大为不解，明明可以更好地满足消费者节约时间又想要喝到美味咖啡的需求，为何不受市场欢迎呢？他们调研发现，当时咖啡的主力消费人群是家庭主妇们，但这些消费者的反馈仍然是非常正面的，认为速溶咖啡确实在口味上并不逊色于传统咖啡，而且价格也更有优势。即便如此，主力消费人群依然没有为速溶咖啡买单。

最终，通过一项投射测试他们找到了答案。在这项测试中，家庭主妇们被要求用语言描绘的一张图片，上面是一个家庭主妇正在冲调雀巢速溶咖啡。测试结果显示，许多女性消费者在描绘时都将图片中的这名女性说成"懒惰的""不称职"的妻子。于是雀巢公司恍然大悟，原来消费者之所以不买单，并不是因为速溶咖啡不够方便、不好喝或者价格不够低廉，而是担心如果自己使用了速溶咖啡会被人看作是为了省事而偷懒的不称职的妻子。因此，速溶咖啡省时、省力的优点反而被这部分消费者看作了缺点。理解了这一点之后，雀巢咖啡改变了宣传策略，不再强调速溶咖啡省时、省力的特点，而是将其塑造为一种"聪明主妇之选"，至此打开了速溶咖啡的市场。

在运用投射方法时，要注意使用一些技巧，因为消费者很多时候的回答会受到社会期许的影响。例如，企业想要知道消费者是否会在退换货过程中为了获利而作假，如果直接询问消费者是否会这么做很难得到真实的答复，但通过让消费者预测一个不相关的人会怎么做，就能够间接地了解消费者的真实想法。

(二)定量研究法

学者和企业之所以都高度重视消费心理领域，是因为消费心理研究能够解释、预测或操纵消费者心理与行为，基于这样的目的，消费心理研究不能只是简单给出消费者有没有需求这样简单性回答，而是要通过定量化分析，结合数据反映消费者对某项产品或属性的需求有多大。定量研究方法包括描述性研究、相关性研究和实验性研究。其中，描述性研究可以解释消费者需求，例如针对餐厅用餐满意度的调查发现，消费者对餐厅环境的评价明显低于食物口味，但依然无法预测只要改善餐厅环境，就能提高用餐满意度。而相关性研究能够帮助企业预测需求的变化。例如，零售商通过长期的数据累积并采集更多的外部数据（如天气、消费者信心指数、竞争者情况等），运用相关性研究可以精准地预测销量，从而调整库存。

1. 描述性研究

描述性研究主要针对消费者的需求现状，回答"是什么"的问题。例如，市场份额、消费者满意度等都是企业一直追踪的描述性统计指标，根据这些指标的平均值、方差、分布等统计规律，可以反映消费者特征。谷歌发布的《消费者研究报告》中就曾指出，"如果一个手机页面加载时间超过 3 秒钟，53%的消费者都会选择离开"。这样的描述性结果告诉手机软件设计者，无论多么酷炫的功能设计，页面加载速度是首先要考虑的因素。

2. 相关性研究

相关性研究主要用于揭示变量之间的关系，能够回答某个现象会在"何时、何地、何种条件下发生"。例如，沃尔玛通过分析购物账单发现，周五下午5—7点来超市购物的30~40岁的男性当中，如果他们的购物车中有婴儿纸尿裤，那么有很大的概率也会购买啤酒。基于这样的发现，沃尔玛开始将这两种商品摆放在相近的位置，并在这两个产品品类中都获得了35%的销售增长。再如，打车软件优步（Uber）的研发团队发现，最能够显著预测消费者对溢价接受程度的指标其实是手机的剩余电量，剩余电量越少，他们越能够接受高溢价。他们还发现另一个消费者心理规律，即对整数溢价的厌恶。具体来说，当消费者看到"附近打车需求较大，现在打车的价格是平时的 2 倍时"，他们会觉得这是 Uber 公司随便编了一个数据出来骗他们的钱。但当他们看到"现打车价格为平时的 2.1 倍"时，他们会认为这个数值是 Uber 通过精确计算此刻的需求供给得出的价格，而更有可能接受。尽管消费者付出了更高的成本，但并没有引起他们的反感。

尽管相关性研究能够帮助企业预测需求的变化，但在"操纵"消费者心理和行为上却并不那么可靠。这是因为即使可以通过一个变量的变化来预测另一个变量的变化，但由于无法确定两个变量哪一个是原因、哪一个是结果，因此，相关性研究无法代替因果关系研究，如果我们想要理解驱动消费者需求的真实原因，还需要进行因果关系研究。

3. 实验性研究

实验性研究是在特定环境中，通过有意识地改变一个或者多个变量，控制其他无关变量，然后观察结果变化，以验证变量之间因果关系的方法。按照对无关变量的控制程度，实验性研究可以分为随机控制实验、田野实验、自然实验、准自然实验等类型。其中，研究结果最接近真实因果关系的是随机控制实验，该方法对环境和实验操纵的控制要求较高，大都发生在实验室环境中。它的特点是将所有参与者按照随机原则分配到不同的实验组当中，以期通过随机化来平衡个体及环境差异，仅保留研究者希望操纵的变量差异。

 知识加油站

许多消费者都有这样的购物理念："只买对的，不买贵的。"来自斯坦福大学的 Baba Shiv（雪夫）教授等人通过实验证明，有时候贵的东西真的更有效。

他们将实验参与者平均分为两组，其中一组以全价 1.89 美元购买一种功能性饮料 SoBe，另一组以折扣价格 0.89 美元购买（标价仍然是 1.89 美元）。他们进一步将所有购买饮料的参与者随机分成两组，其中一组直接品尝饮料然后进入一个拼词游戏，而另一组先回答一系列有关饮料功能预期的问题后再开始游戏，例如"你觉得这款饮料能在多大程度上提高你的注意力"等。研究者希望通过这样的问题来强化这一组人对饮料提高其解题能力的预期。最后，研究者比较了四组参与者在拼词游戏中的任务表现，在 30 分钟内拼出的单词越多，说明表现越好、能力越强。预期与价格信息对参与者任务表现的影响见图 1-1。

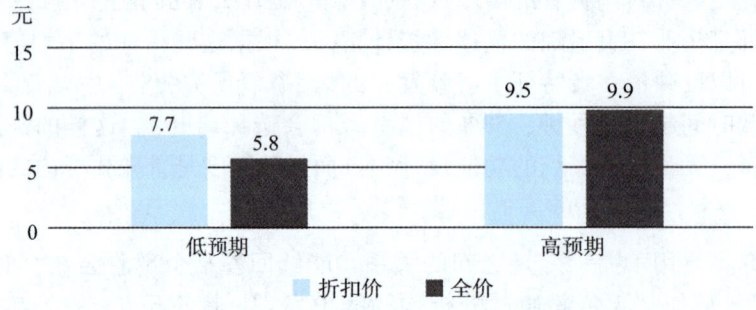

图 1-1 预期与价格信息对参与者任务表现的影响

总体而言，喝了全价饮料的参与者比喝了折扣饮料的人在规定时间内能够拼出更多的单词，并且对于那些预期饮料能够提高其任务表现的参与者而言，价格对任务表现的影响要更高。通过这样一个随机控制实验，研究者发现，价格更高的产品会带来更强的安慰剂效应，并且这种安慰剂效应在那些对产品预期更高的消费者身上会更加明显。

（资料来源：周欣悦，王丽丽，等. 消费者行为学［M］. 2 版. 北京：机械工业出版社，2022.）

二、消费心理学的学科特点

作为市场营销学科体系的重要组成部分，消费心理学具有综合性、经济性、发展性、应用性等特点。

（一）综合性

每个人的消费心理与行为纷繁复杂、变化多端，其影响因素更是多种多样，如果仅从单一学科视角考虑消费心理与行为，很难准确地把握其特点和规律。因此，学者们不断将不同学科的理论与方法运用于消费心理与行为研究，使得消费心理学成为多学科交叉融合的综合性学科。

（二）经济性

消费心理学是一门形成了完备体系的独立学科，其研究主要关注企业经营管理活动中的消费活动，把消费者看作经济活动的主要参与者加以研究，目的是从消费者心理与行为的层面揭示消费活动的内在规律，提升社会经济效益与价值持续创造。

经济学体系十分庞大，其对消费活动的研究包括宏观和微观两个领域，一是侧重于从宏观经济学视角出发，研究社会再生产过程中消费总量、构成以及消费方式等，二是以微观个体研究为主，考察企业经营管理活动中消费者的心理活动特征与行为规律，这正是消费心理学重要的研究领域。因此，消费心理与行为研究弥补了经济学领域对微观消费者研究不足的缺口，也成为现代经济学庞大学科体系中的一个分支，并占据重要位置。

（三）发展性

消费心理学作为一门独立的学科形成于 20 世纪 60 年代，历史并不长。期间，该学科虽然有长足的发展，但在理论体系、方法体系、研究视角等方面有待完善，某些理论或观点可能被丰富或替代，特别是伴随数智时代的到来，大量新兴消费模式、消费观念、消费潮流不断涌现，消费者心理倾向和行为表现发生了极大的变化，使得消费者心理与行为的研究对象、研究范围和研究内容处于不断更新、扩大和发展之中，这些决定了消费者心理学将是一门发展中的学科。

（四）应用性

消费心理学研究的目的是掌握消费者心理与行为的特点及一般规律，并主动预测和适应消费变化趋势，帮助企业制订市场营销策略，提高经济效益。因此，该学科研究具有极强的应用，能够给商品生产者和企业经营者在营销策略制订方面提供具体方法、措施和手段指导，包括如何有效降价，通过哪些措施诱导消费者购买，怎样测量消费者态度等。

第四节　消费心理学的发展和趋势

一、消费心理学的发展

（一）孕育期

19 世纪末 20 世纪初，随着工业革命的爆发，西方资本主义国家的生产效率大幅提高，商品经济快速发展，市场供求矛盾日益尖锐。这种情况下，推销和广告开始出现，一些企业尝试通过刺激消费者需求拉动销量增长，一些学者根据企业销售需要，开始从理论上研究需求与销售之间的关系以及消费者心理同企业销售之间的关系。

美国社会学家凡勃伦在 1899 年提出了炫耀性消费及其社会含义，否定了传统经济学认为的消费者是理性人的说法，指出消费者花费高价购买产品的目的并不仅仅是获得直接的物质满足，更大程度是为了获得心理满足。1901 年，美国著名社会心理学家斯科特首次提出在广告宣传上应用心理学理论。同时，美国心理学家哈洛·盖尔在《广告心理学》中系统地论述了在商品广告中如何应用心理学原理提升广告的宣传效果。1912 年，德国心理学家闵斯特伯格出版《工业心理学》，阐述了在商品销售中橱窗陈列和广告对消费者心理的影响。

我国对消费心理学的学习和引进源于 20 世纪 20 年代，全国范围内出现重生产、轻消费的倾向，对消费者的理论和实践研究一直处于停滞状态，直到改革开放后才重新进入正轨。

这一时期消费心理与行为的研究是"产品论"思维，而非"消费者思维"，目的是促进产品销售，并且这一阶段研究仅限于理论层面，还没有应用到企业营销活动中，尚未引起社会的广泛重视。

(二) 成长期

20世纪30年代，西方出现经济大萧条，社会商品生产远远大于总需求，导致商品积压严重、产能过剩，使得西方企业营销思路发生改变。越来越多的心理学家、经济学家、社会学家开始关注消费心理与行为这一领域，大大推动了该领域的发展。

1943年，马斯洛提出著名的需求层次理论，他创造性地将人的需要分为五个层次，认为只有较低层次的需求满足之后，较高层次的需求才会出现并得到满足。1950年，美国社会学家梅森·海尔关于"家庭主妇为什么不买速溶咖啡"的研究，将大家的注意力引到了消费动机领域，研究者开始关注消费者购买决策背后的深层动机。

这一阶段企业和学者们更加重视对消费者个体的研究，并产生了众多经典的理论研究成果，促使消费心理学逐步成为一门独立的学科。

(三) 成熟期

20世纪60年代，消费者心理研究发生了重大转变，美国一些商学院开始设立独立课程。1960年，美国心理学会正式组建了消费者心理学分支，从而确立了其学科地位。1968年，俄亥俄州立大学的恩格尔、科拉特和布莱克威尔合作出版了该领域第一本教材《消费者行为学》。此后，该领域快速发展，形成了一些具有影响力的研究理论和方向，包括美国密歇根大学研究小组提出的期望与消费者态度理论，哥伦比亚大学对人格影响的研究，哈佛大学对知觉风险的研究等。

20世纪70年代以后，消费心理学的研究不仅成果数量激增，成果质量也不断提高，而且研究方法更加科学和多元。网络技术、经济数学、生理学、神经学等领域的理论和方法被应用于消费心理研究，带动了该领域研究进展的重大突破。

1983年，上海人民出版社出版了尹世杰主编的《社会主义消费经济学》，获得1985年首届孙冶方经济科学奖，标志着中国消费经济学的创立。之后，由他主持的一系列成果陆续出版，如《中国消费结构研究》《中国消费结构研究》等。1988年，林白鹏出版《中国消费结构学》，马谋超出版《消费者心理学》等，诸多成果的问世，标志着消费心理学研究在我国取得了长足发展。

(四) 深化期

21世纪以来，企业和学者们对消费者心理与行为的关注达到了新高度，以消费者为中心、市场导向、顾客就是上帝等理念不断被提出，消费心理学理论研究和实际应用结合更加紧密。这一时期，消费心理学的研究范围进一步扩大，逐步关注伦理道德、消费者权益、生态环境、社会文化等因素，这是因为物质生活的丰富改变了消费心理与行为。尤其中国改革开放以来，人们物质生活得到了极大提升，现阶段我国社会的主要矛盾已经转化为人民日益增长的美好生活需要和不平衡不充分的发展之间的矛盾，如何化解这一矛盾成为一个重要的时代课题。研究发现，物质生活的充裕会使人们减少与家人相处的时间，减少对社会问题的关注，引起过度消费而破坏生态环境，破坏公民责任感，甚至导致偏见和种族主义。

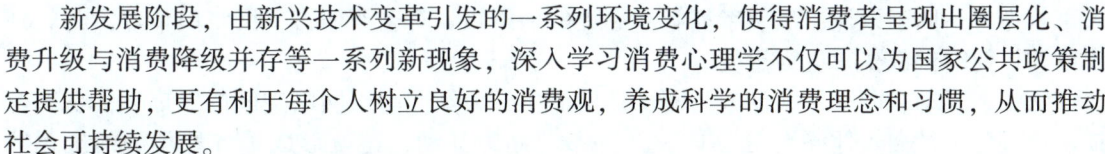

新发展阶段，由新兴技术变革引发的一系列环境变化，使得消费者呈现出圈层化、消费升级与消费降级并存等一系列新现象，深入学习消费心理学不仅可以为国家公共政策制定提供帮助，更有利于每个人树立良好的消费观，养成科学的消费理念和习惯，从而推动社会可持续发展。

二、消费心理学的研究趋势

新兴技术发展与社会进步加速了消费心理学研究范式的变革，总结已有研究成果可以发现如下新趋势。

(一) 研究视角更加多元

长期以来，受到产品观营销理念的影响，人们一直从企业营销视角出发，关注消费者心理与行为，旨在帮助企业扩大销售、增加盈利。然而，这种视角正在逐步被打破，学者们把消费心理与行为同更广泛的社会问题联系在一起，从宏观经济、生活方式、信息技术等不同视角研究消费心理与行为规律。例如，20世纪70年代兴起的消费者权益保护运动引发了从消费者利益角度研究消费心理的热潮。再如，进入互联网时代以后，消费者在网络消费中表现出明显不同的心理特点与行为方式，引起了学者们的研究兴趣。总之，随着技术不断进步，消费心理学的研究视角将更加多元。

(二) 研究变量趋于多样

消费心理学理论研究长期致力于解决变量间的关系问题，最早的研究变量包括年龄、性别、职业、收入等因素。随着研究的深入，与个性特征、心理因素、社会因素有关的变量被大量引入，如需要、动机、个性、参照群体、社会规范等。通过对这些变量间关系的分析，来解释消费者心理与行为的差异。现阶段，由于社会环境急剧变化，消费者心理与行为比以往任何时期都更为复杂，文化、地域、信息技术、价值观念等一系列新的变量被引入。整体来看，消费心理学领域的研究变量在数量和内容上都变得更加丰富多样。

(三) 研究方法逐步融合

随着国内外经济社会发展环境日渐复杂，同时研究变量逐渐多样，以经验性判断为主的定性研究不能满足企业营销活动的需要，学者们越来越倾向于采用以实证分析、实验分析等为主的定量研究方法。在各类定量分析工具和数据处理技术的加持下，定量研究受到广泛重视，在揭示变量之间复杂因果关系、相关关系等方面展现出了优势。当然，任何一种研究方法都存在弊端，很多研究也在尝试定性研究与定量研究方法的融合，把消费者心理学的研究提高到了一个更高水平。

三、数字技术对消费心理学的影响

21世纪以来，大数据、区块链、生成式人工智能等新技术持续突破和涌现，为消费心理和行为研究带来以下影响。

第一，消费环境发生改变。现在的主力消费人群是互联网一代，几乎所有人都能够熟练使用智能手机，而各种数字化媒体、社交媒体也大范围取代了广播、报纸、户外广告等传统媒体，信息在各类新媒体中以前所未有的速度迅速传播，有关产品、品牌的任何信息能够在网络中快速发酵并产生网络舆情。由于信息环境改变导致信息传播方式、效果和个人影响力等不同于以往，消费者拥有了更大的话语权。对企业而言，网络舆情监测与管理比以往任何时候都变得更为重要。

第二，互动、分享、共创成为驱动消费的主导力量。由于网络空间的发展，消费者习惯于通过各类社交媒体平台分享体验，并参与品牌互动，这就形成了各种类型的虚拟社群，并且很多消费者在购买之前也习惯于看评价、看分享、看帖子，其消费行为也受到这些内容的直接影响。也就是说，消费者可能因为某个社群中的内容而发生购买，也可能因为看到某些负面内容而放弃购买。由此可见，驱动消费购买决策的动力发生了根本性转变，消费决策的路径、时间、影响权重都发生了巨大的变化，分享、点赞、互粉成为新的关键要素，社群平台积累的流量和消费者资产成为消费心理学研究的重要内容。

第三，消费心理研究的方法实现突破。大数据分析、人工智能算法等技术的突破为消费心理学研究提供了新手段，消费者上网记录、社交媒体数据、网上支付数据等成为消费心理与行为研究的素材，对特定消费者个体全景的、实时的精准描述成为可能，使得精准把握消费者心理与行为的模型越来越高效。例如字节跳动、拼多多等互联网公司都实现了智能化记录、识别、分析、判断消费者心理和行为。

 拓展阅读

如何引导消费者

在中国经济进入新常态发展阶段的背景下，社会消费对经济发展的重要拉动作用逐步凸显。根据国家统计局和商务部所发布的数据，从消费总量的变化来看，2017年至2019年增长率分别为10.2%、9%、8%。随着增长率逐步回落，中国社会零售总额已进入平稳增长期。因此，要想使消费持续拉动中国经济快速发展，需要在更精细和更深层的方向上挖掘中国消费市场的潜力，不断推动未来消费市场的升级。可以从开发消费市场潜能和挖掘消费升级的机会两方面入手，即"唤醒存量"和"引导增量"。

"唤醒存量"指的是，唤醒我们过去忽略的，未给予充分关注的市场，开发并释放其消费潜能。"引导增量"则指的是，发现并满足增长迅速的新消费市场，用新产品和新消费方式引导消费者向更高层次的消费阶段转变。在当前社会背景下，"唤醒存量"主要包括唤醒下沉市场和老年市场，这两个消费市场人群规模庞大，在过去由于没有得到较多的关注而发展缓慢。"引导增量"主要包括引导城市中的新中产阶层和新生代消费者，他们是在物质相对富足的环境下成长起来的两个新兴消费群体，他们衍生出的新消费潮流蕴藏着巨大的商业机会。

同时，我们还需要注意"存量市场"和"增量市场"所处的消费升级阶段。虽然总体而言，中国的消费市场已告别"量的消费"，开始从"质的消费"向"情感消费"转变，然而，中国幅员辽阔，人口众多，不同人群、不同区域的消费层次差别较大，所处的消费升级阶段也不同。在未来的消费升级中，对于"存量市场"包含的下沉市场人群和老年人群来说，他们主要处于"量的消费"向"质的消费"的转变阶段，即在买得到和买得起的基础上，更加在意产品和服务的品质。对于"增量市场"所覆盖的城市新中产和新生代消费人群而言，他们主要处于"质的消费"向"情感消费"的转变阶段，即在满足了产品性能和质量需求的基础上，追求产品和服务带来的情绪体验和象征价值。

基于消费升级视角，从消费升级阶段和消费升级方式两个维度，锁定了城市新中产群体、新生代消费者、下沉市场人群和银发一族四大消费人群，他们在地域分布上涵盖了农村与城市，在年龄上包含了青年和老年，贯通了过去的习惯和未来的潮流，全面又精准地锁定了中国未来消费升级中最活跃的力量。企业应给予这几类人群足够的重视，只有洞察并满足这四大人群的消费需求和消费趋势，企业才能最终在新一轮的消费升级中获胜。

（资料来源：胡左浩，樊亚凤．瞄准四大人群 把握消费升级趋势[J]．清华管理评论，2020，80(04)：18-25.）

思考题

1. 如何理解消费者的含义？
2. 消费心理学的研究对象和研究内容分别是什么？
3. 消费心理学的研究方法有哪些？分别具有哪些优缺点？
4. 消费心理学发展的不同阶段具备哪些特征？
5. 数字时代消费心理与行为呈现哪些新特征？请举例说明。

第二章　消费者认识、情感与意志

学习目标

1. 掌握消费者认识的基本过程。
2. 理解消费者情感过程的影响因素。
3. 理解消费者意志过程。
4. 掌握消费者认识、情感和意志之间的关系。

导入案例

网络时代的感官营销力

越来越无感的"双十一",这个始自2009年的活动,如今消费者的反应却越来越平静,甚至有些无感了。"双十一"的疯狂购物过程其实伴随着大面积的"感官缺位"与体验质量的不足,消费者不仅根本无法在做出购买决策前触摸商品或感受它的气味,甚至在时间压力下,连精美的图片给予视觉细细品咂的机会也要让位于抢单的速度,更不用说随后而至的快递延迟和服务质量下降了。

克里希纳教授将"二战"后的西方市场营销发展分成三个阶段,分别是二十世纪五六十年代只注重产品功用的"废话少说时代",七八十年代的"品牌传播时代",以及此后的"感官营销时代"。由于移动互联网的普及引致网购的迅猛发展,中国可能已经在感官营销尚未充分发展的时候,就早早进入了一个"感官缺位的时代"。网购的便利性和低价促销驱使着大量消费者放弃了购物过程中的感官体验。乍看之下,感官缺位的购物环境会让感官营销无计可施,但情况真的如此吗?

2016年11月2日深夜11点,成都有些降温,著名商圈春熙路上的H&M品牌专卖店已经打烊,但就在店铺门口,有一群年轻消费者坐在自带的塑料小板凳上蜷缩着排起了长队,他们将在这里通宵过夜。原因是H&M将在第二天早上8点开售与知名品牌KENZO合作推出的限量版服饰。这组服装具有极强的视觉冲击力,识别度很高。为了能够获得这款视觉体验极佳又能赢得艳羡目光的产品，他们宁可牺牲一晚的睡眠，而且他们今后一定会对这个备受煎熬的晚上津津乐道。

可见，只要能够提供独特的又有足够高的消费者感官价值，消费者就愿意付出金钱与时间，甚至连负面的感官体验（如受冻排队）也有可能转换为正面的、与品牌有关联的记忆。"感官缺位"当下，正是中国企业实施感官营销战略的机会窗口。

首先，消费者在感官缺位时代的购物方式选择，无意中帮助商家完成了购物情境的细分。某些情境，消费者希望以最低金钱成本和时间成本获取基本满意的产品，此时网络购物成为首选；但仍有大量消费情境，消费者希望享受购物的过程、获得全方位的体验，此时亲身前往实体商家购物才是最优选项。商业实体在感官缺位的网购大潮中，有机会通过细化和优化感官体验，与支付意愿更高的细分消费者建立生意关系和情感关系。

其次，企业在互联网销售商品时应当注意对感官缺位的补偿。营销人员可以使用一个"触摸需要（Need-for-Touch，NFT）量表"。对于NFT要求较高的消费者，他们因为无法亲自探查产品的触感，在网购时更有可能迟疑或延缓购买。研究表明，营销人员为消费者提供更多有关触觉的文字信息能够对触觉感官缺位有所补偿；而购物网页中的评价信息，如果包含有触觉信息的话，消费者也会认为这样的信息更有用。这些都是利用消费者视觉或想象来弥补触觉感受的缺失，尽管结论主要是针对触觉这一种感官，但可以此类推。

在产品页面可以通过更多的感官描述，重点描绘影响消费者决策的某种重要的感官体验，像果汁产品可以考虑描述其果粒的口感；另外，可以在消费者完成购买后，激励他们在评论中更加具体地描述其感官内容，如果营销人员担心消费者的表达用语，至少可以提供一些事关感官的评价标签，供购物者点选。例如，针对围巾产品，可以鼓励消费者具体描述使用产品时脖子的感受或选择有关的描述标签。

（资料来源：钟科．感官营销力：五蕴创造价值［J］．中欧商业评论，2017（1）：22-27．）

请思考：数字消费时代，感官营销出现了哪些新变化？是否依然能够创造价值？

第一节　消费者的认识过程

每个人都有五种基本的身体器官来获得视觉、听觉、触觉、嗅觉和味觉这五种感觉，从而认识和感知事物，这就构成了人们认识事物的基础。消费者的认识过程是指消费过程中，消费者通过自己的感官获取相关信息，并进行加工处理的心理活动过程，可以分为认识形成阶段和认识深化阶段。其中，认识形成阶段主要包括感觉和知觉两种心理过程，而认识深化阶段主要包括注意、想象、思维等心理过程。

 相关学习视频：感觉和知觉

一、感觉

(一)感觉的含义

感觉是指人脑对直接作用于感觉器官的客观事物个别属性的反应,是认识过程乃至全部心理活动的基础和起点。在消费活动中,消费者借助眼、耳、鼻、舌、皮肤等器官感受商品的个别属性,如颜色、形状、大小、软硬、气味等,并通过神经系统传递至大脑,从而产生对商品的各种感觉,包括视觉、听觉、嗅觉、味觉、触觉等。例如,消费者购买菠萝时,通过视觉感知它的颜色,通过味觉感知它的酸甜,通过嗅觉感知它的清香气味,通过触觉感知它外表的粗糙。通过感觉,消费者获取、认识商品的必要信息,为形成知觉、记忆、思维、联想等复杂心理活动奠定基础。因此,感觉是消费者一切知识和经验的基础。

(二)感觉的分类

人类基本的感官系统包括视觉系统、听觉系统、触觉系统、味觉系统、嗅觉系统。

1. 视觉系统

视觉由波长 370~780 毫微米(纳米)的电磁波作用于视网膜上的视锥细胞和视杆细胞引起,帮助人类感知外界物体的大小、颜色、位置等,是人类最重要的感觉。研究表明,不同颜色会引发不同的心理现象。红色容易诱发回避动机,可以使人们变得警惕和保守。蓝色可以诱发趋近动机,使人们变得平静和开放,更好地完成创造性的任务。在产品包装上,颜色会使消费者对产品的内容和特征做出判断。例如,很多清洁用品都使用蓝色或白色,代表干净和清爽,咖啡的包装用咖啡色或深色,可以体现咖啡的浓郁芳香和醇厚感。

2. 听觉系统

听觉是由振动频率为 20~20 000 赫兹(Hz)的声波作用于人的内耳柯蒂氏器的毛细胞所引起的。听觉能分辨出声音的响度、音调和音色。商场总是通过播放音乐诱发人们的购物情绪,并且在不同时间段所选择的音乐类型有所区别。当然,从声音对听觉系统的作用规律来看,音乐在消费者购物决策中的引导作用不同。

首先,音量的大小对消费者的影响是不一样的。当音量较大时,能烘托出热闹的气氛,令消费者感到兴奋;当音量较小时,有助于消费者与营销人员充分沟通。其次,音乐节奏不同,给人的感受也不一样。当播放慢节奏音乐时,人们会感觉放松、沉静;相反,快节奏的音乐能使人心情紧张、动作加快,从而加快决策速度。最后,不同的音乐类型对消费心理的影响也有所不同。古典音乐会让人联想到欧洲贵族或者社会高层人士,那些定位高端的商场往往会播放古典音乐。流行音乐则更符合大众口味,更适合表达青春活力和亲和力,因此面向大众人群的商场更喜欢经常使用活泼的流行音乐。

3. 触觉系统

触觉是指分布于全身皮肤上的神经细胞接受来自外界的温度、湿度、疼痛、压力等方面的感觉。狭义的触觉指的是皮肤触觉感受器所引起的肤觉。而广义的触觉还包括增加压力使皮肤变形所引起的肤觉,即压觉,一般统称为"触压觉"。心理学研究发现手指、手掌等没有毛发的皮肤主要负责辨别型触觉,而有毛发的皮肤,如手背、躯干等,主要负责情感型触觉。研究发现,消费者只要触摸一件物品 30 秒甚至更短的时间,就可能对产品产生较高的依赖感,这种感觉可能提高消费者对产品的购买意愿。《乔布斯传》记录下了乔布斯对产品触觉的一个观点:"当你打开 iPhone 或者 iPad 的包装盒时,我们希望那种触觉体验可以为你定下感知产品的基调。"很多品牌建立产品体验店或线下实体商店,正是利用这种规律,诱发购买。例如,华为、vivo、OPPO 等著名手机零售商都为消费者提供了试玩、试用等服务,目的是通过触摸产品,增强产品体验,提高购买的可能性。

4. 味觉系统

味觉是一种综合性感官,人类的味觉系统是由口腔内的舌头以及连接舌头与大脑之间的神经系统组成,基本的味觉包括酸、甜、苦、咸,除此之外,其他味觉都是在这四类基础上产生的。与其他感官系统相比,味觉往往在幼年时期形成,人们对味觉的判断力很容易被其他感官信息影响。这也解释了很多食品类企业主打亲情、怀旧、友情等营销主题,而并非特意强调产品味道本身。例如,思念汤圆主打家的味道。

5. 嗅觉系统

嗅觉是由各种微粒作用于鼻腔上部的嗅觉细胞引起的。嗅觉的类型又称为气味的种类,主要有香味、臭味以及混合后产生的各种气味。研究发现,气味对消费行为有巨大的影响,嗅觉信息的运转机制直接与记忆连接,这与其他感官系统不同。很多品牌都在努力开发自己独有的专属香味以形成嗅觉印记。例如,星巴克要求咖啡研磨师每煮一锅咖啡,就要研磨一次咖啡豆而不是早上只研磨一次,这样做的目的是通过加强店里的咖啡香味,唤回失去的消费者。

(三)感受性与感觉阈值

每个人的感觉系统的感觉能力不同,对于同样大小的声音,有人能够听到,但有些人却听不到,这就是感觉能力的差异。而感受性是指感觉器官对刺激的感觉能力,感觉能力强,感受性就高,反之亦然。感受性的高低,可以用感觉阈值来衡量,而感觉阈值是指能够引起某种感觉持续一定时间的刺激量,如一定强度和时间的色彩、光亮和声音等。消费者感受性的强弱取决于消费者对刺激物的感觉阈值的高低。一般而言,感觉阈值越低,感受性越强,两者呈反比。消费者的每一种感觉都有两种感受性,即绝对感觉阈值和相对感觉阈值。

1. 绝对感觉阈值和相对感觉阈值

绝对感觉阈值是能引起感受性的最小刺激量,而能引起感觉差别的两个同类刺激之间的最小差别量称为相对感觉阈值。对绝对感觉阈值或最小刺激量的感觉能力就是绝对感受性。

一般而言,刺激物所产生的刺激量必须达到绝对感觉阈值,才能使消费者产生感觉;刺激物所改变的刺激量必须达到相对感觉阈值,才能使消费者感受到刺激的变化。五种基本感觉的绝对感觉阈值见表 2-1。

表 2-1 五种基本感觉的绝对感觉阈值

感觉类型	绝对感觉阈值
视觉	夜晚晴朗时,可以看见 50 千米处的一点烛光
听觉	安静环境中,能够在 6 米处听见手表秒针走动的声音

续表

感觉类型	绝对感觉阈值
味觉	可以尝出 7.5 升①水中加入的一茶匙糖的甜味
嗅觉	可闻到在三居室中洒一滴香水的气味
触觉	蜜蜂扇动翅膀在脸颊上方一厘米处即有感觉

2. 差别感觉阈值

心理学上把刚刚能够被察觉到的刺激物的最小差别量称为差别感觉阈值,又叫最小可觉差。而人们感觉最小差别量的能力被称为差别感受性。差别感受性是用差别感觉阈值来度量的,两者成反比关系。差别感觉阈值越小,差别感受性越大;反之,差别感觉阈值越大,差别感受性越小。

德国生物学家韦伯系统研究了触觉的差别感觉阈值,发现对刺激物的差别感觉不依赖于一个刺激物增加的绝对量,而依赖于刺激物的增量与原刺激量的比值,即韦伯分数,如下面的公式所示:

$$k = \frac{\Delta I}{I}$$

其中,I 表示原刺激量,ΔI 表示引起差别感觉的刺激量的增加量,两者的比值是一个常数 k,随被测量的感觉系统的不同而变化。

视觉和听觉的差别感觉阈值小,而味觉和嗅觉的差别感觉阈值大。韦伯定律可以广泛应用于市场营销领域。例如,一辆汽车降价 500 元,消费者一般不会注意,而一瓶洗涤剂降价 0.5 元,可能就会立刻引起消费者的注意。再如,平面广告的色彩亮度的选择要符合大部分消费者视觉系统的感知量。

(四)感受性的变化规律

在不同刺激物影响下,人的感受性是在不断变化的,并且表现出以下三方面变化规律。

1. 感觉适应性

感觉适应性是指消费者的感受性会随着同一刺激物对感觉器官的持续作用而提高或降低的现象。例如,人从亮处进入暗室,最初什么也看不到,过一会儿就能看到一些东西了,这就是视觉对黑暗的适应,这一过程提高了视觉感受性。人的视觉、嗅觉、味觉等都有适应性,接触过度容易出现"视而不见、听而不闻"的现象。

在销售活动中,营销人员应充分利用或避开消费者的感觉适应性规律。例如,间隔一定时段播放同一则广告内容,以使消费者逐渐适应或接受广告内容。

2. 感觉对比性

感觉对比性是指同一感觉器官同时接受不同刺激或相继接受不同刺激时,感受强度和性质发生变化的现象。按照刺激物产生作用的时间不同,感觉对比性可分为同时对比性和继时对比性。同时对比性是由不同刺激物同时作用于同一感受器官而产生。例如,同样亮度和大小的方格,分别放在浅色和深色背景下,人们会觉得放在浅色背景上的方格比深色背景

---

① 1 升 = 1 立方分米。

上的要暗一些，如图2-1展示了同时对比现象。继时对比性是不同刺激物先后作用于同一感受器官而产生。例如，当你吃一个苹果觉得苹果很甜，但是如果你吃了糖之后再吃苹果，就会觉得苹果没有那么甜了。这就是刺激物先后作用于同一感受器官产生对比的现象。

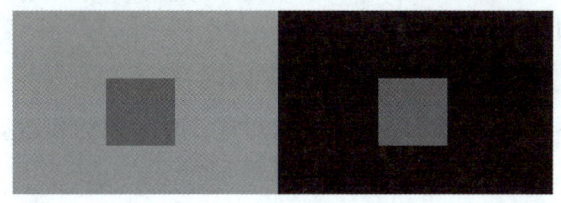

图2-1 同时对比现象

3. 感觉联觉性

感觉联觉性是指一种感觉引起另一种感觉的心理过程。例如，当用铁铲刮砂锅时，发出的刺耳声会让人感觉到不寒而栗，给皮肤带来冷的感觉，甚至可能引起"鸡皮疙瘩"。消费者在同时接受多种刺激时，经常会出现感觉间相互作用而引起的联觉现象，例如，超市在果蔬区的墙壁上挂上果园丰收的图片，会给消费者一种在果园中采摘果蔬的触感。同样，超市还可以在奶制品区绘制牧场的背景。

（五）感觉与消费者行为

1. 感觉是消费的基础

感觉是消费者认识商品的起点，是消费心理与行为的基础。消费者对商品的第一印象或对商品的初步评价都是在感觉的基础上形成的。企业在营销活动中要注重充分运用消费者感觉，引发消费者的购买欲望。例如，通过制作精美的广告刺激消费者的视觉，使其对商品产生好感；在购物场所播放优美的音乐，以刺激消费者的听觉，使其心情愉快，增加购买可能；在销售过程中，给予消费者触摸商品的机会，使其加深对商品的良好感受，进而产生购物欲望等。

2. 感觉是引起消费者情绪的通道

随着消费者对情感、体验等心理诉求的不断攀升，通过良好感觉引发消费者情绪变得更加重要，赋予品牌更多的情绪，从而与消费者产生情感共鸣成为品牌竞争力的核心。例如，以亲子、家庭等为主题的酒店，能够引发消费者放松、愉悦的心情，化妆品的香味能使消费者想起愉快的度假之旅。当然，不当的感觉刺激会让消费者望而却步。

3. 刺激信号要适应感觉阈值

感受性的变化规律说明消费者的感觉是有一定局限的，因此企业做广告、调整价格和介绍产品时，要与消费者的感觉阈值相适应。例如，为了推销产品而降价，如果降幅过小，刺激不够，消费者不会积极购买；而降幅过大，消费者可能怀疑产品质量。因此，必须有一个幅度的把握。另外，消费者的感觉阈值大小还与商品本身有关，如几千元的商品降价十几元，并不会引起消费者的注意，而蔬菜、水果等食品，降价几角都会被消费者感觉到。

二、知觉

（一）知觉的含义

知觉是人脑在感觉基础上，把接收到的信息加以综合整理，从而形成对事物完整印象的活动。知觉和感觉都是客观事物在人脑中的反映,两者的区别在于,感觉只能反映事物的个别属性,知觉却能反映事物的整体性。感觉是单一器官活动的结果,而知觉却是各种感觉协同活动的结果,感觉不依赖于人的知识和经验,而知觉却受人们知识储备、阅历经验、习惯等因素的影响。

(二)知觉的分类

按照知觉对象的不同,知觉可以分为空间知觉、时间知觉和运动知觉。

1. 空间知觉

空间知觉是人脑对客观事物空间属性的反映,如形状知觉、大小知觉、距离知觉和方位知觉等,人们对空间知觉的主要信息是通过视觉和听觉获得的。

2. 时间知觉

时间知觉是人脑对客观事物的延续性和顺序性的反映,即对事物运动过程的时间长短和先后顺序的判断。时间知觉的主要信息是通过听觉、触觉和视觉来获得的。人们除了通过时钟等计时工具有意识地产生时间知觉外,还可以通过人体内存在的某种自动计时的装置,即通常所说的生物钟,来产生时间知觉。例如,人类日常生活和工作必须按照每天24小时来进行,否则会导致健康问题,甚至精神问题。

3. 运动知觉

运动知觉是人脑对客观事物运动特性的直接反映。通过运动知觉,人们可以分辨物体的静止、运动及其运动速度的快慢。

(三)知觉的特性

知觉具有多种特性,主要包括选择性、整体性、理解性和恒常性。

1. 知觉的选择性

由于感觉器官的接受能力有限,当人们面对复杂多样的客观事物时,总是有选择地注意某一事物或事物的某种特征,即知觉对象,而不注意其他事物或事物的其他特征,即知觉背景,这就是知觉的选择性。当然,知觉对象和知觉背景可以相互转换,即当人的注意力从一个对象转向另一个对象时,原来的知觉对象就成为背景,而原来的背景转化为知觉对象。图2-2中,人们观察到的是花瓶还是人脸造型取决于所选择的知觉对象。

图2-2 花瓶与人

2. 知觉的整体性

知觉的整体性是指人在过去经验的基础上把由多种属性构成的事物知觉为一个整体。当直接作用于感觉器官的刺激不够完备时,人们总是根据知识经验,使知觉保持完备,这个特征是知觉和感觉的重要区别。在图 2-3 中,人们可以看到一个完整的正方体,这是知觉整体性的体现。

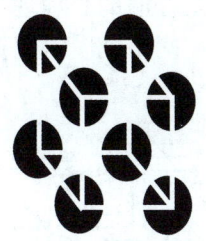

图 2-3 知觉的整体性

3. 知觉的理解性

知觉的理解性是指在知觉过程中,人们会利用过去所获得的有关知识和经验,对知觉对象进行加工,并表示出来。在知觉过程中,知识和经验是关键,其实质是旧经验与新刺激建立多维度、多层次的联系。知识、经验不足会导致对事物的知觉迟缓或肤浅,而充足的知识和经验则有利于全面、深刻地知觉事物。图 2-4 中,人们可以根据看到的斑点理解整个图片。

图 2-4 知觉的理解性

4. 知觉的恒常性

知觉的恒常性是指由于受知识经验的影响,当知觉条件发生变化时,人的知觉印象仍然保持相对稳定或不变。知觉的恒常性通常表现为亮度恒常性、大小恒常性、声音恒常性、形状恒常性等。例如,图 2-5 中,从不同角度看一扇门时,虽然视网膜上的投影形状并不相同,但人们仍然把它知觉为同一扇门。

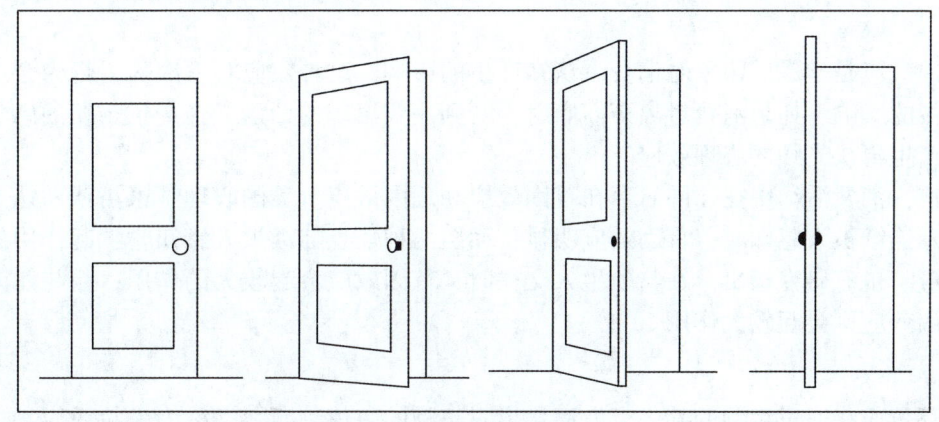

图 2-5 形状的恒常性

(四)错觉

错觉是知觉的一种特殊状态,也是普遍的心理现象。在一定条件下,人在感知事物的时候会产生错觉现象,如大小错觉、空间错觉、时间错觉、方位错觉等。图2-6展示了几种错觉示例。

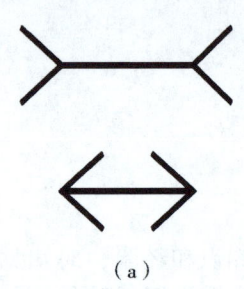 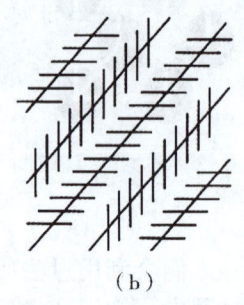 

(a) (b) (c)

图 2-6 错觉示例

(a)长短错觉;(b)位置错觉;(c)空间错觉

错觉的产生不一定只会带来不好的结果,巧妙运用错觉原理能够收到意想不到的效果。例如,分量轻的商品采用深色包装会让人觉得厚重;镜子可以使狭小的空间显得不那么拥挤,理发店、小餐馆等经常使用这种成本低廉却有效的方法。在制订价格时也可以灵活采用错觉现象。例如,将"9"作为价格的尾数,可以让消费者产生两种心理错觉,一是该商家核定价格认真,即使差一点也不将其凑成整数;二是让人感觉商品"比较便宜",毕竟跟1元相比,0.9元让人感觉更便宜。

(五)社会知觉偏差

社会知觉是指消费者在感知事物时的一种特殊的社会意识,由于某些客观条件限制,消费者会产生社会知觉偏差。常见的社会知觉偏差包括以下五个方面。

1. 首因效应

首因效应是指第一印象对消费者认知产生的影响。例如,珠宝首饰厂商通过定向光束直射和展柜的精心布置,衬托出珠宝首饰的华贵和精致,在视觉上给消费者留下了良好的第一印象和心理感受。

2. 近因效应

近因效应是指最后印象对消费者认知产生的影响,这种效应对下次购买行为会产生积极或消极的影响。如果消费者离开商店时,听到一句温馨的话语,会产生亲切的感觉,可能使其产生再次光顾的心理效应。

当前,消费活动中往往同时存在首因效应和近因效应。美国心理学家洛钦斯认为,当两种信息连续被人感知时,首因效应明显;而当两种信息陆续被人感知时,起作用的则是近因效应。也有研究指出,在与陌生人交往时,首因效应会起较大的作用;而与熟人交往时,近因效应则会起较大作用。

3. 光环效应

光环效应指通过事物的某一个方面作出对事物的整体判断,又称为晕轮效应。这种判断容易产生"一好百好,一坏百坏"、以偏概全的认知偏差。例如,如果店面装修很符合消费者的审美，消费者可能就会认为这个商店的商品不错。

4. 刻板效应

刻板效应指人们对某一类事物有着一种比较固定的看法。刻板效应一方面可以使人们能迅速洞悉概况、作出判断。例如，由于绝大部分化妆品专柜都设置在商场一楼，这在消费者头脑中形成了固定印象。另一方面，刻板效应也可能会形成偏见。

 知识加油站

社会心理学家包达列夫将同一个人的照片分别给甲、乙两组被试者看，此人眼睛深凹，下巴外翘。首先，研究人员向两组被试者分别介绍情况，给甲组说"此人是个罪犯"，给乙组说"此人是位学者"。然后，包达列夫请两组被试者分别对此人进行评价。评价的结果是，甲组被试者认为，此人眼睛深凹，表明他凶狠、狡猾，下巴外翘反映了顽固不化的性格。乙组被试者认为，此人眼睛深凹，表明他具有深邃的思想，下巴外翘则表明他具有探索真理的顽强精神。

为什么两组被试者对同一个人的面部特征所作出的评价截然相反？原因是人们对不同类型的人有一定的刻板认知。把照片上的人当作罪犯来看时，自然就把其眼睛、下巴的特征归结为凶狠、狡猾和顽固不化。把他当作学者来看时，便把相同的特征归结为思想的深邃和意志的坚忍。

(资料来源：白玉苓. 消费心理学[M]. 北京：中国工信出版集团，2022.)

5. 投射效应

投射效应是使用自己的观念和想法去判断别人时产生的，认为自己有的观念和想法别人也一定会有，当确定别人也有同样观念和想法的时候，就会产生一种满足和被认同的感觉。例如，超市促销时，消费者争相抢购，货架上的商品所剩无几，这时超市并不需要马上补货，因为空着货架可以使消费者感觉到买到的商品真的物有所值，而且被大多数消费者认同，促成更多的消费。相反，如果马上补货，可能让消费者感觉到被商家欺骗。

（六）知觉与消费者行为

1. 知觉能引导消费者选择所需商品

在消费活动中，知觉能使消费者淡化对货架、柜台和其他事物的感知，注意到包装精美或设计巧妙的某种商品，或者使消费者淡化对无关商品的注意，搜寻自己所需购买的目标商品。例如，商场使用"生鲜灯"照射冷藏柜的牛肉，能够强化消费者对牛肉新鲜感的注意，但这种行为可能误导消费者。为此，2023年出台的《食用农产品市场销售质量安全监督管理办法》，专门增加了对销售场所照明灯光等设施的设置和使用要求。

2. 知觉能带动消费者作出理性的购买决策

在消费活动中，知觉能够促使消费者利用已有的知识、经验，全面、深刻地感知商品的实际功能、价格、质量，以及商品对于自身需求的满足程度，从而作出相对理性的购买决策。例如，某商品存在一些不足，但其价格较低，且其功能、内在品质能够满足消费者的自身需求，那么消费者仍会选择购买该商品。

3. 知觉能使消费者对商品产生特殊情感

知觉能使消费者对商品形成相对稳定的印象，进而使其产生喜爱或厌恶的情感，这种情感会影响消费者购买行为的实施。例如，消费者通常对质量优良的商品形成良好的印象，进而产生喜爱之情，并热衷于继续购买该类商品或向亲朋好友推荐该类商品。

三、注意

 相关学习视频：注意

（一）注意的含义

注意是指消费者通过信息加工行为，将感知力、记忆力、思考力等集中在某个特定对象上的心理活动，具有指向性和集中性。随着现代信息技术的发展，人们能够接触到的各类信息呈爆发式增长，但人对信息的接收和处理能力有限，这就导致信息冗余，从而影响消费者决策。例如，消费者每天会遇到许多广告，但真正被注意到的只是少数。实验研究表明，在0.1秒内，成年人能够注意到3~4个汉字、4~6个字母和3~4个几何图形。相比之下，未成年人的注意范围更小。

（二）注意的分类

消费者在认识商品的过程中，往往表现出不同的注意倾向。按照消费者有无目的可分为无意注意和有意注意。

1. 无意注意

无意注意是指一种没有预定目的，不由自主地指向某一对象的注意。例如，消费者在商店中闲逛时无意中发现一条裤子，对裤子的注意就属于无意注意。

2. 有意注意

有意注意是指自觉的、有预期目的，必要时还需要一定意志努力的注意。

无意注意和有意注意既相互联系又可能相互转换。当人对某一事物的无意注意次数较多时，其对该事物的注意可能转换为有意注意；当人对某些事物长时间有意注意后，就容易感到疲劳，进而将有意注意转换为无意注意。

（三）注意的测量

智能设备的普及加速了信息的传播与碎片化，现代消费者面临着严重的信息过载。这意味着消费者注意力的测量更加重要，只有正确测量注意力的指向、范围及强度等，才能为企业广告投放、渠道选择等提供准确依据。一般而言，消费者注意力测量可以分为主观报告和客观评价。

1. 主观报告

主观报告是让消费者进行自我评价，具体方法包括自我报告问卷、自我评估模型、焦点小组、注意力检查等。

罗伯特·波特和保罗·博尔斯在2012年出版的《心理生理测量与意义：媒体的认知和

情感加工》中介绍了三种能够动态捕捉媒体消费体验的自我报告技术。第一种是连续响应测量，本质上是一种随时随地自我报告测量的电子形式，通常使用手持拨号盘，沿着某些维度(喜欢-不喜欢，同意-不同意等)不断地报告反应。第二种是想法清单，即研究人员观察并记录消费者的个人感受、想法、期望等，这种技术广泛用于研究像广告这样的说服性媒体信息的心理加工过程。第三种是二次任务反应时间，这是一种行为测量方法，通过测量消费者对次要任务的反应时间来测量其分配给主要任务的认知资源和注意力。

2. 客观评价

客观评价包括基于生理和神经科学的测量方法，以及基于具体营销场景的注意力评估。依靠心率、瞳孔测定法、眼动追踪、脑电图、近红外光谱和磁共振成像等生理和神经科学技术，研究人员可以深入了解消费者行为的潜意识机制，发现消费者无法或不想泄露的响应或反应。

由于大多数营销刺激都通过视觉通道呈现，而且衡量视觉注意力也是神经科学领域最为普遍的方法，因此，眼动追踪(Eye-tracking)技术成为注意力评价最为常见的技术之一。现代眼动仪使用专门的传感器，从正常眼球运动过程中，由角膜反射的红外光模式推断观察方向。这些传感器可以放在桌面上，也可以放在专用护目镜中，以便在实验室外进行眼动追踪。

眼动追踪的基本假设是，人们需要在视觉和心理上处理其视线所指向的任何刺激。因此，眼动追踪对于调查是否以及如何将注意力分配到刺激上非常有用，例如，可以发现刺激是否吸引了注意力或注意力是否停留在刺激上。测量眼球运动也有助于理解视觉在判断和决策、动机和目标追求以及偏好方面的作用。

具体而言，眼动数据分为注视和扫视。注视是指眼睛不间断地对准特定位置。注视分析中，通过测量停留时间来检查注意力资源是否优先分配给特定刺激。而扫视记录了从一个位置到另一个位置的眼睛运动的速度和角度，可以用作测量刺激吸引注意力的速度。此外，与注意力分配的认知指标相比，眼动追踪非常适合确定注意力的时间分配。

另外一种是基于具体营销场景的注意力评估。例如，对于网络广告而言，消费者浏览页面内容花费的时间以及人们与该页面广告的互动，能够反映其注意力情况，这是最基本，也是最准确的方法。消费者对互联网广告的注意力可以通过观看时间、点击率、持续时间等指标来反映。

 知识加油站

加州大学圣迭戈分校心理学家克利斯坦菲尔德·尼古拉斯对消费者如何从超市货架选择产品进行研究，发现当货架上面摆放四排完全相同的产品时，71%的消费者会选择中间两排货架的产品，这个比率比通常预计的随机率高21%，这被称为货架的中区偏向。

还有另一种视觉偏向，叫作第一注意点偏向。研究人员邀请41名被试者，在电脑屏幕上展示不同类型的零食，并让他们标示喜爱的程度，然后向他们展示一些和电脑屏幕上零食一样的照片，要求他们在最后选出最想吃的零食。当这些受试者在屏幕上寻找他们最喜爱的零食时，研究人员则使用眼动仪追踪他们的眼球运动，监测他们的目光焦点。最后发现了一种习惯模式呈现出来，人们第一次聚焦并更常关注的选项会出现在屏幕上的特定区域，而这些特定区域的位置取决于屏幕上选项的数量。如果只有4种零食出现在一个2×

2的矩阵中，受试者很有可能会看向左上角，而且他们的眼睛会有一半时间盯在那里。当然，这一结论并不适用于从右向左阅读的人，如使用希伯来语或阿拉伯语的受试者。然而，随着选项的增加，新的趋势开始呈现。如果受试者同时面对9个选项，他们的目光99%一开始会落在中心附近，如果有16个选项，他们的第一注视点97%会落在中间的四个格子内。

（资料来源：①Christenfeld N. Choices from Identical Options［J］. Psychological Science，2010，6(1)：50-55. ②Reutskaja E, Nagel R, Camerer C F, et al. Search Dynamics in Consumer Choice under Time Pressure：An Eye-tracking Study［J］. American Economic Review，2011，101(2)：900-926.）

四、想象

 相关学习视频：想象

（一）想象的含义

想象是指人脑对已有表象进行加工改造而创造新形象的过程。想象是思维的创造性发展，使得思维更高级、更复杂。消费者不仅能够产生知觉形象，还能够根据已有的知识和经验，创造出新的形象，这种新的形象往往是对客观现实的超前反映。想象是消费心理的重要范畴，它包括消费者对商品的期望，如性价比、身份价值等，激发对商品销售有利的想象可以促进购买行为。

（二）想象的分类

根据想象是否有目的性，可以将其分为无意想象和有意想象。

1. 无意想象

无意想象是指事先没有预定目的、不自觉的想象。无意想象是在外界刺激的作用下，不由自主地产生的。例如，当消费者看到广告、商标，或听到某段音乐时，会不由自主地想象某种消费对象的形象，这就是无意想象的表现。

2. 有意想象

有意想象是指有预定目的、自觉的想象。按照观察内容的新颖性、独立性和创造程度的不同，有意想象又可分为再造想象和创造想象。

（1）再造想象。即根据图样、图解、符号记录等描述，在头脑中形成有关事物新形象的心理过程，是创造想象的基础。例如，消费者看到减肥药包装上"苗条"的字样，就会在头脑中形成减肥后的身材效果。工程师根据建筑图纸想象出建筑物的整体形象。

（2）创造想象。即不依赖于现成的描述，而在大脑中独立地创造出新形象的心理过程。创造想象比再造想象更加复杂和困难。例如，文学作品中典型人物的创造，雕塑人物的创作等都是具有挑战性的工作。另外，幻想是创造想象的特殊形式，是一种与生活愿望相结合，指向未来的想象。例如，卡通玩具、动漫人物形象都属于幻想出来的产品形式。

(三)想象与消费者行为

在消费活动中，想象不仅对消费者的心理和行为产生影响，而且对企业经营也会产生影响。

1. 想象引发消费者联想

消费者的想象与个人的其他心理过程都有深刻的内在联系。例如，想象以记忆为基础，想象过程总会伴随着一定的情感体验。所以，消费者在购买商品时，常常伴随着想象活动，他们是否购买取决于商品是否和自己想象中的物品相吻合。例如，消费者购买服装时，会想象自己穿着新衣服参加各类活动时的情景，从而决定是否购买。

2. 想象促使消费行为的产生

消费者的想象使某些商品具有特定的象征意义，成为促进消费者购买的关键因素。例如，人们会把佩戴劳力士手表的人想象成富有的人。因此，商品设计与生产，都必须切实注意到消费者的这种心理活动，使得无论产品名称还是功能，都能引发消费者的美好想象，促使其产生购买行为。

3. 利用想象进行广告创意

企业可以利用想象，让广告作品在人的头脑中创造一个念头或画面，从而影响消费者心智。例如，"农夫山泉有点甜"的广告创意充分发挥了想象的心理暗示作用，使消费者在饮用农夫山泉矿泉水时，即使没有尝出甜味也可以通过想象认可广告中的"甜味"。

五、思维

(一)思维的含义

思维是指所有与信息加工、理解、交流相关的心理活动，是认识活动的高级形式。思维是以感觉、知觉、注意等提供的信息为基础，通过分析、综合、比较、抽象和概括等具体过程完成。

虽然思维与感觉、知觉等其他心理活动一样，都是人脑对客观现实的反映，但它与其他心理活动有本质区别。首先，感觉和知觉是消费者对事物个别属性和整体属性的直接反映，而思维是对信息进行加工后，对客观事物的间接、概括的反映。其次，感觉和知觉反映的是客观事物的外部特征和外在联系，思维反映的是客观事物的本质特征和内在规律。最后，感觉和知觉属于感性认识，它是借助感官系统对事物进行反映，是认识的初级阶段；而思维属于理性认识，它是借助于概念系统对客观事物进行反映，是认识的高级阶段。例如，感觉或知觉都只能感知到刮风、下雨这种自然现象，思维却可以得出"空气对流形成风"、"水蒸气遇冷液化形成雨"这种事物间的内在联系。

(二)思维的特征

思维的主要特征包括间接性和概括性。

1. 间接性

思维的间接性是指消费者需要通过一定的媒介产生来认识客观事物。例如，某人想购买一款手机，他可以通过网络查询、向朋友咨询、试用等不同方式来了解这款手机的信息，从而产生某种认识。

2. 概括性

思维的概括性是指通过抽取同一事物的共同特征和事物间的必然联系来反映事物。例如，人们把丝瓜、白菜、青椒等概括为蔬菜。通常，人们借助已有的知识、经验来理解和把握那些没有直接感知过的或者根本不可能感知到的事物。

（三）思维的分类

根据不同标准，思维可以划分为不同的类型。

1. 根据思维发展水平划分

根据个体成长阶段，思维可以划分为动作思维、形象思维和抽象思维。其中，动作思维是人最早产生的一种思维方式。3岁前的幼儿只能在动作中思考，他们的思维属于动作思维。形象思维是指借助形象完成的思维，画家、作家、设计师等擅长形象思维。抽象思维，也叫逻辑思维，是以语词、符号为基础，利用概念、判断、推理进行思维。抽象思维是人类最主要的思维方式。

2. 根据思维创造性程度划分

根据创造性程度不同，思维可以分为常规思维和创造性思维。其中，常规思维是指人们运用已有的知识和经验，按现存的方案或程序直接解决问题的思维。创造性思维是重新组织已有的知识和经验，提出新的方案或程序，并创造出新成果的思维方式。

（四）思维的特点

消费者思维表现出独立性、敏捷性和创造性特点。

1. 思维的独立性

思维的独立性是独立思考、分析和解决问题的体现。一些消费者在购物时有自己的主见，能够不受外界影响，独立分析需求与产品性能并作出购买决定。但一些缺乏思维独立性与批判性的消费者，则容易受到外界的影响，易被偶然因素左右。

2. 思维的敏捷性

思维的敏捷性是善于迅速地发现和解决问题的思维特征。有的消费者能在较短时间内发现和解决问题，遇事当机立断，迅速作出购买决定。相反，一些消费者可能出现犹豫不决，不能迅速地作出购买决定。

3. 思维的创造性

思维的创造性是思维不同于其他心理过程的重要特征，反映了思维的高阶属性。表现为一些消费者不仅善于求同，更善于求异，在购买活动中不因循守旧、不安于现状，有创新意识和丰富的想象力。

（五）思维与消费者行为

可以看出，消费者对商品的认识是由感觉发展到思维的过程，也是一个从感性到理性的过程。认识的感性阶段和理性阶段是相互转化、相互制约并交织在一起的。认识过程是实施购买行为的前提，但并不是说只要有了认识过程就必然会产生购买行为，这中间需要积极情绪与情感的促进和推动。

需要特别强调的是，思维和语言有着密切的联系，人的思维主要是借助于语言来实

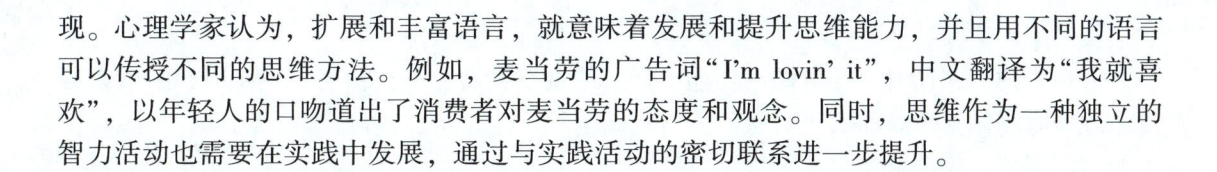

现。心理学家认为，扩展和丰富语言，就意味着发展和提升思维能力，并且用不同的语言可以传授不同的思维方法。例如，麦当劳的广告词"I'm lovin' it"，中文翻译为"我就喜欢"，以年轻人的口吻道出了消费者对麦当劳的态度和观念。同时，思维作为一种独立的智力活动也需要在实践中发展，通过与实践活动的密切联系进一步提升。

第二节　消费者的情感过程

社会物质财富的不断积累，使得人类进入一个物质过剩的消费时代，消费者的目的不只是为了满足需求，而时常为了消费而消费，为了感觉而消费，此时的消费活动，不仅受到理智控制，还被情感左右。消费活动过程既是认识不断发展的过程，也是情感不断变化的过程。

一、情绪与情感的含义

消费者的情感过程建立在消费者对商品的认识过程基础之上，包括情绪和情感两个方面。

情绪是指短时间内的主观体验，是由特定条件引起的，并且随条件的变化而变化，往往具有短暂性、情景性、不稳定性、外露性和冲动性，是较低级的、表层的心理现象，如喜悦、气愤、忧愁等。情感是长时间内与社会性需要相联系的稳定体验，具有长期性和稳定性，是较高级的、深层的心理现象，如道德感、荣誉感、集体感等。

在日常生活中，人们对情绪和情感并不做严格区分。实际上，二者既有联系又有区别。一方面，二者都是个体的主观体验，并且情感是在情绪的基础上形成和发展的。另一方面，情绪有情境性，而情感则很少受具体情境的影响，它是个体在长期实践中，受到客观事物的反复刺激而形成的心理体验。

二、情绪与情感的表现

情绪和情感是可以通过消费者动作、语气、表情等身体机能的变化表现出来，其表现分为内部机体变化和外部表情变化。

（一）内部机体变化

情绪和情感的内部机体表现包括呼吸系统、血液循环系统、腺体以及皮肤电阻与脑电波反应。它们都可以作为研究情绪和情感表现的指标。

1. 呼吸系统的变化

研究发现人平静时每分钟呼吸 20 次左右，而在愤怒时，可达每分钟 40~50 次。突然惊恐时，呼吸会暂时中断，心跳每分钟约增加 20 次；狂喜或悲痛时，呼吸还会发生痉挛现象。

2. 血液循环系统的变化

情绪变化会引起血液循环系统的变化，例如，人在恐惧或暴怒时，会出现心跳加速、血压升高的情况。

3. 腺体的变化

人在焦虑、悲伤时，肠胃蠕动功能下降，使食欲衰退；人在惊恐、愤怒时，唾液常常停止分泌而感到口干舌燥。

（二）外部表情变化

根据人的外部行为表现，可以判断出其情绪状态，主要表现在面部表情、身体表情和手势表情等方面。

1. 面部表情

面部表情主要是通过眼、眉、嘴、脸部肌肉的变化来反映人的各种情绪状态。例如，人们高兴时，会眉飞色舞，而悲伤时，会嘴角下垂，眉头紧锁；欢笑时，嘴角向上，双眉展开；羞愧时，面红耳赤等。

2. 身体表情

人在不同的情绪状态下，身体姿态会发生不同的变化。例如，狂喜时捧腹大笑，恐惧时紧缩双肩，悔恨时搥胸顿足等。

3. 手势表情

手势常和语言一起来表示赞成或反对，喜欢或厌恶。在无法用语言进行沟通的情况下，单凭手势，有时也可以在一定程度上达到情绪交流的目的。心理学研究表明，手势表情是通过学习得来的，它不仅有个体差异，而且也存在文化、民族和地域的差异。

 知识加油站

美国心理学家的研究表明，人的面部大约有 44 块肌肉，可以组合出 1 万多种不同的表情。不同的情绪通过不同的面部表情可以表现出微妙的差异。不同情绪的辨认在难易程度上有所不同。最容易辨认的是快乐、痛苦；较难辨认的是恐惧、悲哀；最难辨认的是怀疑、怜悯。同样，人在识别不同情绪的速度上也存在着差别。

（资料来源：白玉苓. 消费心理学[M]. 北京：中国工信出版集团，2022.）

三、情绪与情感的分类

 相关学习视频：情绪与情感的分类

由于划分角度不同，情绪与情感的分类也不相同。《荀子·正名》提出"六性说"，即好、恶、喜、怒、哀、乐；《礼记·礼运》提出"何为人情？喜、怒、哀、惧、爱、恶、欲"，可以概括为"七情说"。

（一）按照情绪强度、速度、持续时间划分

按照情绪发生的强度、速度和持续时间，可将情绪分为心境、激情、应激和挫折。

1. 心境

心境是一种微弱、弥散和持久的情绪，即人们平时所说的心情。心境的好坏常常是由

某个具体而直接的原因造成的，它所带来的愉快或不愉快会保持一个相对较长的时段，影响着人的行为表现。例如，愉快的心境能使消费者思维活跃，待人宽容，增加对商品、服务、购物环境的满意度。

2. 激情

激情是在一定场合发作的一种猛烈但持续时间不长的情绪，类似于平时所说的激动。激情一般通过激烈的语言或行为爆发出来，是一种心理能量的宣泄。例如，痛苦、恐惧、绝望都属于这种情绪状态。积极的激情能激励人们克服困难，成为正确行动的巨大推动力，消极的激情则会使人的自制力和控制力下降，缺乏自信心。

3. 应激

应激是在出乎意料与危险的情况下引起的高度紧张的情绪状态。应激的最直接表现是精神紧张。在应激状态下，人们的反应与每个人的性格特征、知识经验以及意识品质等密切相关，可能出现两种不同的应激反应，要么急中生智，摆脱面临的困境；要么急中"丧智"，表现为手忙脚乱、不知所措。

4. 挫折

挫折是一种在遇到障碍而又无法排除时的情绪体验，如怨恨、沮丧、意志消沉等。挫折具有破坏性、感染性的特点。消费者处于挫折情绪状态时，会对企业营销策略采取抵制态度。

（二）根据情感的社会内容划分

情感是一种相对长期和稳定的心理状态，根据情感的社会内容可将其分为道德感、理智感和美感。

1. 道德感

道德感是根据社会道德标准去评价自己或他人的思想、意图和言行时产生的情感体验，如同情、反感、眷恋、尊敬、轻视、感激、爱、憎等，这些都属于道德感。道德感是针对客观对象与主体所掌握的道德标准之间关系的一种心理体验。当自己或他人的思想、意图、行为举止符合这些标准时，就会产生自豪、满意等肯定的情感体验；反之，对自己会产生自责、内疚等情感，对他人会产生厌恶、鄙视等情感。

2. 理智感

理智感是在智力活动中，认识和评价事物时所产生的高级情感体验，理智感与人的认识活动、求知欲、兴趣和对真理的探索等社会需要相联系。求知感、怀疑感、幽默感、好奇感等均属于理智感。在购买活动中，消费者需要得到有关商品的信息，如果他们的求知欲得到了满足，就会产生理智感，这对消费者的购物活动起着重要的推动作用。

3. 美感

美感是人们根据自己的审美标准，对自然或社会现象及其在艺术上的表现予以评价时产生的情感体验。由于人们的审美需要、审美标准、审美能力不同，对同一对象的美感体验也就不同，但在同一群体中，往往会持有基本相同的审美标准。如人们对商品各有所好，但对时尚、潮流、新奇商品的追求却有普遍性。企业应根据消费者对美的不同要求进行不同的产品设计，满足人们不同的心理情感需求。

微笑作为管理客户关系的一个重要环节，已经被大量研究证明其具有强大的社会力量。在营销管理中，管理者往往要求服务人员向消费者展示微笑，以加强消费者的积极情绪。

然而，并非所有的微笑都会带来积极的效果。王泽等学者通过多个实验研究和田野实验发现，不同程度的微笑给他人带来的感受是不同的。更开朗的笑容与更高水平的社交性相关联，从而产生更积极的关系。因此，与轻微的笑容相比，更开朗的笑容可能会提供更强的信号，表明表达者希望建立社会关系，但是开朗的笑容也可能表明个人的能力较差。因此，在社交媒体上，如果希望传递出温暖的形象，我们可以选取面带更开朗的笑容的照片；相反，如果想向大家呈现更有能力的形象，可不要笑得太过。

（资料来源：Wang Z, Mao H, Li J, et al. Smile Big or Not? Effects of Smile Intensity on Perceptions of Warmth and Competence［J］. Journal of Consumer Research，2017，43（5）：787-805.）

四、情绪与情感的营销应用

如何激发消费者情绪、增加购买成为企业最为关注的问题，通常可以考虑以下策略。

1. 通过产品诉求点燃消费者情绪

与产品有关的整体性情绪对消费者决策有重要影响，企业首先需要从产品入手，考虑产品质量、外观、款式、颜色、包装、品牌、口碑等对消费者情绪的影响。美感溢价现象告诉企业产品颜值很重要，美好的东西往往会激发消费者积极的情绪，从而提高产品的吸引力。

在营销实践中，通过产品包装来激活消费者怀旧情绪是一种常见选择。例如，泸州老窖的封坛年份酒就采用古朴的紫砂瓶包装，在接近瓶口处有传统的古代雕花，给人一种历史的厚重感。除了包装之外，广告无疑是企业点燃怀旧情绪的一把利器。

除了产品属性之外，企业还可以通过制造心理冲突，激发消费者的某种特殊情绪。例如，滋源洗发水是2017年"CCTV国家品牌计划"唯一入选的洗护品牌。该品牌上市三年累计销售70多亿元，为何一个曾经名不见经传、没有大品牌保驾护航的产品销售如此火爆呢？这不得不归功于该品牌营造的恐惧情绪。通过"洗了一辈子头发，你洗过头皮吗？"这一广告诉求，充分激发了消费者的情绪，让消费者产生"没洗头皮？我这头没洗干净吧""怪不得总有头皮屑，怪不得总是头皮痒"等恐慌情绪。

类似地，企业也可以通过塑造仪式感来改变消费者的心理情绪。例如，对生产过程赋予高尚的文化意义。很多企业强调"十七层净化""纯手工打造"等复杂工艺，或者以私人沙龙、高端论坛等方式塑造品牌仪式感，从而激发消费者积极的心理情绪。

2. 通过环境因素激发消费者情绪

环境因素激发的伴随性情绪会对人们产生影响。例如，当看到壮阔的瀑布、巍峨的山脉、无垠的沙漠时，人们常常会产生敬畏的情绪，从而促进对环境的负责任行为。购物广场经常使用愉悦的音乐来激发消费者的积极情绪，从而影响消费者的决策，花店播放浪漫的音乐会使消费者购买更多的花。

然而有时候，单独的音乐显得势单力薄，要达到更好的效果必须和气味相搭配。美国学者在实验室里模拟了圣诞节的场景,按照有无圣诞节气味和有无圣诞节音乐,研究人员把参与者随机分为四组,让他们对一些商品和店铺进行评价。结果发现,既无音乐也无气味的一组和既有音乐也有气味的一组对商品和店铺的评价是相当的。而有音乐没有气味或者有气味没有音乐的组,被试者对商品的态度、店铺的态度以及购物意愿都会出现下降。换句话说,其实没有音乐和气味,并不会对消费者评价产生影响。但是如果有其中一种刺激,那么另外一种刺激也必须有,而且两种刺激必须匹配。否则仅有一种刺激可能产生负面效果。可见,企业试图使用环境因素激发消费者情绪时,要注重刺激的协调一致。

第三节　消费者的意志过程

消费者在经历了认识过程和情感过程之后,是否采取购买行为还有待消费者心理活动中意志过程的实现。消费者在购买活动中不但要借助感觉、知觉、注意、记忆、联想、思维等来认识消费对象,伴随认识过程产生一定的态度和内心体验,还要依靠意志过程来确定购买目的,排除各种因素的影响,最终采取购买行动。

一、意志的含义

相关学习视频:意志的含义

意志是消费者自觉地确定购买目的并主动支配、调节其购买行动,克服各种困难,实现预定目标的心理过程。在消费活动中,消费者除了对产品进行认识和情绪体验外,还要经历意志过程。只有经过有目的的、自觉的支配和调节行动,努力排除各种干扰因素的影响,消费者才能实现预定的购买目标。如果说消费者对产品的认识活动是由外部刺激向内在意识的转化,那么其意志活动则是内在意识向外部行动的转化。只有实现这一转化,消费者的心理活动才能现实地支配其购买行为。

二、意志的基本特征

相关学习视频:意志的基本特征

(一)目的性

消费者在购买过程中的意志活动是以明确的购买目的为基础的。因此,在有目的的购买行为中,消费者的意志活动体现得最为明显。通常,为了满足自身的特定需要,消费者经过思考预先确定购买目标,然后自觉地、有计划地按购买目的去支配和调节购买行为。

(二)与克服困难相联系

在现实生活中,消费者为了达到既定目的而需排除的干扰和需克服的困难是多方面的，例如，支付能力有限与价格昂贵的矛盾，售货方式落后和服务质量低劣所造成的障碍等。这就需要消费者在购买活动中，既要排除思想方面的矛盾、冲突和干扰，又要克服外部社会条件方面的困难。

(三) 调节消费行为全过程

意志对消费行为的调节包括发动行为和制止行为两个方面。前者表现为激发积极的情绪，包括发动行为机制，推动消费者为达到既定目的而采取一系列行动。后者则表现为抑制消极的情绪，制止与达到既定目的相矛盾的行动。

 知识加油站

古希腊哲学家苏格拉底对学生说："今天学习一件最简单最容易做的事。每人把胳膊尽量往前甩，然后再尽量往后甩。"说着，苏格拉底示范了一遍，"从今天开始，每天做300下，大家能做到吗？"

学生们都笑了。这么简单的事，有什么做不到的？

一个月过去了，苏格拉底问学生们："每天甩手300下，哪些同学坚持了？"有90%的同学骄傲地举起了手。

又过了一个月，苏格拉底又问了同样的问题，可是坚持下来的学生只剩下八成。

一年过后，苏格拉底再一次问大家："请告诉我，最简单的甩手运动，还有哪些同学坚持了？"这时，整个教室里，只有一个人举起了手。这个学生就是后来成为古希腊另一位大哲学家的柏拉图。

(资料来源：陈可．消费心理学[M]．北京：北京理工大学出版社，2016.)

三、消费者的意志心理过程

根据消费者意志的复杂程度，可以将其分为简单意志过程和复杂意志过程。

(一) 简单意志过程

简单意志过程是指在确立购买目的之后，立即付诸行动的活动。例如，在购买牙膏、铅笔等商品时，因为人们对它们的认知比较充分，购买代价也没有很高，因此在执行决策阶段通常比较迅速。另外，在购买价格低廉、日常必备的一些商品时，人们的购买过程也不需要很多意志努力的介入，这些都属于简单意志过程。

(二) 复杂意志过程

在那些价格高昂、需要搜集信息反复对比的消费活动中，需要复杂意志过程，具体包括采取决定阶段和执行决定阶段。

1. 采取决定阶段

这个阶段主要包括权衡行动动机、确定行动目的、选择行动方法并制订计划。

(1) 权衡行动动机。在同一时间内，个体的多种需要不可能同时得到满足，这就产生了动机斗争。常见的动机斗争包括双趋冲突、双避冲突、趋避冲突。

双趋冲突是指在有两种或两种以上目标同时吸引个体时，只能选择其中一种目标，而必须放弃另一目标所出现的选择冲突。双避冲突是指两个需要避开的目标，只有接受其中一个目标，才能避开另一个目标的冲突。趋避冲突是指对同一目标同时具有趋近和逃避的心态，这一目标可以满足人的某些需求，但同时又会构成某些威胁，既有吸引力又有排斥力，使人陷入进退两难的心理困境。

(2)确定行动目的。个体通过动机斗争解决了思想冲突后，便由优势动机决定行动，行动的目的也就可以确定下来。但行动的目的是有层次的，即个体需要做远近或主次的安排，先实现近期目的，再实现长远目的；或者先实现主要的目的，再实现次要的目的。一般来说，行动目的的社会价值越高、越明确，对人的激励、鞭策作用越大，实现目的的决心和意志也越坚强。

(3)选择行动方法并制订计划。选择行动的方法是在目的确定之后由实现目的的愿望推动的。它是一个人根据欲达目的的外部条件和内部规律适当设计自己行动的过程，这一过程既能反映一个人的经验、认知水平和智力，又能反映出一个人的意志水平。

2. 执行决定阶段

执行阶段主要包括坚持预定目标和计划好的行动程序，终止不利于达到目标的行为。执行决定是意志行动的关键和中心环节。

(1)及时执行决定。意志行动只有经过执行决定阶段，才能达到预定的目的。及时执行决定的过程中，意志对行动的调节表现在两个方面，一方面采取积极的行动达到目的，另一方面终止不利于达到目的的行动。这两个方面的活动是对立统一的，如果只善于做出决定而不采取积极行动，目的就永远不会实现，即使做出的决定再完善，也没有什么意义。

(2)克服困难。克服各种困难从而实现所做出的决定是意志行动的关键环节。个体在意志行动中会遇到许多困难，如与目的不符的各种动机出现、行动中出现意外情况、消极的个性品质等。为了实现预定目的，个体就必须有面对困难的勇气和机智，承受身体和心理上的负荷，随着主客观情况的变化，运用自己的知识经验，迅速分析、判断困难的性质，确定克服困难的方法和策略，对行动做必要的调整，修正原来的行动计划，根据新的决定采取行动。

第四节　消费者认识、情感与意志的关系

一、认识和意志的关系

一方面，认识是意志活动的前提和基础。意志行动的本身就是认识活动的结果，人们只有认识了客观世界的规律，才能提出切合实际的目的，提出实现目的所需的有关方法。对外界认识越深刻，其意志行动就越有价值，就越有可能提供实现意志目标的有效策略、方法与手段。

另一方面，意志反作用于认识过程。意志因素可以影响人的认识活动，是认识过程顺利进行的保证。学习的过程、调查研究与分析论证的过程都是一种认知过程，同时也都是意志过程。人在认识过程中，目的的确定、困难的克服，都要依赖于意志的努力。

可以看出，消费者的认识过程是对产品、品牌、商家等熟悉的过程，这个过程为消费者的意志过程提供了基础。

二、意志和情感的关系

意志对情感起着控制作用，总体来看，坚强的意志可以强化人的积极情感，鼓舞人的热情，而且意志坚强的人能抑制消极的情感，消除各种消极情感的干扰，使情感服从于理智。相反，意志薄弱的人则会屈服于消极的情感。在意志过程中，消费者有些消极情绪可以得到控制，使情绪服从于理智，有些消极情绪也可以随着意志行动的实现，转化为积极的情绪。

同时，情感既可以成为意志过程的动力，也可能成为意志过程的阻力。积极的情感可以鼓舞人的斗志，对人的行为起推动作用，消极的情感则只能削弱人的斗志，阻碍人去实现预定目的，使意志行动半途而废。

三、情感和认识的关系

情感可以成为认识的动力，也可能成为认识的阻力。积极的情感是认识活动的动力，它能够促使人们认识事物，提高活动效率；消极的情感是认识活动的阻力，会影响人们认识活动的积极性，降低认识活动的效率和水平。

当然，认识也是产生情感的基础和前提，只有在认识事物的基础上，才能了解主客体之间的需求关系，从而产生情绪和情感。没有对事物的认识，不能判断它是否符合自己的需要，就不能产生情感。"有所指，才有所感"。例如，面对从没见过的新产品，消费者在没有任何认知的情况下不可能产生情感偏好。

 拓展阅读

敬畏感促进环境负责任行为

心理学家认为，敬畏感是一种积极的情绪，会改变人们对世界的理解，刺激人们产生新的心智模式。在现代社会中，人们经常会提到敬畏感缺失，导致缺乏信仰等后果。旅游被认为是唤起敬畏感的重要方式，通过自然景观、人文景观、宗教文化等旅游体验，人们都可能产生敬畏感。

王丽丽和吕佳颖（2019）研究认为，敬畏感能够促进环境负责任行为。他们把环境负责任行为划分为公民行为、金融行为、身体动作、劝服行为、可持续行为、保护环境行为以及环境友好行为7个维度。首先让被试者写下3个令他们印象最深刻的自然景观，然后问被试者对这些景观的感觉如何，其中包含对敬畏感的感知题项。随后，被试者回答了有关环境负责任行为的题项。接下来，被试者回答了他们对渺小自我感知的题项。结果发现，敬畏感与环境负责任行为的所有维度都正相关，同时，敬畏感与渺小自我感知负相关。换句话说，那些对自然景观更加敬畏的被试者，感到自己更加渺小，表现出更多的环境负责任行为倾向。

这一发现对旅游业的发展具有重要的启示意义。然而，整体来看，中国热门旅游景区的环境压力越来越大。目前，负责任的旅行行为依赖于自我控制和自我指导，管理者主要强调增加游客的同理心、负罪感和羞耻感，对于其他措施使用较少。以上研究指出，通过视频练习，体验敬畏感是比较有效的方式。因此，建议旅行社可以在旅行前播放一些令人惊叹的视频，供人们观看和欣赏，以激发人们的敬畏感。

（资料来源：Wang L, Lyu J. Inspiring awe through tourism and its consequence[J]. Annals of Tourism Research, 2019, 77(2): 106-116.）

思考题

1. 感觉和知觉之间的联系和区别是什么？
2. 什么是意志？消费者复杂意志的两个阶段是什么？
3. 情绪与情感过程对营销有什么启示？
4. 请简述消费者的认识、情感和意志之间的关系。

第三章 消费者个性特征

🎯 学习目标

1. 理解消费者个性的含义。
2. 掌握消费者气质、性格和能力的含义。
3. 理解消费者个性对消费市场的影响。
4. 探讨以人为本等新型消费观的形成。

导入案例

"00后"更愿意为兴趣买单，青年消费流行"入圈"

作为数字化时代的文化热词，圈层是指人们信息的接受、产品的选择以及社交在某一相对固定的群体范围内进行。当今，圈层外雾里看花，圈内人自得其乐。物质和精神消费圈层化，并基于兴趣形成无数细分市场，圈层经济逐渐成为一个等待被持续开发的长尾市场。

艾媒咨询发布的《2022年中国兴趣消费趋势洞察白皮书》提到，新青年中加入圈层的占比95%，兴趣构筑起圈层文化。二十世纪，著名社会学家费孝通在《乡土中国》中提出"差序格局"，即以"圈子"来形象地比拟某种发生在亲属、地缘等社会关系中，以自己为中心，像水波纹一样推及开的社会格局。时至今日，基于趣缘形成的圈子遍布青年人生活的角落，构成了一个个独特的兴趣社群。哔哩哔哩视频网站于2021年12月发布的创作者生态报告显示，目前该站已经形成了200万个文化标签、7 000个核心文化圈层。

圈层经济为何能够形成并且发展迅猛？反映出相关消费者怎样的心理？研究发现，新青年群体对于同好社群的归属感是圈层消费形成和发展的重要原因。"主要是因为物质生活相对丰富，青年追求更多物质以外的附加价值，从而形成了各种兴趣社群。"艾媒咨询首席分析师张毅对中国城市报记者表示。

"当代青年出生于中国经济快速增长的时代，物质生活不愁，对精神方面的满足感需求更强烈。其次，在成长环境层面，独生子女的家庭资源大多是独享的，相对而言比较孤

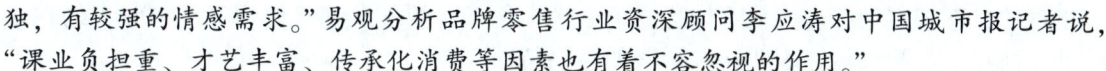

独,有较强的情感需求。"易观分析品牌零售行业资深顾问李应涛对中国城市报记者说,"课业负担重、才艺丰富、传承化消费等因素也有着不容忽视的作用。"

"圈层的形成其实是基于兴趣。抓住不同圈层的兴趣,就会形成对应的价值。"张毅说,"在过去的40年消费跃迁式发展中,消费已经逐步饱和,增长速度放缓,表现为大件的置换速度更慢、消费品使用寿命更长等。在此情况下,为了拉动消费,兴趣就成了一个很好的增长点,比如说国潮风、动漫风等,已形成相对应的圈层。商家扣准兴趣点进行产品细化,让消费更聚焦、市场更细分,从而打开需求,拉动经济发展。"

"兴趣消费毕竟是一种精神消费,随着人生阶段和经济背景的变化,消费者可能会减少该方面的投入,转向实物类的刚需消费。"一位业内人士表示,但对于部分消费者而言,圈层消费成了一种寄托或者安全区域,是寻求精神慰藉的途径。"这也是一种情绪刚需。"张毅坦言,当代年轻人消费倾向与上一代的温饱型完全不同,不是"从零到一",而是"从一到二"。

(资料来源:中国城市报;https://m.thepaper.cn/baijiahao_20498940)

请思考:对品牌而言,如何把握年轻消费者圈层化消费个性?

第一节 消费者的个性

一、个性的含义

"个性"一词来源于拉丁语"Persona",原意是"人格面具",在心理学中又称为人格(Personality)。个性的本质非常复杂,心理学家对它的定义也不尽相同。希夫曼和卡纽克认为,个性是指决定和反映个人如何适应环境的内在心理特征,包括使某一个体与其他个体相区别的具体特质、属性、特征、因素和态度等多个方面。个性作为个体带有倾向性、稳定的、本质的心理特征的总和,其形成既受生理、遗传等先天因素的影响,又与后天因素,如社会环境、成长经历等有关。在消费活动中,个性的绝对差异决定了消费者心理特征和行为方式的千差万别。例如,选购商品时,有的消费者审慎思考,独立决策,有的则盲目冲动,缺乏主见。面对新的消费时尚,有的消费者追随潮流,从众趋同,有的则不为潮流所动。这些复杂的消费行为与现象正是消费者个性作用的结果。

二、个性的特征

个性作为反映个体基本精神面貌本质的心理特征,具有以下四个基本特征。

(一)整体性

整体性是指一个人的各种个性倾向和个性特征的有机结合,这些成分或特征错综复杂地相互联系、交互作用,组成了完整的个性。例如,个性完整的青少年,所思、所做、所言协调一致,具有积极进取的人生观,并以此为中心把自己的需要、动机、愿望、目标和行为统一起来。

(二)稳定性

稳定性是指构成个性特征的是那些稳定的、具有一贯性和持久性的心理特征。那些偶然出现的、不稳定的心理特征不能称之为个性。例如，偶尔发脾气说明不了一个人的性格特征，而经常发脾气能够表明一种暴躁的性格特征。

（三）可塑性

个性具有稳定的特点，但个性也不是一成不变的，受到年龄的增长、生活环境的变化、实践的深入或改变、主观努力以及突发事件等主客观因素影响，个性可能在不同程度上发生变化。

（四）独特性

人的个性千差万别，个性的独特性正是指个性中那些区别于其他人的心理特征。例如，有的人性子急，有的人性子慢；有的人安静沉默，有的人开朗乐观；有的人自私自利，有的人慷慨大方。这些个体独特的心理特征，很多时候会成为影响消费决策的关键因素。

三、个性的构成

 相关学习视频：个性的构成

从内部结构看，个性主要由个性心理特征和个性倾向性两部分组成。

个性心理特征是气质、性格、能力等心理机能的独特结合。其中，气质显示个体心理活动的动力特征，性格反映个体对现实环境和完成活动的态度上的特征，能力体现个体完成某种活动的潜在可能性。这三者的独特结合，构成了个性心理特征的主要方面。研究消费者的个性心理与行为的关系，主要是研究不同消费者在气质、性格方面的差异及其在消费行为中的反映。

个性倾向性是指个人在与客观现实交互作用的过程中，对事物所持的看法、态度和倾向，具体包括需要、动机、兴趣、爱好、态度、信念、价值观等。

四、个性理论

（一）弗洛伊德个性理论

弗洛伊德是奥地利精神病学家和心理学家，他创建的个性心理分析理论是现代心理学的里程碑。他把人的心理分为意识和潜意识两个部分，潜意识包括原始冲动和本能以及其他欲望，这些因素与社会道德准则相悖，无法直接满足，被压抑到潜意识当中。弗洛伊德认为潜意识是人类思想、情感和行为的重要决定因素。基于这种分析，弗洛伊德认为人类的个性是体内生理驱力与社会准则之间冲突的产物，是由本我、自我和超我构成的。

其中，构成本我的是人类的基本需求，如饥、渴、冷等。这些需求产生时，个体要求立即被满足，遵循"快乐原则"，并且处于潜意识状态，例如，婴儿饥饿时要求立刻喂奶，决不考虑母亲有无困难。

自我是个体在现实环境中由本我分化发展而产生的。本我中的各种需求如果不能立即得到满足，就必须迁就现实的限制。自我处于本我与现实之间，以现实检验为原则，是个体有意识控制的部分。

超我是个体在生活中接受社会文化道德规范的教养而逐渐形成的。超我有两个重要部分，一部分是自我理想，即要求自身行为符合自己理想的标准；另一部分是良心，即规定自身行为免于犯错的限制。超我的作用是指导自我去调节和控制本能的冲动，以社会可接受的方式满足需要。

弗洛伊德的个性理论过分强调个性的本能和生物属性，夸大了潜意识的作用，他的学生卡尔·荣格、阿德勒等人认为，社会环境在个性塑造方面同样起到重要作用。

（二）荣格的人格类型说

瑞士心理学家卡尔·荣格进一步扩展了弗洛伊德的理论，他提出包括内倾型和外倾型的两种态度，思维、情感、感觉、直觉四种心理功能的人格理论，态度和心理功能组合形成八种具体的人格类型。

1. 外倾感觉型

这类个体常常拥有明快追求欢乐的能力，他们热衷于感知外部世界，喜欢拥有感觉，如果可能的话还要欣赏感觉。

2. 内倾感觉型

这类个体倾向于感觉客观刺激所释放的主观感受，他们沉浸在自己的主观幻想中，在感觉和实际客体之间不存在协调的联系。

3. 外倾直觉型

这类个体对那些具有远大前景而尚处于萌芽状态的事物具有敏锐的嗅觉，不断追求新鲜事物和可能性。

4. 内倾直觉型

这类个体试图把自己与幻觉联系起来，通过主观的幻想来指导直觉和自己未来的行为。

5. 外倾思维型

这类个体常常将他们的整个生命活动与理智的结论联系起来，希望用理智衡量世间的善恶与美丑，并想要尽可能多地认识和理解客观世界。

6. 内倾思维型

这类个体同样重视思维，受到理念的决定性影响，但是这些理念并非来自客观事件，而是源于其主观判断。

7. 外倾情感型

这类个体会逐渐将情感发展为一种调节功能，他们的思维通常是被压抑的，成为情感的附属物。

8. 内倾情感型

这类个体大多沉默寡言，让人捉摸不透，将自己生命的控制权交付给主观倾向的情感。

（三）MBTI 人格理论

迈尔斯-布里格斯类型指标（Myers-Briggs Type Indicator，MBTI）是由美国作家伊莎贝尔·迈尔斯和她的母亲凯瑟琳·布里格斯共同研究的一种人格类型理论模型。MBTI 人格理论以荣格人格类型说为基础，通过自我报告式的评估测试，衡量和描述人们在获取信息、作出决策、对待生活等方面的心理活动规律和性格类型。

MBTI 人格理论倾向于从以下三个方面考察人与人之间的差异。一是把注意力集中在何处，从哪里获得动力（外向、内向）；二是获取信息的方式（感觉、直觉）；三是做决定的方法（思维、情感）；四是对外在世界的取向来自认知的过程还是判断的过程（判断、知觉）。

MBTI 人格理论可以用来解释为什么不同的人对不同的事物感兴趣、擅长不同的工作，以及人和人之间为什么不能相互理解等。如今，已经成为最为著名和权威的性格测试方法之一。世界 500 强企业中，有 80% 的企业有 MBTI 人格理论的应用经验，MBTI 在改善人际关系、团队沟通、组织建设、组织诊断等多个方面发挥着重要作用。

（四）特质理论

特质是指任何区别于他人的、相对持久的个性属性。特质理论的核心思想是在研究个性结构时，应以个别的个性特质为基础。特质理论与弗洛伊德和新弗洛伊德理论所采用的定性分析方法不同，偏重于定量的测量。

特质理论者致力于构建个性测试或问卷调查来找出个人差异的特征。有的测试包含一个量表，用于测试人的一种特质，如自信等；有的测试包含很多量表，用来测试多个特质，也称作多重个性测试。比较著名的多重个性测试量表有卡特尔 16 种个性因素问卷、爱德华偏好量表、加利福尼亚个性量表等。

（五）大五理论

大五理论模型是目前得到普遍认可的个性理论模型。2016 年美国大选期间，一家咨询公司应用这一模型，通过收集几万名脸书用户的数据，利用一套算法，精准测算了这些用户的人格类别，进而定向推送大选宣传信息，从而实现宣传效果最大化。换句话说，尽管每个用户收到的宣传信息不同，但这个信息在最大限度上符合用户的个性偏好，起到较好的宣传作用。

大五理论模型将个性特征划归为神经质、外向性、开放性、宜人性以及谨慎性五大个性维度和 30 个具体特征，见表 3-1。由于模型中几乎涵盖了绝大多数的个性特征，因此，大五模型被认为构建了一个合理的个性框架，能够比较准确地测试出人们的个性特征。有研究认为，大五理论模型比其他人格特征框架对消费者行为更具解释力。

表 3-1 大五个性模型

主要特征	具体特征
神经质	焦虑，愤怒，沮丧，自我，冲动，易受伤
外向性	热情，社交，专断，活跃，寻求刺激，积极
开放性	幻想，艺术，敏感，实践，思考，有价值
宜人性	值得信任，直率，利他，顺从，谦虚，脆弱
谨慎性	能干，讲次序，忠实尽职，追求成就，自律，深思熟虑

资料来源：张俊妮，江明华，庞隽. 品牌个性与消费者个性相关关系实证研究[J]. 经济科学，2005（6）：104.

五、个性与消费者行为

（一）预测购买行为

很多学者认为关于个性的研究成果能够帮助企业预测购买行为或店铺选择偏好等。有关研究发现个性与产品选择和使用之间存在相关关系，但个性所能解释的变动量相对较小。当然，这并不能否认个性特征研究的重要性，因为消费者购买行为极其复杂，个性也只是影响消费者行为的众多因素之一，要预测消费者购买意向或行为除依据个性特征外，还取决于很多其他条件。

（二）个性与新产品购买

已有研究发现个性特征与新产品购买存在一定关联。在消费心理学领域，社会性格是用来描述个体从内倾到外倾的个性特质。证据显示，内倾型消费者倾向于运用自己内心的价值观或标准来评价新产品，他们更可能成为率先采用新产品的人群，而外倾型消费者倾向于依赖别人的指引做出判断，成为新产品采用者的可能性较小。

（三）个性与品牌选择

个性对于品牌的选择同样具有影响。品牌个性是品牌形象的一部分，是消费者对品牌特殊性的评价与感受，无疑具有一定的主观性，一旦形成，就会与其他刺激因素共同作用，使消费者得出这一品牌适合或不适合自己的印象。

品牌个性理论自20世纪60年代提出以来，备受关注。詹妮弗·阿克认为品牌个性是有关品牌的人格特质的组合，它提供了象征性意义与自我表达的功能。消费者总是通过品牌的象征性意义来塑造自己的形象或表现自己的个性。有研究表明，消费者会倾向于购买和他们个性相一致的产品，或者是那些能让他们的某些个性弱点得到弥补的品牌。例如，百事可乐努力塑造年轻活力、特立独行和自我张扬的品牌个性，年轻消费者通过喝百事可乐来展示与上一辈喝可口可乐不一样的个性。

第二节 消费者的气质

一、气质的含义

 **相关学习视频：气质的含义**

气质是人类个性心理特征之一。"气质"一词来源于拉丁语"Temperamentum"，原意为"混合"，指个体心理活动的典型的、稳定的动力特征。这种动力特征主要表现在心理过程的强度、速度、稳定性和指向性。其中，心理活动的强度指情绪的强弱、意志努力的程度等。心理活动的速度和稳定性指知觉的速度、思维的灵活程度、注意力集中时间长短等。

心理活动的指向性指个体对自身与环境的心理倾向。例如，部分消费者善于从外界获得消息，部分人倾向于分析和思考自己的感受。

通俗地讲，气质就是一个人的"脾气"和"秉性"。人的气质特征在不同情境、不同活动中都会表露出来。如活泼、直爽、沉静、浮躁等，是高级神经活动在人的行动上的表现，是个体所独有的心理特点。由于气质特性的不同组合，不同个体在气质类型方面存在多种差异，这些差异直接影响个体的心理和行为。每个消费者都会以其特有的气质出现于其所进行的各种消费活动中，购买同一种产品，不同气质类型的消费者会采取完全不同的行为方式。因此，气质可以看作是消费者固有特征的典型表现。

二、气质的类型

 相关学习视频：气质的类型

目前形成了多种气质类型分类标准，其中最著名的是"体液说"，是公元前5世纪由古希腊医生希波克拉底提出，他根据人体内占优势的体液类型，把气质分为胆汁质、多血质、黏液质和抑郁质四种。

（一）胆汁质

胆汁质的人体内黄胆汁占优势，这些个体精力充沛、直率热情、表里如一、情绪体验强烈、易冲动，但缺乏耐心，整个心理活动笼罩着迅速而突发的色彩，具有外倾性。

（二）多血质

多血质的人体液混合比例中血液占优势，这些个体活泼好动、反应迅速、思维灵活，但往往不求甚解、注意力易转移、情绪不稳定，容易适应环境、喜欢交往，具有外倾性。

（三）黏液质

黏液质的人体内黏液占优势，这些个体安静沉稳、情绪发生慢而弱、反应缓慢、注重稳定、情绪不易外露、善于忍耐、坚韧执拗，具有内倾性。

（四）抑郁质

抑郁质的人体内黑胆汁占优势，这些个体敏锐稳重，情感体验深刻、持久，行动缓慢，不善交往，遇到困难或挫折易畏缩，善于觉察到别人不易觉察到的细小事物，具有内倾性。

虽然在日常生活中确实能找到这四种气质类型的典型代表，但事实上，绝对属于某种气质类型的人并不多，大多数个体是以某一种气质为主，兼有其他气质特征的混合型气质特征。

三、气质与消费者行为

消费者不同的气质类型会直接影响其消费行为，使之显现出不同甚至截然相反的行为方式、风格和特点。

(一)主动型和被动型

不同气质类型的消费者,其行为主动与否有明显差异。多血质和胆汁质的消费者通常主动与销售员进行接触,积极提出问题并进行咨询,有时还会主动征询其他在场消费者的意见,表现十分活跃。而黏液质和抑郁质的消费者则比较消极被动,通常不会主动提出问题,不太容易沟通。

(二)理智型和冲动型

黏液质的消费者比较冷静、慎重,会对各种商品的内在质量加以细致地选择和比较,通过理智分析作出购买决定,并且不易受广告宣传、外观包装以及他人意见的影响。而胆汁质的消费者容易冲动,经常凭个人的兴趣、偏好,以及对商品外观的好感选择商品,而不过多考虑商品的性能与实用性,容易受广告宣传及购买环境的影响。

(三)果断型和犹豫型

在制订购买决策和实施购买行动时,气质的不同会直接影响消费者的决策速度与购买速度。多血质和胆汁质的消费者心直口快,言谈举止比较爽快,一旦见到自己满意的商品,往往会果断地作出购买决定。抑郁质和黏液质的消费者在挑选商品时则优柔寡断,动作比较缓慢,挑选的时间也较长,在决定购买后易发生反复的情况。

(四)敏感型和粗放型

黏液质和抑郁质的消费者在消费体验方面比较敏感,他们对购买和使用商品的心理感受十分敏感,在遇到不满意的商品或服务时,经常做出强烈的反应。相对而言,胆汁质和多血质的消费者在消费体验方面不太敏感,不过分注重和强调自己的心理感受,对于购买和使用商品的满意程度不太苛求,表现出一定程度的容忍性。

营销人员应根据消费者在购买活动中的行为表现,发现和识别消费者在气质方面的特点,有针对性地进行销售服务,不同气质类型的购买行为表现及接待注意事项如表3-2所示。

表3-2 不同气质类型的购买行为表现及接待注意事项

气质类型	购买行为表现	销售注意事项
多血质	活泼热情,自来熟,话多,改变主意快,易受环境和他人影响	主动接近、介绍、交谈
胆汁质	易冲动,忍耐性差,对营销人员的要求高,容易与营销人员发生矛盾	态度和善,语言友好,千万不要刺激对方
黏液质	内向,购买态度认真,不易受暗示及他人影响,喜欢独立挑选,动作缓慢	主动热情,要有耐心
抑郁质	多疑,动作迟缓,反复挑选	要有耐心,多作介绍,要允许反复

第三节　消费者的性格

一、性格的含义

相关学习视频：性格的含义

性格（Character）是指个体现实的稳定态度和习惯化行为方式中所表现出来的个性心理特征。性格是个性结构中最为重要的部分，居于核心地位。

在个体对现实的态度方面，人们总是认可一些具有良好性格的人。例如，人们总是欣赏那些举止优雅稳重、神态温和端庄、感情豪放、谈吐幽默的人。这也成为良好性格的重要表现。个体对现实的态度和与之相应的行为方式的独特结合，构成了一个人区别于他人的独特性格。有人说："人物的性格不仅表现在他做什么，而且表现在他怎样做。""做什么"，说明一个人追求什么、拒绝什么，反映了人对现实的态度；"怎样做"，说明人如何去追求要得到的东西，如何去拒绝要避免的东西，反映了人的行为方式。

日常生活中，性格和气质容易被混为一谈，但实际上两者既有联系又有区别。气质主要是个体情绪反应方面的特征，是个性内部结构中不易受到环境影响的比较稳定的心理特征。性格则除了情绪反应方面的特征外，还包括意志反应的特征，是个性结构中容易受环境影响的心理特征。同时，性格与气质相互影响，气质可以影响性格的形成和发展速度，性格则对气质具有重要的调控作用，在一定程度上掩盖或改造气质。

二、性格的特征

性格是十分复杂的心理现象，具有多方面的特征，主要体现在以下三个方面。

（一）态度特征

性格的态度特征表现为个人对待客观事物和现实态度的倾向性。这种特征体现在三个方面。

一是对社会、集体和他人的态度上的差异，如热情或冷漠、大公无私或自私自利、富有同情心或冷漠无情、诚实或虚伪等。二是对事业、工作、学习、劳动和生活的态度上的差异，如耐心细致或粗心大意、勇于创新或墨守成规、勤劳或懒惰、努力进取或松懈退却等。三是对自己的态度上的差异，如谦虚或骄傲、自信或自卑、严于律己或放任自流等。

（二）意志特征

性格的意志特征是指在意志的作用下，对自身行为的自觉调节方式和控制程度。这种特征体现在四个方面。

一是行为目标明确程度，如做事是有计划性的还是盲目性的，是积极主动的还是消极被动的。二是对自己的行为自觉控制水平，如主动控制还是一时冲动，是自制力强还是放任自流。三是在紧急或困难条件下表现出来的意志，如沉着镇定还是惊慌失措，是果断顽强还是犹豫不决。四是对待长期工作的意志，如严谨还是马虎，坚毅还是半途而废等。

(三) 情绪特征

性格的情绪特征是指个人受情绪影响或控制情绪程度状态的表现。主要体现在以下三个方面。

一是情绪反应的程度，如对同一件事情，有的人反应强烈、体验深刻，而有的人则反应较弱、体验肤浅。二是情绪的稳定性，如有的人稳重并善于自控，始终保持高昂的情绪、饱满的热情，而有的人反复无常、忽冷忽热、几分钟热度。三是情绪的持久性，如有些人情绪持续的时间长、留下的印象深刻，而有些人情绪持续时间短、几乎不留痕迹。

以上与性格有关的三方面特征相互联系，构成一个统一的整体。每个人不仅有不同的性格特征，而且这些特征的结构也不相同，从而使同一性格特征在不同的人身上表现出差异性，反映到消费者行为上，就构成了千差万别的消费性格。

三、性格与消费者行为

性格是通过稳定的态度和习惯化的行为方式表现出来的，因此可以基于消费态度和购买行为方式划分不同消费者的类型。

(一) 基于消费态度的划分

1. 节俭型消费者

在消费观念和态度上崇尚节俭，讲究实用。选购商品过程中注重商品的实用性，以物美价廉作为选择标准，不喜欢过分奢华、高档昂贵、无实用价值的商品。

2. 保守型消费者

在消费态度上较为保守，习惯于传统的消费方式。选购商品时，喜欢购买传统的和有过多次使用经验的商品，不愿冒险尝试新产品和新的消费方式。

3. 随意型消费者

在消费态度上比较随意，生活方式自由而无固定的模式。选购商品时，表现出较大的随意型，选择商品的标准经常根据实际需要不同而改变，容易受外界环境和广告的影响。

(二) 基于购买行为方式划分

1. 习惯型消费者

这类消费者习惯于参照以往的购买和使用经验进行消费，一旦他们对某种品牌的商品熟悉并产生偏爱后，会经常重复购买，形成惠顾性购买行为，同时不易受社会时尚、潮流影响而改变自己的观念和行为。

2. 慎重型消费者

这类消费者通常根据自己的实际需要并参照以往购买经验，仔细慎重地权衡之后才做出购买决定。不易受外界影响和左右，具有较强的自我抑制力。

3. 挑剔型消费者

这类消费者自信果断，很少征询或听从他人的意见，对营销人员的解释说明常常持怀疑和戒备心理，观察商品细致入微，有时甚至过于挑剔。

4. 被动型消费者

这类消费者由于缺乏商品知识和购买经验，在选购过程中往往犹豫不决，缺乏自信和主见，对商品的品牌、款式、价格等没有固定的偏好，容易受到他人意见的左右。

第四节　消费者的能力

一、能力的含义

 相关学习视频：能力的含义

心理学上，能力是指人能够顺利地完成某种活动并直接影响活动效率所必须具备的个性心理特征。一般而言，能力具有两层含义：一是指个体现在能做什么，即实际能力，如已经掌握的外语、能熟练地开车等；二是指将来能够发展的潜力能力，即通过学习、训练后可以发展起来的能力。实际能力与潜在能力是不可分割的，潜在能力是实际能力的基础，实际能力是潜在能力的现实表现。

能力与实践活动紧密相连。一方面，人的能力在实践活动中不断发展并得到体现。例如，沟通能力是在持续的沟通实践过程中得到展现和提升的。另一方面，从事任何活动都必须有一定的能力作为基础。例如，对于营销人员而言，流畅的表达、细心的观察和严谨的逻辑思维，都是从事营销活动应该具备的基础能力。因此，要想获得能力，就要尽可能多地参与实践活动，通过认真履行实践活动步骤，不断获得或深化能力。通常情况下，单一能力无法应付复杂的实践活动，多种能力结合形成的综合能力才是解决复杂问题的关键。

二、能力的分类

（一）按照能力的倾向性划分

按照能力的倾向性，可以把能力分为一般能力和特殊能力。

一般能力是指个体顺利完成各种活动都必须具备的最基本的心理条件，如观察力、记忆力、注意力、想象力等。通常认为，一般能力的综合表现就是智力。

特殊能力指从事某种专业活动或从事特殊领域的活动所表现出来的能力，如运动能力、鉴赏能力、写作能力等。

一般能力与特殊能力相互联系，一般能力是特殊能力的重要组成部分，特殊能力的发展又有助于一般能力的发展。

（二）按照功能划分

按照能力所要实现的功能，可以把能力划分为认知能力、操作能力和社交能力。

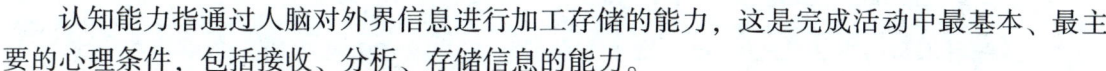

认知能力指通过人脑对外界信息进行加工存储的能力，这是完成活动中最基本、最主要的心理条件，包括接收、分析、存储信息的能力。

操作能力指通过肌体动作完成各种活动的能力，包括运动能力、操作能力、劳动能力。

社交能力指在社会交往活动中所表现出来的能力，它是人们参加社会集体生活、与周围人保持协调关系中最为重要的心理条件。

(三) 按照创造性高低划分

按照所参与活动时的创造性高低，可以把能力划分为模仿能力和创造能力。

模仿能力是指人们通过观察别人的行为活动来学习各种知识，然后以相同的方式做出反应的能力。模仿是知识积累不可或缺的心理条件。

创造能力是指按照预设目的，利用已有知识和信息，产生新思想、发现和创造新事物的能力。通常认为，模仿能力是创造能力的基础和前提，人们经常先模仿再创造。

三、能力与消费者行为

消费者的能力特性差异与消费者行为直接相关，消费者根据能力差异，表现出以下不同的消费行为特点。

(一) 能力成熟型消费者

这类消费者具备比较完备和成熟的消费能力，他们对所需要商品不仅非常了解，而且有长期的购买和使用经验，通常注重从整体角度综合评价商品的性能，能够正确辨别商品的质量优劣，在购买时往往表现得比较自信、坚定，自主性较高，能够按照自己的意志独立做出决策而无须他人帮助，较少受外界环境影响。

(二) 能力中等型消费者

这类消费者的消费能力处于中等水平，通常具备一些商品方面的知识，并掌握有限的商品信息，但是缺乏相应的消费经验，主要通过广告宣传、他人介绍等来了解认识商品。在购买过程中，乐于听取营销人员的介绍和企业的现场宣传，经常主动向营销人员或其他消费者咨询。由于商品知识不足，他们会缺少自信和独立见解，要在广泛征询他人意见的基础上做出决策，容易受外界环境影响。

(三) 能力缺乏型消费者

这类消费者的消费能力处于缺乏和低下状态，他们不了解商品的知识和消费信息，而且不具备购买经验。在选择过程中，对商品的了解仅建立在直接观察和表面认识的基础上，难以做出正确的比较选择，在作出购买决策时，经常表现得犹豫不决，极易受环境影响和他人意见的左右。

 拓展阅读

案例1：看电影迟到的人

以去看电影迟到的人为例，对人的几种典型的气质进行说明。假如电影已经放映了，门卫又不让迟到的人过去，不同气质类型的人会有不同的表现。

第一种人匆匆赶来之后，对门卫十分热情，又是问好又是感谢，急中生智会想出许多令人同情的理由，如果门卫坚持不让他进门，他也会笑哈哈地离开。

第二种人赶来之后，对于自己的迟到带着怒气，想要进去看电影的心情十分迫切，向门卫解释迟到的原因时，让人感到有些生硬，如果门卫坚持不让他进门，也会带着怒气而去。

第三种人来了之后，犹犹豫豫地想进去又怕门卫不让，微笑而又平和地向门卫解释迟到的原因，好像不在乎这电影早看一会儿或迟看一会儿，门卫一定不让他进去的话，也很平静地走开。

第四种人来到的时候，首先可能看一看迟到的人能不能进去，如果看到别人能够进去，也跟进去，如果门卫不让他进，也不愿意解释迟到的原因，默默地走开，最多只是责怪自己为什么不早一点来。

案例2：消费者退换商品策略

在中国质量万里行活动中，不少制造、销售伪劣商品的企业被曝光，消费者感到由衷的高兴。3月15日是国际消费者权益保护日，某大型零售企业为了改善服务态度、提高服务质量，向消费者发出意见征询函，调查内容是"如果您去商店退换商品，售货员不予退换怎么办"要求被调查者写出自己遇到这种事时怎样做的。其中有这样几种答案。

(1)耐心诉说。尽自己最大努力，苦口婆心慢慢解释退换商品的原因，直到得到解决。

(2)自认倒霉。向商店申诉也没有用，商品质量不好又不是商店生产的，自己吃点亏下回长经验。

(3)灵活变通。找好说话的其他售货员申诉，找营业组长或值班经理求情，只要有一个人同意退换就能解决。

(4)据理力争。绝不求情，脸红脖子粗地与售货员争到底，不行就向媒体曝光，再不解决就向工商局、消费者协会投诉。

上面两个案例展示了不同气质类型的消费者在处理不同消费问题时的反应，如果是你，你会如何表现？

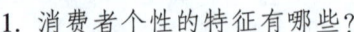

1. 消费者个性的特征有哪些？
2. 论述四种气质类型的特点。
3. 谈谈针对不同性格特征的消费者的营销对策。
4. 消费者的能力有哪些差异？

第四章　消费者学习、记忆与态度

学习目标

1. 掌握学习的概念和基本方法。
2. 理解消费者记忆的基本规律。
3. 掌握消费者态度测量的内容。
4. 掌握改变消费者态度的策略。

导入案例

随手拍是否增强了我们的记忆？

出去旅游，人们常常会拿起手机、相机随手拍，总是担心眼前的美景会从记忆中悄悄溜走。但是，随手拍真的会增强我们对美景的记忆吗？

在一项研究中，研究人员招募了 130 多位被试者参与实验，实验内容是自由游览斯坦福纪念博物馆。这是一座相当恢宏华丽的建筑，值得人们仔细观赏。参与者被分为三组，研究人员要求其中一组参与者在游览期间不能拍照，另一组参与者可以在游览期间随意照相，但这些照片只能供自己观赏，最后一组参与者则被要求在游览过程中拍摄至少 5 张照片，并且需要把照片分享到个人社交网站上。随后参与者们进入斯坦福博物馆并随意游览。在游览结束后的 2 周内，参与者们又完成了一项在线的突击记忆测试，在这项测试中他们需要回答在游览过程中理应记得的一些细节。结果发现，在游览期间拍照会大幅削弱人们对观光景点的记忆，不管是否将照片分享。

这似乎与我们的设想不符，为什么会这样呢？这是因为使用相机会分散游客的注意力，所以游客记不住那些本应专心欣赏的东西。事实上，不仅是拍摄照片，即使在听讲座时记笔记也会损害人们对事物的记忆。拍照损害记忆的另一个原因是利用媒体设备进行"认知减负"。研究发现，如果告诉参与者某段信息已经录入了电脑，那么他们记住这条信息的概率就会降低，例如，由于有了手机，人们能记住的电话号码少之又少。

虽然拍照会损害人们的记忆，但也有新的研究发现，拍照能增强人们对特定体验的记忆。同样请参与者参观博物馆，研究人员要求其中一部分人进行拍照，另一部分人则不能拍照。结果发现，相比没有拍照的人，接受了拍照指令的参与者更容易记住游览过程中的视觉信息。不过，拍照的参与者也会更容易忘记自己所听到的信息。也就是说，智能手机改变了我们注意力的焦点。当人们试图拍一张美照的时候，注意力会专注于一个特定的景象，从而忽略了耳边的微风、清新的空气、远处孩童的嬉戏，人们在不自觉间"收窄"了自己的感官体验。因此，即便这些美好的照片和文字被保留，它们也只是单薄的片段，无法取代在现实生活中释放所有感官获得的丰满、完整的体验记忆。

（资料来源：①Barasch A, Diehl K, Silverman J, et al. Photographic memory: the effects of volitional photo taking on memory for visual and auditory aspects of an experience[J]. Psychological Science, 2017, 28(8): 1056-1066. ②孟亮. 消费者行为学[M]. 北京: 清华大学出版社, 2022.）

第一节　学　习

一、学习的含义

 相关学习视频：学习的含义

在心理学中，学习是基于经验或练习而导致行为或行为潜能产生较为持久改变的过程。例如，小孩子以前从来没有喝过可口可乐，突然有一天品尝了一罐可口可乐后，他就会记住这个味道，之后，当他再次看到可口可乐的商标时，就会知道到这是一款饮料，并且回味起它的味道，这就是学习的过程。实际上，学习是一个接收信息、概括信息、转换信息和评价信息的过程，在这个信息大爆炸的时代，我们时刻都处于信息的海洋，会发生大量的学习，这些学习可能是有意的，也可能是偶然的。

二、学习的方法

常见的学习方法包括模仿法、试错法、提问法和对比法。

（一）模仿法

模仿是人类的天性。心理学家尼尔·米勒和约翰·多拉德在对模仿行为进行研究后提出，可能被别人模仿的人有四种，分别是年龄层次或级别层次较高的人、社会地位较高的人、聪明的人和各领域专家。模仿行为在消费者的购买活动中大量存在。例如，时尚风潮的出现就是因为大众对名人、明星衣着打扮的效仿。

（二）试错法

消费者在积累经验的过程中，总要经历一些错误的尝试。随着错误之后的反复尝试，

错误的次数会逐渐减少,成功的次数会逐渐增多。当然,试错不一定要亲身经历,从别人的经验中同样可以认识错误。

(三)提问法

提问法指消费者主动发现、思考、记忆,并通过提问获得知识的活动。例如,某消费者在商店里对某种商品发生兴趣后,主动积极地收集有关信息,或者当场询问售货员,从而获得对该商品性能、品质和使用方法的深入认识。

(四)对比法

对比法是人们认识事物常用的一种方法。消费者在消费活动中,可以对消费对象、方式、时间、地点等进行对比。对比的结果直接决定消费者的消费选择和购买决策。在竞争激烈的市场上,如何使自己的商品或服务在消费者对比中脱颖而出,成为企业营销需要思考的重点。

三、学习的基本特征

学习主要有以下三方面基本特征。

(一)基于经验产生

学习是在经验的基础上不断进行的,这种经验既包括通过亲身实践获得的直接经验,也包括通过书本阅读、观察和思考而获得的间接经验。例如,对于没有使用过的商品,消费者可以通过广告宣传了解到产品的核心特征和功能。

(二)以行为和行为潜能的变化为标志

学习的结果通常表现为个体"学会了什么",并且引起个体行为的改变。这种改变可能是外显的,也可能是内隐的。例如,消费者原来购买 A 品牌产品,通过学习某些专业知识后,消费者变为购买 B 品牌产品,这是行为的直接变化。还有一种情况,消费者通过接收 B 品牌产品的广告,对 B 品牌产生好感,即使还没有购买 B 品牌产品,也导致消费者潜在情绪的变化,这是一种行为潜能的变化。

(三)基于学习获得的变化较为持久

并非所有的行为或行为潜能的变化都是学习,只有发生较为持久的行为改变才是学习。例如,由于疲劳、疾病或药物引起的行为的短暂变化就不能称为学习。也就是说,只有那些由经验引起的行为变化或行为潜能在不同场合表现出相对持久的一致性才能称为学习。

四、消费者学习理论

 相关学习视频:消费者学习理论

学者们提出不同的理论来解释消费者学习过程,包括行为主义学习理论、认知学习理论和观察学习理论。

(一)行为主义学习理论

行为主义学习理论把焦点放在刺激物与行为响应之间的联结上，把消费者学习过程看作一个黑箱，仅关注消费者针对不同刺激物会产生怎样的响应，并不关注认知加工过程。行为主义学习理论两个代表性实验是经典性条件反射和操作性条件反射。

1. 经典性条件反射

经典性条件反射是由生理学家伊万·巴甫洛夫创立的，它解释的是刺激与反应之间某种既定的联系。这一理论建立在著名的巴甫洛夫的"狗与铃声"的实验之上。

在这个实验中，存在两种不同的刺激。第一种刺激的呈现可以无条件地诱发个体的某种反应，被称为非条件性刺激。第二种刺激不能单独诱发这种反应，被称为条件刺激。当两种刺激物相互配合时，第二种刺激也能诱发个体的反应。对于实验当中的狗来说，食物是一种非条件刺激，因为它们看到食物时，会自然而然地分泌唾液。当狗听到铃声时，不会做出任何反应。如果让铃声和食物配合出现，随着时间的推移，通过不断地强化，铃声会从条件刺激变为一种非条件刺激。也就是说，当狗单独听到铃声时，也会出现分泌唾液的反应。从这个实验可以看出，学习就是学会用一种新的方式对以前无关的刺激做出的反应过程。同时，巴甫洛夫还提出，没有强化就不会发生条件反射，即使在条件反射建立之后，这种神经联系也是有条件的，因此，这种联系是一种暂时性的，需要持续强化。

经典性条件反射的原理可用于广告设计和宣传。例如，广告中出现大海惊涛骇浪(无条件刺激)的画面总是能够引发人们不畏艰难险阻，挑战恶劣自然环境的正面情感(无条件反射)。如果某运动品牌(条件刺激)的广告背景是大海惊涛骇浪的画面，且两者总是同时出现，则该运动品牌也能够引发一种不畏艰难的正面情感。再如，有的广告本身能引起消费者的情感反应，一开始消费者的情感仅限于广告本身，但如果反复给消费者看这些广告，那么，广告所宣传的品牌同样能够引起消费者愉快的感受，产生所谓的条件反射或者称为"移情"。在这里，消费者有意无意地习得了对特定品牌商品的积极态度和行为。换句话说，一则令人感到亲切的广告，通过经典性条件反射就可能强化消费者积极的品牌态度。

2. 操作性条件反射

美国著名心理学家斯金纳创建了斯金纳箱，以小白鼠和鸽子等动物为实验对象，经过反复实验，提出操作性条件反射理论，也称为工具性条件反射理论。根据该理论，学习是一种反应概率上的变化，而强化则是增强反应概率的手段。一旦某个操作或者自发反应出现以后，存在强化物或强化刺激，则该反应出现的概率就会增加。由条件作用强化出现的反应，如果出现后不再有强化刺激，则该反应出现的概率就会降低，直至不再出现。

与经典性条件反射理论基本观点一致，即学习是建立在条件反射基础上的，但二者还是有一定区别的。经典性条件反射强调学习是先有刺激后有反应，或者说，行为反应是由刺激引发的，是一种对刺激的被动应答活动。而操作性条件反射强调学习是先有行为后有刺激，行为反应是自发出现的，而后才被刺激强化。

操作性条件反射发生的方式包括正强化、负强化和惩罚。正强化是指做出某种行为后获得奖励，这种行为就会获得正强化。购买产品收到优惠券就是正强化的例子。正强化有利于个体重复某些行为，是一种积极刺激。负强化是指如果做出特定行为后，可以避免出

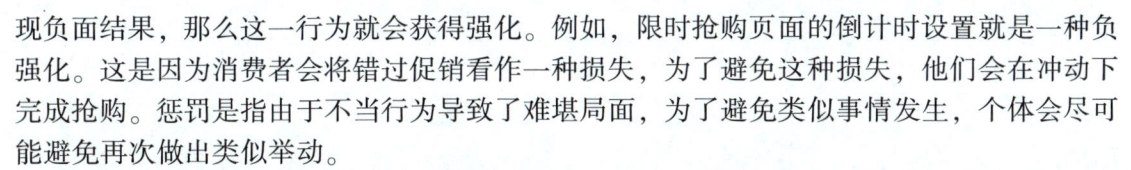

现负面结果,那么这一行为就会获得强化。例如,限时抢购页面的倒计时设置就是一种负强化。这是因为消费者会将错过促销看作一种损失,为了避免这种损失,他们会在冲动下完成抢购。惩罚是指由于不当行为导致了难堪局面,为了避免类似事情发生,个体会尽可能避免再次做出类似举动。

在操作性条件反射理论中还提到一种现象,称作自然消退。它是指某种条件反射形成后,如果不再受到强化,那么这种条件反射就会逐渐减弱,甚至消失。例如,消费者在有奖销售的影响下,购买了某种商品,但当他以后再次购买同类商品时,由于没有受到奖励,就可能不再购买该商品了。

(二)认知学习理论

认知学习理论试图打开消费者学习的过程黑箱,强调内部心理过程的重要性,认为个体具有主观能动性,学习是一个解决问题的过程,而不是在刺激与反射之间建立联系的过程。在许多解决问题的情境中,虽然并没有类似建立条件联系时的那种可见的强化物,但这并不意味没有任何强化。实际上,解决问题本身就是一种很重要的强化因素。例如,如果某个人观察到一个朋友穿了一款时尚的连衣裙而获得大家好评,那么下一次购买连衣裙时,这个人可能会选择同样或类似的款式。

最早研究认知学习现象的是德国心理学家柯勒,他通过"黑猩猩够香蕉"的实验发现,黑猩猩是靠领悟了事物之间的关系,对问题的情景进行改组,才使问题得以解决的。这就是对问题情景的一种"顿悟"。由此,他认为学习不是尝试错误的过程,而是知觉经验的重新组织。因此柯勒的学习理论也被称为"顿悟说"。

关于认知学习的理论还有很多,这些理论虽然互有差异,但其共同点是强调心理活动,如思维、联想、推理等在解决问题、适应环境中的作用。这些理论认为学习是主动地在头脑内部构造定型、形成认知结构的活动。学习者在学习过程中把新信息归入先前的有关知识结构,继而又在很大程度上支配着自身的预期和行为。简言之,认知学派对学习的解释是立足于学习者对问题的解决和对所处环境或情景的主动了解。这种主动了解并不像条件联系的学习那样,盲目地或机械地重复,而是在不同情景中使用不同的手段从而达到一定的目的。

认知学习理论对了解消费者的购买决策过程有很大的帮助。按照这些理论,消费者的购买行为总是先从认识需要开始,随后再评估满足其需求的可选商品,接着选出他们认为最有可能满足其需求的商品,最后评估商品满足需求的程度。

(三)观察学习理论

观察学习理论主要是由美国心理学家班图纳所倡导的。观察学习理论认为,个体的行为是通过观察而导致的,是对他人行为及其强化性结果的观察。一个人的学习,是获得某些新的反应,或使现有的行为反应得到矫正,同时在此过程中观察者并没有外显性的操作示范反应。

观察学习理论认为,首先观察学习并不必然具有外显的行为反应,并不依赖直接强化。其次,观察学习不同于模仿。模仿是学习者对榜样的简单复制,而观察学习则是从他人的行为及其结果中获得信息,它可能包含模仿,也可能不包含模仿。最后,利用观察学习理论可以诱导消费者特别是潜在消费者的反应。例如,商家用知名艺人做品牌代言人,通过他们对产品的肯定,吸引潜在消费者的注意,扩大产品销量。

第二节 记　忆

一、记忆的含义

 相关学习视频：记忆的含义

记忆是指过去经验在大脑中的反映或再现，包括对感知过的事物、思考过的问题、体验过的情绪的反映。与感知相同，记忆也是大脑对客观事物所作的反映活动。二者的区别在于，感知是大脑对当前直接作用的事物的反映，记忆是大脑对过去经验的反映。

记忆是大脑的重要机能之一，也是消费者认识过程中重要的心理要素。通常情况下，消费者看过的广告、使用过的产品、体验过的情感等，不会消失得无影无踪，而是在大脑皮层中留下痕迹，在一定条件下，这些痕迹能够再次活跃起来，大脑中就会出现过去感知过的事物。

记忆在消费者心理与行为活动中具有重要作用。正是有了记忆，消费者才能把过去的经验作为表象保存起来。经验的积累推动了消费者心理的发展和行为的复杂化。反之，离开记忆则无法积累和形成经验，也不可能有消费心理活动的高度发展，甚至连最简单的消费行为也难以实现。例如，如果丧失对商品外观、用途或功效的记忆，消费者再次购买同一种商品时，将无法辨认并做出正确的判断和选择。

二、记忆的过程

 相关学习视频：记忆的过程

心理学研究表明，记忆的心理过程具体包括识记、保持、回忆和再认四个环节。

(一)识记

识记是人们为了获取客观事物的深刻印象而反复感知的心理过程。消费者运用视觉、听觉和触觉去认识商品，在大脑皮层上建立与商品之间的联系，留下商品的印迹，从而识别商品。

根据所识记的材料有无意义和识记者是否理解其意义，可以分为机械识记和意义识记。机械识记是对事物没有理解的情况下，依据事物的外部联系机械重复地进行识记，例如，没有意义的数字、生疏的专业术语等。机械识记是一种难度较大的识记，容易对消费者接收的信息造成阻碍。因此，企业在宣传产品、设计商标或为产品及企业命名时，应当坚持便于消费者识记的原则。

意义识记是在对事物理解的基础上，依据事物的内在联系所进行的识记。它是消费者通过积极的思维活动，揭示消费对象的本质特征，找到新的消费对象和已有知识的内在联系，并将其纳入已有知识系统的活动。运用这种识记，消费者更容易记住消费对象的内容和形式，并且保持的时间较长，易于提取。

（二）保持

保持是指人脑巩固已经识记的事物，使其较长时间地存储在脑海中，并成为知识、经验的过程。随着时间的推移，人们保持的识记在数量或质量上会发生某些变化。一般来说，信息保持量会随时间的推移逐渐减少。此外，存储材料的内容、概要性、完整性等也会发生改变。识记保持的数量或质量变化具有积极意义，例如，消费者在识记产品的过程中，逐渐了解并概括出产品特征，忽视无关紧要的细节，把重要信息在头脑中存储起来，这些识记保持的数量尽管变少了，但都是有利于消费者快速掌握产品特征的关键信息。但是一些识记保持的数量或质量发生变化也会有消极作用。例如，消费者一旦遗漏了有关商品特征的主要内容，或者歪曲了消费对象的本来特征，就可能产生负面影响。

（三）回忆

回忆是指人脑将过去识记并保持的信息重现出来的过程。例如，消费者购买商品时，往往把商品的各种特点与在其他商店见到的或自己使用过的同类商品进行比较，以便作出选择，这就需要回想，这个回想的过程就是回忆。

根据回忆是否有预定目的，可以分为无意回忆和有意回忆。无意回忆是事先没有预定目的，也无须意志努力的回忆。有意回忆则是有目的的、需要意志努力的回忆。例如，消费者在做出购买决定时，为慎重起见，需要努力回忆以往见过的同类商品或了解过的有关商品信息。

消费者对消费信息的回忆有直接性和间接性之别。直接性就是由当前的对象唤起旧经验。例如，一见到华为智能手机广告，就想起了解过的智能手机技术及各种溢美之词。这种直接的回忆或重现相对比较容易。间接性是要通过一系列的中介性联想才能唤起对过去经验的回忆。例如，曾使用过海尔冰箱的消费者，一时想不起冰箱的规格和款式，但通过经典动画海尔兄弟的卡通标识则可能唤起其回忆。这种回忆有时需要较大的努力，经过一番思索才能完成，这种情况也叫作追忆。运用追忆的心理技巧，如提供中介性联想引起追忆，有助于消费者迅速回忆起过去的经验。

（四）再认

再认是过去感知的事物在脑海中重新出现的心理活动。例如，消费者在商场购物时，能认出曾经使用过或曾在广告中见过的一些商品。一般来说，再认比重现简单、容易，能重现的事物通常都能再认。

上述四个环节彼此联系，相互制约，共同构成消费者的记忆过程。没有识记就谈不上保持，没有保持就不可能有回忆，没有回忆就不可能有再认。识记和保持是回忆、再认的基础和前提，回忆与再认是识记、保持的结果和表现。

三、记忆的类型

(一) 按照记忆内容划分

1. 形象记忆

形象记忆是指人们对客观事物形象的记忆。例如，消费者对商品外观、听到的声音等进行记忆，强调"感觉再现"等。

2. 逻辑记忆

逻辑记忆是指以概念、公式、规律等逻辑思维过程为内容的记忆，例如，对勾股定理、大数定律等内容的记忆。逻辑记忆是人类特有的记忆。

3. 情绪记忆

情绪记忆是指以体验过的某种情绪为内容的记忆。"一朝被蛇咬，十年怕井绳"描述了对恐惧情绪的记忆。在市场营销活动中，恰当调动消费者的情感体验，可以形成深刻的情绪记忆。

4. 运动记忆

运动记忆是指人们对运动的状态和动作等信息的记忆。例如，消费者在购买电脑、数码相机、摄像机等商品时，营销人员教他们如何使用这些商品的动作信息。

(二) 按照记忆保持时间划分

1. 瞬时记忆

瞬时记忆也被称为感觉记忆，当客观刺激物停止作用后，感觉信息在人脑中还能继续保持大约 0.25~2 秒的时间，此时的记忆就是瞬时记忆。

如果在瞬时记忆中被记录的信息受到注意，它就会转入下一个记忆阶段。如果没有受到注意，则会很快消失。心理学家认为，瞬间记忆的作用在于它暂时保存了一个人接受到的所有感官刺激，并可供其选择。

2. 短时记忆

短时记忆也被称为操作记忆，是处于瞬时记忆与长时记忆之间的一个阶段。短时记忆的获得虽有视觉、听觉和语义等多种形式，但以言语听觉获得为主，保存时间短暂，如果信息得不到及时复述，大概只能保持 15~20 秒。

3. 长时记忆

长时记忆是指信息经过充分的、一定深度的加工后，在头脑中长时间保留的记忆。长时记忆保存信息的时间较长，所存储的信息也都经过意义编码。我们平时常说的一个人的记忆好坏，主要是指长时记忆的好坏。消费者的长时记忆在消费心理中扮演着非常重要的角色。这部分记忆有着无限的容量，并留下一定的记忆痕迹。例如，分别多年的老朋友，即使没见面，仍然能回忆起彼此的音容笑貌、言谈举止。

瞬时记忆、短时记忆和长时记忆可以相互转换，从时间衔接来看是连续的，关系也是很密切的，但每种记忆形式都有自己的信息加工特点。它们之间的相互关系可用图 4-1 来表示。

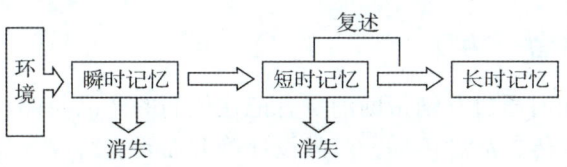

图 4-1　三种记忆的相互关系

四、记忆提取与遗忘

相关学习视频：记忆提取与遗忘

消费者记忆的对象可能是曾经使用过的品牌和产品，也可能是某次消费体验，还包括对某些产品的评价等。这些被记住的信息在需要的时候会被提取，从而帮助个体做出决策。

（一）记忆提取

记忆提取是指回忆起存储于记忆中信息的过程。提取主要针对长时记忆中的信息，当把一条记忆线索传递至长时记忆，并搜索先前的记忆痕迹或者先前存储时，提取过程就发生了。此时，记忆提取的线索至关重要，虽然进入大脑的长时记忆中的信息不会消失，但是如果没有适当的线索提示，将很难或者不可能提取这些信息。常见的记忆线索可能是一种声音、气味、颜色或一个场景等。

消费者可以通过外显记忆和内隐记忆两种提取系统来提取信息。其中，当消费者有意识地、积极地搜索先前存储的信息时，外显记忆就发挥了重要作用。然而，很多时候人们并非会有意识地提取记忆中的信息。例如，你在高速公路上经过一个广告牌，上面印有"白象方便面"，随后，有人问你是否看到过广告牌，如果看到了，上面写的是什么，可你已经不记得看到过广告牌，更别提广告牌的内容了。但是如果问你能想到的 3 个方便面品牌有哪些，你的回答里很可能就包括白象方便面，这就是内隐记忆，事实上你已经对广告牌的内容进行了记忆编码，只是没有意识到。

（二）遗忘规律

和记忆一样，遗忘也具有一定的规律。1885 年，德国心理学家艾宾浩斯发现了遗忘曲线，如图 4-2 所示。艾宾浩斯指出遗忘在学习之后立即开始，而且遗忘的进程是不均匀的。最初遗忘速度很快，然后逐渐变慢。从遗忘曲线中可以看出，消费者在识记后保持在头脑中的信息随着时间的推移而递减，这种递减在识记后的短时间内特别迅速，即遗忘较多。

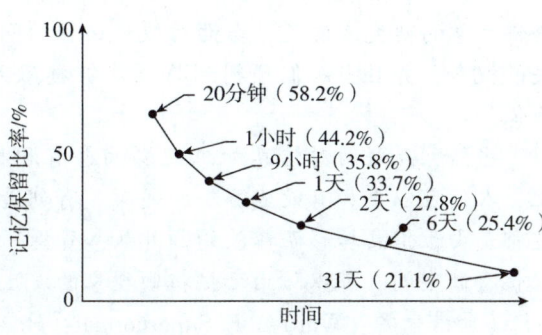

图 4-2　艾宾浩斯遗忘曲线

五、记忆与消费者行为

企业最关注的是如何通过营销帮助消费者记住他们的产品及品牌,为了达到这样的目的,营销人员在广告宣传、品牌传播、产品设计等方面要进行深入思考,可以从以下三方面着手。

(一)设计精练的广告内容

在广告宣传中,采用简洁有力、易写易读、富于形象概括的词句,设计有节奏的、重复的律化或韵化语言,使用易于领悟的词语或成语,鲜明生动地把广告信息,包括商品形象、商品品质、经营特色和服务特点等内容,概括性地传达给消费者,可唤起其记忆中所保留的有关事物的形象或使用的情景与经验。

(二)适度重复

适度重复不仅可以增加信息在短时记忆中停留的机会,而且有助于将短时记忆转化为长时记忆。特别是新商品广告,应尽可能多次重复有关内容,这样可以加强记忆,增强人们的熟悉感。但过度的重复也可能引起感觉的疲劳,降低新奇性,甚至让人产生厌恶感。为避免出现这种情况,同一商品的广告应注意表现形式的多样性和重复时间的间隔性与节奏性。

(三)引起消费者再认和回忆

消费者在购物时,会本能或主动地购买某一熟悉品牌的商品,这是因为其记住了该品牌。因此,通过广告创造品牌效应,品牌能够进入消费者的记忆中,以此促进消费者的长期购买和使用。

 知识加油站

曾经有很长一段时间,百科全书代表了信息储备的巅峰。但过去20年,互联网飞速发展,人们的信息加工系统也随之发生了巨大的改变。

对交互记忆的研究表明,由于互联网在信息存储方面比人类思维更胜一筹,所以人们可能会对自己的记忆过于自信,因为他们无法区分存在于自己记忆中的信息和存储在外部(如互联网)的信息。换句话说,互联网可能会使人们觉得自己知道互联网所知道的一切,因此无法对自己知道什么、不知道什么发展出准确的洞察力。例如,来自哥伦比亚大学和哈佛大学的研究者发现,当面对较难回答的问题时,人们会更容易想到计算机和互联网相关的概念,并且当人们预判到将来能够接触到某些信息时,他们对信息本身的回忆率会降低。

当然,互联网对信息加工的影响也有积极的一面。例如,通过将信息转移到互联网上,人们可以更加有效地解决问题,更有创造性地思考,并进行各种丰富的认知活动,这些都是由于信息转移而释放的额外认知资源所无法实现的。此外,互联网作为重要的外部记忆存储空间,可以防止记忆扭曲现象的发生,减少了很多不必要的误差。

(资料来源:Ward A F. Supernormal: How the internet is changing our memories and our minds[J]. Psychological Inquiry,2013(24):341-348.)

第三节 态度

一、态度的含义与特征

（一）态度的含义

 相关学习视频：态度的含义

态度是人们对客观事物或观念等社会现象所持的一种心理反应倾向。基于这种倾向，个人对某一事物或一群事物持有特定的意见和情绪反应。这种反应倾向可以是正面的，如满意、赞成、支持、欣赏；也可以是负面的，如不满、反对、拒绝、厌恶。由于消费者通常以某类可供消费的商品或服务为具体对象，消费者态度即为消费者在购买过程中对商品或服务等表现出的心理反应倾向。

（二）态度的特征

消费者态度作为一种复杂的心理活动，具有社会性、效用性、相对稳定性、差异性和矢量性特征。

1. 社会性

消费者态度并非与生俱来的，是在长期的社会实践中不断学习与总结，由直接或间接经验逐步积累而成的。消费者如果离开社会实践，离开与其他社会成员、群体、组织的互动以及社会活动过程，就无法形成消费态度。

2. 相对稳定性

由于社会性特征的存在，所有消费者的某种态度一旦形成，便会保持相对稳定，不会轻易做出改变，态度的稳定性也使得其购买行为具有相对稳定性和习惯性。例如，消费者对某些品牌的偏爱或信任，会促成反复购买。

3. 效用性

消费者态度的产生来源于对商品或服务所具有的价值或效用的判断。商品或服务的价值或效用越大，消费者会持有更加积极的态度倾向。反之，消费者则持消极的态度倾向。因此，商品价值或效用成为决定消费者态度的关键因素。

4. 差异性

消费者态度的形成受多种因素的影响，这些因素在内容、强度及组合方式上千差万别，从而导致消费者态度的个体差异。这种差异性对区别和细分消费者具有重要意义。

5. 矢量性

消费者态度有明确的指向和强弱。如消费者态度可以是正面的或负面的，并且能够通过一定的方法进行态度强弱的判断，这是消费者态度矢量性的体现。

二、消费者态度的构成

很多研究把消费者态度分解为认知成分(信念)、情感成分(感觉)、行为成分(反应倾向)。其中,认知成分是个体对事物的具体或整体的信念,情感成分是人们对某个事物的情绪或情感反应,行为成分是指个体对事物做出特定行为反应的倾向。研究认为,这三种成分共同决定了消费者的态度。例如,我们不喜欢喝某种饮料,可能是因为我们认为其含有不利于健康的成分(认知成分),或者不喜欢它的口味(情感成分),或者从来没有购买过这种饮料(行为成分)。一般而言,消费者态度的三种成分是相互统一的,作用方向是一致的。图4-3是消费者态度构成。

图4-3 消费者态度构成

三、消费者态度的形成

 相关学习视频:消费者态度的形成

(一)态度形成过程

为了探究态度是如何形成的,有学者提出影响层级的概念。根据三种成分在态度形成过程中出现的先后顺序,使用标准学习层级、低介入层级、经验层级分别表示态度的形成过程,如图4-4所示。

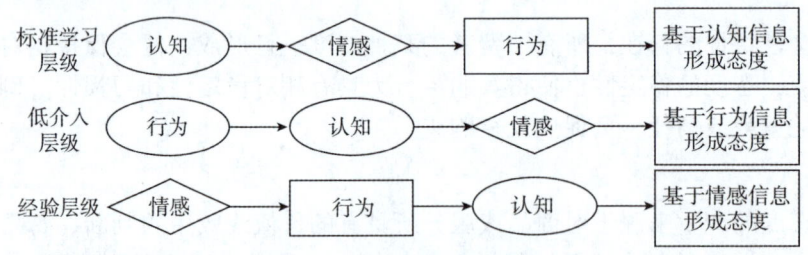

图4-4 态度的形成过程

资料来源:卢泰宏,杨晓燕.消费者行为学[M].6版.北京:电子工业出版社,2006.

标准学习层级中,消费者通过广告或者朋友推荐获得有关产品的知识,从而形成自己的认知。然后,消费者评价认知并对产品形成某种情感。最后,根据这些评价,消费者参与相关的行为。

低介入层级中,消费者并没有对所购产品产生特别强烈的偏好,而是在信息有限的情况下进行购买,在使用产品后才形成对产品的情感。在低介入层级,消费者的购买过程也是一种学习过程,通过购买产品后或好或坏的使用经历,消费者的选择得到了强化。

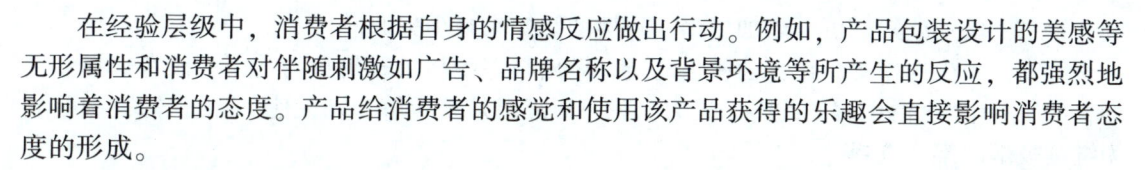

在经验层级中，消费者根据自身的情感反应做出行动。例如，产品包装设计的美感等无形属性和消费者对伴随刺激如广告、品牌名称以及背景环境等所产生的反应，都强烈地影响着消费者的态度。产品给消费者的感觉和使用该产品获得的乐趣会直接影响消费者态度的形成。

(二) 态度形成相关理论

社会心理学有多种理论能够解释态度是如何形成的，下面主要介绍平衡理论、认知一致性理论和认知失调理论。除此之外，还有自我知觉理论、归因理论、社会判断理论、和谐理论等。

1. 平衡理论

社会心理学家海德提出平衡理论，该理论认为在社会环境中生活着的人，是同他自身以外的各种事件、人、观念、文化等因素紧密相联的。对于消费者而言，态度的形成涉及三个因素之间的关系，即我的态度、态度的对象和他人的态度。这三个因素所形成的关系称为三角关系。消费者渴望三角关系中各因素间是和谐的或平衡的，不平衡会产生紧张状态。当三角关系不平衡时，人们为了保持各因素间的协调关系而形成新的态度直到恢复平衡。根据该理论，当消费者与他人产生对产品相反的态度时，便发生了三角关系的不平衡，为消除不平衡，消费者或者顺从他人的态度而形成新的态度，或者坚持自己的态度而降低他人在自己心目中的地位。

2. 认知一致性理论

认知一致性理论的核心思想是消费者态度的形成过程具有一致性的要求，注重认知、情感和行为之间的和谐。如果出现不一致，消费者便会产生一种压力感和紧迫感。如果消费者对某个产品持肯定评价，而广告中受消费者尊敬或喜欢的代言人也持肯定评价，那么消费者与代言人的态度是一致的，代言人对产品的态度具有坚定消费者态度的作用。在另一种情况下，如果消费者对产品持否定的态度，而受他喜欢的代言人对产品的态度是肯定的，那么这种不一致性会使消费者产生认知紧张。

也就是说，态度不是在真空状态下产生的，消费者已经持有的其他相关态度倾向对最终态度的形成有很大影响，消费者由于注重自己的思想、感觉和行为的和谐，会使其所持有的各种不同认知相互一致。认知一致性理论说明一种态度的形成受到已有的其他相关态度的影响。这一理论可以解释现代广告中存在大量明星代言人的现象，它同时说明，广告主在代言人使用上一定要慎重选择，尽量选用有威望、受人们尊敬、喜欢的人物。

3. 认知失调理论

认知失调理论是由美国社会心理学家利昂·费斯廷格1957年提出的，该理论是阐释态度变化过程的社会心理学理论。该理论指出，"失调"是人在做出决定、采取行动或者接触到一些有违原先信念、情感或价值的信息之后所体验到的冲突状态。当人们的态度与行为不一致，并且无法为自己的行为找到外部理由时，常常会感到紧张，为了克服这种由认知失调引起的紧张，人们需要采取多种方法，以减少自己的认知失调。以戒烟为例，假如某个人正在戒烟，一位好朋友递给他一支烟，如果他抽了，这时他的行为与戒烟的态度产生了冲突，引起了认知失调。为了减少这种失调，可以采用以下三种调节的方法。

第一，改变认知。改变一种不协调的认知成分，使之不再与另外一种认知成分相矛盾。例如，改变"我喜欢吸烟，我不想真正戒掉"的认知。

第二，增加认知。可以增加更多一致性的认知来减少失调。

第三，减少选择感。让自己相信之所以做出与态度相矛盾的行为是因为没有选择。例如，如果产生"生活中有如此多的压力，我只有靠吸烟来缓解，别无他法"的认知，则会成为继续吸烟的唯一选择。

消费者常常在购买行为发生后，出现购买后失调。由于购买决定的做出需要大量的妥协，当我们选购完一件商品后，可能会想到没有选择的其他产品的独特性和优良品质，从而产生后悔或者怀疑的不良情绪。此时，人们会努力寻找有利的信息来支持自己的决策，消除认知失调，以达到态度与行为的一致性。

四、消费者态度的测量

相关学习视频：消费者态度的测量

针对消费者态度的测量，在预测市场趋势、进行市场细分、制订营销战略等多个方面具有重要作用。世界著名的跨国公司都会对消费者态度进行长期跟踪，定期测量消费者对企业、产品、品牌的态度，并根据结果调整营销战略。日常消费中，消费者态度在形态上表现为一种心理活动和行为的准备状态，难以被直接观察和了解，因此需要采用一定的技术方法进行测量。

（一）消费者态度测量的内容

按照态度的构成，可以从认知、情感和行为倾向三方面来测量消费者态度。

1. 认知测量

认知的测量关注消费者对每个产品具体属性的信念。首先，区分出消费者能够识别的属性，然后通过调查、采访等方法测量消费者对每个属性的认识。例如，一款饮料的属性包括价格、味道、二氧化碳含量、钠含量等，测量消费者对这些属性的信念可以包括味道好坏、价格高低、能否补充能量等不同方面。

2. 情感测量

情感的测量关注消费者对产品具体属性的感觉，通常与消费者对品牌的情感相关，体现了消费者对品牌的整体评价。在实际测量过程中，可以让消费者对包含特定情感的陈述句进行程度判断。表4-1给出了测量消费者对某护肤品牌态度在情感维度的评价表。

表4-1 测量消费者对某品牌洗面奶态度的情感维度

与其他洗面奶相比，该品牌洗面奶是：		
好的	[1] [2] [3] [4] [5] [6] [7] [8]	不好的
有效果	[1] [2] [3] [4] [5] [6] [7] [8]	无效果的
令人愉快的	[1] [2] [3] [4] [5] [6] [7] [8]	不令人愉快的
吸引人的	[1] [2] [3] [4] [5] [6] [7] [8]	不吸引人的

（资料来源：江林，丁瑛. 消费者心理与行为[M]. 北京：中国人民大学出版社，2022.）

3. 行为倾向测量

通常情况下，可以直接询问消费者对产品的购买情况或购买可能性，以此来测量消费者的行为倾向，包括询问消费者是否购买某产品或购买某产品的可能性有多大、购买频率等。这样的测量对大多数产品是相当有效的，但对于那些与某些社会规范相联系的产品，如书籍、烟草等，不一定有效。因为消费者倾向于隐瞒或低报对这类"负面"产品的消费，夸大对"正面"产品的消费。表 4-2 展示了消费者对某品牌洗面奶的行为倾向。

表 4-2 测量消费者对某品牌洗面奶的行为倾向

下面哪句话能够准确地描述你下一次购买该品牌洗面奶的可能性：
＿＿＿＿＿＿ 我肯定会买
＿＿＿＿＿＿ 我可能会买
＿＿＿＿＿＿ 我不确定是否会买
＿＿＿＿＿＿ 我可能不会买
＿＿＿＿＿＿ 我肯定不会买

（资料来源：江林，丁瑛. 消费者心理与行为[M]. 北京：中国人民大学出版社，2022.）

（二）消费者态度测量的方法

1. 等距量表法

等距量表也叫区间量表，量表上相等的数字距离代表了与所测量的变量相等的数值差值。等距量表是由美国心理学家瑟斯顿和契夫于 1929 年提出的，1931 年瑟斯顿在《心理测验的信度与效度》一书中加以确立。这种量表在测量消费者态度的过程中包括以下步骤。

第一，调查者需要通过一定的方式广泛收集人们对某个问题的各种看法和意见。第二，对这些看法和意见进行整理，并以等间隔的方式确定测量题目，依据强弱程度将这些题目排列成分布均匀的连续系列，并分别赋予数值。第三，在被调查者中找出一定数量的消费者样本，少则二十人，多至几百人，让他们根据自己的判断，表达同意或不同意的观点。第四，根据被调查者选择题目的量值，确定他们的态度倾向及强弱程度，得分越高表明态度的强度越强。

例如，某手机生产厂家为了解消费者对曲屏和直屏智能手机的意见，设计问卷如表 4-3 所示。

表 4-3 采用瑟斯通量表设计的调查问卷

量表值	题目
6.5（ ）	今后应发展曲屏智能手机，直屏智能手机可以淘汰
5.0（ ）	应以发展曲屏智能手机为主，可少量生产直屏智能手机
3.5（ ）	曲屏和直屏智能手机各有优点，应共同发展
2.0（ ）	对智能手机而言，曲屏和直屏无所谓

2. 李克特量表

1932 年，美国心理学家李克特在瑟斯通量表的基础上，设计出一种更为简便的态度测量量表。李克特量表使用陈述性语句提出有关态度的题目，但不将题目按内容程度分解为若干连续系列，而是仅采用肯定或否定两种陈述方式。然后要求被试者按照同意或不同意的程度做出明确回答，供选择的态度在量表中用定性词给出，并分别标出不同的量值。程度的差异一般可划分为 5 级或 7 级。例如，针对上面的例子，采用李克特量表设计的调查问卷如表 4-4 所示。

表 4-4 采用李克特量表设计的调查问卷

题目	我愿意使用曲屏智能手机				
等级分数	非常不愿意 1	不愿意 2	无所谓 3	愿意 4	非常愿意 5

五、消费者态度的改变

 相关学习视频：消费者态度的改变

事实证明，改变消费态度远比态度形成复杂得多，但也有一定的规律可循。站在营销者视角，深入思考和探讨应该如何改变消费者的态度，从而让消费者购买产品具有重要意义。

劝说作为一种常见的策略，能够改变他人的态度。一直以来，学者们都在探究有哪些因素促使我们对他人的请求说"好"。在日常生活中，人们常常使用一些经验法则来指导决策，研究发现，这些经验法则中，互惠、稀缺性、权威性、一致性、喜好和舆论能够指导人类行为，理解并合理地使用它们可以极大地增强营销人员的说服力。

1. 互惠

互惠，指当人们获得一些东西时，更愿意予以回馈。在现实生活中，如果朋友邀请你参加他们的聚会，你就会感觉自己有义务邀请他们参加你将来要主办的聚会，人们更可能对他们有所亏欠的人说"好"。

在美国，纸质信件的往来是一件非常普遍的事。因此，时至今日，很多知名的调查公司，如尼尔森，仍然通过寄送信件的方式开展用户调查。遗憾的是，大多数寄出的信件都石沉大海了。尼尔森决定做出改变，在信封中放入 1 美元现金作为酬劳，这个举动使得问卷的回收率增加了 65%。

很多时候，人们在餐馆用餐后，结账时会收到服务员送的一份小礼物，可能是个玩具，或者只是一颗普通的薄荷糖。那么问题来了，送一颗薄荷糖会影响到消费者给服务者的小费金额吗？大多数人凭自己的直觉都觉得不会，但一颗廉价的薄荷糖的确会带来小费金额的提升。有研究发现，在用餐结束时给用餐者一颗薄荷糖通常会让小费增加 3% 左右。有趣的是，如果礼物翻一番，如提供两颗薄荷糖，小费增加的金额不止会翻一番，而是会翻两番，增加 14% 左右。最有意思的是，如果服务员送上一颗薄荷糖后，在开始离开餐桌时突然停下来，并转过身对消费者说："再给你们这些善良的人一颗薄荷糖。"那么小费可能会涨 23%。这种现象的发生不在于服务员具体给了消费者什么，而是在于给的方式。因此，运用互惠原则的关键首先是给予，除此之外，还需确保你给予的是个性化的、意想不到的。

2. 稀缺性

人们从心理上总是对那些稀缺的东西趋之若鹜，对于唾手可得的东西不够珍惜。一方面，商家在推出新产品的时候，经常会面临赠送两个样品还是五个样品的选择，从成本角度思考，大部分商家会赠送两个样品。其实，研究发现，赠送较少样品会让消费者更喜欢这一产品，将来也会有更大的概率购买它。另一方面，限量销售或者饥饿营销也是稀缺性最好的体现。例如，小米手机在初期采用饥饿营销，一跃成为行业领军企业。苹果手机新发布时，人们愿意在门店外彻夜排队等候，只为成为首批用户。

稀缺性带来的启示是，作为商家，仅仅告诉人们你能够提供的商品和服务有哪些是远远不够的，还需要指出你所提供的产品和服务的独特之处，以及如果消费者不考虑你的产品或服务时，他们会失去什么。

3. 权威性

通常情况下，人们更容易相信权威的信息来源。例如，当消费者看到某个品牌在中央电视台打广告时，自然会对这个品牌的质量充满信心。在一项研究中，一组房地产经纪人在安排人员去接待客户时，首先向客户提及该接待人员的资质和专业知识，这个举动就促使更多的客户选择与接待人员签订相关的服务合同。这些经纪人告知那些有兴趣的客户："我会安排某人来为您服务，他在这方面有超过 15 年的从业经验。"虽然是一句简单的介绍，却会显著增强消费者的信赖度。可以说，这是一种既合乎职业道德又不会花费额外成本的好方法。

权威性原则告诉人们，在产品宣传和推广时，营销人员要努力把自己塑造成为权威可靠的信息源，或者借助他人的传播，使自己成为一个权威的信息源。

4. 一致性

认知失调理论认为，人们喜欢和他们之前说过或做过的事情保持一致，而这种一致性是通过寻找和要求对方做出的小的初始承诺来激活的。在一项研究中，研究人员发现，在一个社区，很少有人愿意在自家门前的草坪上竖起一块难看的木板，以支持他们社区的安全驾驶活动。然而，令人惊讶的是，在附近一个类似的社区，表示愿意竖起这个难看的告示牌的房主的数量是前一个社区的四倍。究其原因，其实在十天前，这个社区的居民已经同意在自家前窗放一张小的明信片，以表示他们对安全驾驶活动的支持。而这张小卡片作为最初的承诺，导致了后续活动的参与率有 400% 的增长。另一个例子是，一所以色列高校的学生，计划通过募捐来帮助残疾人，不过，他们没有直接组织募捐，而是先让当地居民签署了一份愿意帮助残疾人的志愿书，真正的募捐发生在两周之后。由于人们希望保持自己态度与行为的一致，有了之前签字的行为，这次募集的金额比平时翻了一番。

因此，当使用一致性原则寻求对他人行为的影响时，可以先去达成一个自愿的、积极的和公开的承诺，最好能以书面形式得到这些承诺，这对人们后续的行为会有更加强大的影响。

5. 喜好

人们倾向于赞同自己喜欢或者欣赏的人的观点，并且其行为会受到这些人的影响。这就导致很多品牌都会花重金邀请明星为自己的产品代言。不过,是什么让一个人喜欢另一个人呢?相关研究发现了三个重要的因素:首先,人们喜欢和自己相似的人;其次,人们喜欢赞美自己的人;最后,人们喜欢那些为了共同目标而合作的人。在对两所知名商学院的 MBA 学生举行的一系列谈判活动的研究中,一些学生被告知:"时间就是金钱,直接谈正事吧。"最后只有大约 55% 的人能够达成一致。然而,第二组被告知:"在开始谈判之前,互相交换一些个人信息,找出你们的共同点,然后开始谈判。"遵循这一建议后,有 90% 的人能够获得令人愉快的结果,而这些结果对双方的价值要比前一组高出 18%。因此,要驾驭好"喜好"这一强大的原则,一定要努力寻找与对方的共同点,并在希望影响对方之前给予真诚的赞美。

6. 舆论

人是社会性动物,每时每刻都笼罩在社会舆论和社会比较的压力之下。通常情况下,人们会努力保证自己的行为符合社会规范,不会显得特立独行。因此,在做出决定之前,通常会观察他人的态度和行为。这就意味着营销人员可以先营造社会舆论,进而改变消费者的态度。比方说,普通消费者可能对有机蔬菜兴趣寡淡,但在舆论的攻势下,他发现自己周围的人都已经开始采购有机蔬菜,那么他也很有可能会加入采购和倡导有机蔬菜的阵营中。

当消费者处于不确定状态时,舆论的作用会格外强大,人们会观察别人的行为,再决定自己的举动。酒店经常在浴室里放一张小卡片,试图说服客人重复使用他们的毛巾,这样就能极大减少酒店的运营成本。酒店常见的做法是在卡片上写上"重复使用毛巾有利于环境保护"。研究证明,这是一个较为有效的策略,相比没有任何环保提示,它带来了 35% 左右的遵从性。但有没有更行之有效的方法呢?数据显示,大约 75% 的人在入住酒店四晚或更长时间时,会重复使用毛巾。那么,如果如实地把这些信息写在卡片上,并说明"入住我们酒店的 75% 的客人在他们住宿期间会重复使用毛巾",结果会如何呢?事实证明,这种做法让毛巾的重复使用率进一步提升 26%。因此,通过科学研究表明,除了依靠我们自己的能力去说服别人,我们还可以指出很多人在做什么,尤其是与被说服者类似的人。

 拓展阅读

构建终身学习体系,树立终身学习观念

终身学习是 20 世纪国际社会影响最大、最具有革命性的教育思潮。虽然在古代中国、古希腊、古罗马就已经出现终身学习思想的萌芽,在 20 世纪初也有学者提出一些朴素的终身学习思想,但是终身学习作为一种思潮的产生则是 20 世纪 60 年代以后的事情。1965 年,法国教育家朗格朗在联合国教科文组织召开的"第三届促进成人教育国际委员会"会议上,做了题为"终身教育"的报告,被视为终身学习思潮的奠基者,终身教育也逐渐成为一种广泛传播的教育思潮。终身教育这个概念包括教育的一切方面。从纵向上讲,终身教育包括一个人从生到死各个阶段的教育。从横向上讲,终身教育包括教育的各种形式、各个方面和各项内容。

1972年，联合国教科文组织的报告《学会生存——教育世界的今天和明天》实现了终身教育到终身学习的转变。报告指出，虽然一个人正在不断地接受教育，但他越来越不成为对象，而越来越成为主体。教育过程必须把重点放在教育与学习过程的"自学"原则上。无论是终身教育还是终身学习，都强调了每个人必须终身不断地学习，从终身教育到终身学习的转变实现了学习活动主体的转变。在联合国教科文组织的推动下，终身学习成为发达国家和发展中国家制定教育政策的指导思想，各国重新审视传统的教育理念和教育制度，致力于构建终身学习体系、打造学习型社会。通观各国建设终身学习体系的措施，大致包括以下几个方面。

(1) 制定有关终身学习法律法规。例如，美国是较早对终身学习立法的国家，早在1976年就颁布了《终身学习法案》。1990年，日本制定了《终身学习振兴法》，把构建终身学习体系纳入国家发展战略之中，努力建设"终身学习社会"。1999年，韩国制定《终身教育法》，要求把韩国建设成一个教育开放和终身学习的社会。

(2) 设立负责推进终身学习的组织机构，建立终身学习推进体制。例如，1988年，日本就在文部省(现文部科学省)设立了终身学习局，作为推动终身学习体系建设的组织机构；在文部省、都道府县、市、町、村设立终身学习审议会，作为推进终身学习的咨询审议机构。日本还明确各行政部门的责任，制订终身学习振兴计划，设立"终身学习推进中心"，制订地区振兴终身学习规划，推进终身学习体系建设。

(3) 打造开放、全纳的教育体系。在各国打造的新的教育体系中，学校不再是唯一的教育和学习系统，学习既可以在学校进行，也可以在家庭、学校和工作场所进行；年龄不再是接受不同层级教育的限制因素，包括儿童、年轻人和成人在内的所有社会成员都致力于学习活动；各级各类教育上下衔接、左右沟通，正规教育与非正规教育、正式教育与非正式教育、线上教育与线下教育有机结合，从学习型家庭、学习型组织到学习型社区、学习型城市和学习型社会建设层层推进，学习活动处于一种泛在的状态。

(4) 我国的终身学习体系建设依赖于完善全民终身学习推进机制。国际社会制定终身学习法律法规、设立负责推进终身学习的组织机构、打造开放的教育体系、建立个性化的学习制度等推进终身学习体系建设的基本经验，也是我国完善全民终身学习推进机制的基本路径。但是一个国家的终身学习体系是建立在这个国家的历史传统、社会制度、科学技术发展水平等社会基础之上的，这也就决定了我国建设的终身学习体系必然挖掘中国本土的教育资源，在终身教育体系本身及其建设机制方面形成中国特色，体现世界性与民族性的统一。

全民终身学习推进机制的核心在于体制和制度的建设，但是基础则是培养全民终身向学的兴趣和能力。我国建设终身学习体系要强调树立以学习者为中心的思想，主张自主学习，重视激发学习者学习的兴趣和追求真知的动力，使每个人乐于学习，从而终身向学，并养成自主学习、自我评价、自我激励的能力。

(资料来源：光明日报，"终身学习"为学习型社会建设提供更多可能；https://news.gmw.cn/2020-10/27/content_34309423.htm)

思考题

1. 学习的方法有哪些？各自有什么特点？
2. 记忆的过程包括几个阶段？
3. 什么是消费者态度，它是如何形成的？
4. 态度的测量方法有哪些？
5. 改变消费者态度的策略有哪些，应该如何运用？

第五章 消费者需要、动机与体验

学习目标

1. 掌握消费需要与需求的区别。
2. 理解消费者需要新趋势。
3. 掌握消费者动机形成规律。
4. 了解体验营销实施策略。

导入案例

中国智能手机的制胜之道

近年来，中国自主手机品牌开始在全球市场上崭露头角，华为、小米、vivo 和 OPPO 都是大众耳熟能详的品牌。传音，很多中国消费者甚至都没听说过的一个品牌，却在十余年内成为当之无愧的"非洲手机之王"。考察传音手机，我们发现，它并非单纯依靠低价占据新兴市场，而是通过解决非洲用户的"痛点"赢得了他们的青睐。例如，传音手机针对非洲人的皮肤特性设计的美颜相机，能够让黑皮肤的消费者拍出来的人像照也很好看；而早期中国的其他手机品牌主要针对亚洲人的黄皮肤开发的照相功能，对非洲消费者就不那么友好了。

根据国际数据公司（IDC）发布的报告，2012—2022 年，全球智能手机出货量情况如图 5-1 所示。

具体来看，2013 年全球智能手机出货量前五位中，中国自主品牌只占据两席，并且市场占有率为 9.4%。2022 年，由于消费者需求大幅下降、通货膨胀和经济不确定性等因素，全球智能手机出货量下降，但中国自主品牌已经占领 29.5% 的市场份额，并且开始走向国际市场，如表 5-1 所示。智能手机制造业是一个硬件基础高度同质化的行业，总结中国智能手机自主品牌成长之道，中国智能手机品牌的异军突起正是得益于它们对消费者的重视和深入开发。

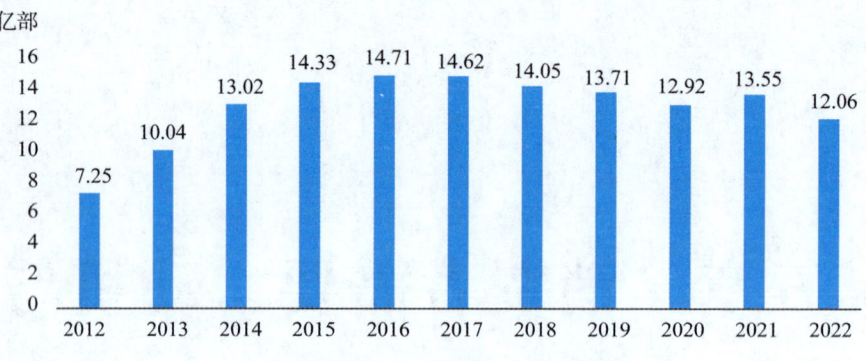

图 5-1　2012—2022 全球智能手机出货量

表 5-1　2013 年和 2022 年全球智能手机出货量前五位

2013 年			2022 年		
品牌	出货量/百万部	市场份额/%	品牌	出货量/百万部	市场份额/%
三星	313.9	31.3	三星	260.9	21.6
苹果	153.4	15.3	苹果	226.4	18.8
华为	48.8	4.9	小米	153.1	12.7
LG	47.7	4.8	OPPO	103.3	8.6
联想	45.5	4.5	vivo	99	8.2

华为以极强的设计感和过硬的产品质量成功扭转了国产"山寨机"的品牌形象，成为国产高端手机的代名词。而小米手机最开始发家的时候是针对那些对手机性能有要求但又囊中羞涩的年轻人设计的高性价比的智能手机，提出"为发烧而生"的品牌定位，并利用饥饿营销获得了很好的市场反响。随着消费者对品质追求的逐步提升，小米也开始思考自己新的定位，并于 2020 年首次发布高端机型小米 10。小米 10 不仅在性能上进一步提升，也首次跨过 3 000 元的价位门槛，冲击高端智能机的市场，并获得了不错的反响。

在智能手机市场竞争日趋激烈的今天，中国智能手机的制胜之道是比任何人都更加关注中国乃至全球消费者的需求及其变化，进而通过手机硬件配置和软件开发为这些消费者满足其需求提供更加良好的体验。

（资料来源：①人民网，2013 年全球智能手机出货量首超 10 亿部．②乐居财经，2022 年智能手机出货量继续下滑：https://baijiahao.baidu.com/s?id = 176721188103432 1984&wfr = spider&for = pc）

请思考：中国自主手机品牌做对了什么使得它们能够迅速崛起？

第一节　需　要

一、需要的产生

 相关学习视频：需要的产生

（一）需要的内涵

需要（Need）是人们感到某种缺乏而力求获得满足的一种心理状态，通常以欲望、渴求、要求的形式表现出来。消费者需要是消费者对商品和服务的要求和欲望。

均衡论认为，正常条件下人的生理和心理处于均衡状态，一旦生理或心理的某个方面出现缺乏，均衡状态被打破，便出现了一种紧张感，只有减少或消除这种紧张感，人的生理和心理才能重新恢复均衡。因此，个体需要的产生受许多因素的影响，包括生理状态、认知、情境等。其中，认知是个体对主客观条件进行分析、判断、推理的心理活动，是需要产生的前提条件。

为此，需要的形成有两个条件。一是从个体认知到生理或心理上出现某种缺乏。如果个体主观上没有产生欠缺感，需要就没有产生。只有当条件发生变化，个体意识到自身处于一种不均衡状态时，需要才会萌生。二是个体有追求满足的欲望，当个体未达到一种生理和心理需求的均衡状态时，就会产生追求满足的需要。

（二）需要与需求

需要与需求虽然只有一字之差，但两者的内涵却不同。

从内涵来看，需要是个体感到"缺乏"的心理倾向，是内外环境的客观要求在头脑中的反映。需求（Demand）是指消费者具有支付能力的"需要"。换句话说，人一出生就有需要，但只有那些他们能够负担得起的需要会被企业视为需求。可见，消费者需要主要是指个体的一种心理活动，这种心理活动会推动消费者去实现自己的愿望。而消费者需求主要从市场角度出发，综合考虑"需求"状况和其他因素，包括个体的购买意愿及支付能力等。

不区分消费者需要和需求对企业来讲可能是致命的。美国铱星通信公司在1998年推出全球卫星电话服务之前，进行过大规模的市场调研，几乎每个人都表示如果一种产品能够让他们随时随地保持联络，他们会非常乐意购买。然而，当1998年11月1日该通信系统正式运营之后，公司发现消费者根本无法接受高昂的成本，直到公司申请破产，这个耗资50亿美元建造的通信系统只有5.5万用户，距离该公司计算的盈亏平衡要求65万用户相差甚远。尽管后来铱星通信公司卷土重来，目前还在运营，但曾经的失败给过他们沉重的教训。

二、需要的特征

在现实生活中，人们的需要丰富多彩、纷繁复杂，并随着社会经济的发展而不断丰富和变化。尽管如此，人们的消费需要还是有规律可循的。这些规律体现在消费需要的基本特征之中，具体包括以下三个方面。

(一) 多样性

不同的消费者，由于文化程度、收入水平、民族传统、个性特征、生活方式等诸多方面的不同，会产生多种多样的需要。同一个消费者，由于成长阶段、心理状况、认知能力等方面的差异，对社会交往、文化教育、娱乐消遣等多个方面具有需要。这些都体现出消费需要的多样性。

(二) 层次性

消费者的需要尽管是多种多样的，但是也有一定的层次性。按照不同划分方法，可以把消费需要划分为若干个高低不同的层次或多种类型。通常情况下，人的消费需要总是由低层次向高层次逐渐发展和延伸的。

(三) 发展性

消费需要的发展性主要体现在两个方面。一是需要层次的发展变化，一般从低层到高层，从简单到复杂；二是消费需要随时代而发展变化，新商品、新观念和新的社会风尚，必然引起消费需要的发展。

三、需要的内容

学者们对消费者需要的内容进行了大量研究，基于对商品功能不同维度的需要，可以分为对商品有用性的需要、对商品质量的需要、对商品安全的需要、对消费便利性的需要、对商品审美功能的需要和对商品情感功能的需要。

(一) 对商品有用性的需要

商品有用性指商品能满足人们某种需要的属性。商品有用性是消费者需要的基本内容。任何消费都有具体的物质对象，例如，为了追求美丽，女性消费者购买各种护肤品。为了保存蔬菜水果，消费者购买冰箱。这些都是消费者对商品功能的基本要求。通常情况下，基本功能是消费者对商品诸多需要中的第一需要。

(二) 对商品质量的需要

质量是消费者对商品基本功能达到满意或完善程度的要求，以一定的技术性能指标来反映。通常情况下，商品质量不是一个相对的概念，取决于价格和有用性。即商品质量是一定价格水平下，相对于其实用程度所达到的技术性能。也就是通常所讲的"一分价格一分货"。因此，消费者对商品质量的需要也是相对的。

一方面，消费者要求商品的质量与其价格水平相符，即不同的质量有不同的价格。另一方面，消费者往往根据商品的实用性来确定对质量性能的要求和评价。某些质量中等甚至低档的商品，因已达到消费者的质量要求，也会为消费者所接受。例如，A和B两种品牌的洗衣机，B品牌在容量、耗电量、洗净率、磨损率、振动噪声等技术指标方面均逊于A品牌，但其价格远低于A品牌，且适合人口少的家庭使用，对于中低收入、单身或家庭人口少的消费者而言，B品牌洗衣机的质量是令人满意、可以接受的。消费者对商品质量

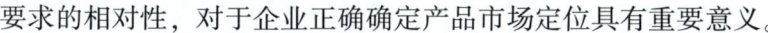

要求的相对性，对于企业正确确定产品市场定位具有重要意义。

（三）对商品安全的需要

这种需要在食品、药品、卫生用品等日常消费中表现得尤为突出。例如，食品安全是所有消费者最为重视的需要，我国也颁布了《中华人民共和国食品安全法》，通过立法进一步规范行业发展。此外，近年来消费者对健身器材、滋补品、保健品的需求强劲，形成新的消费热点，这表明现代消费者对商品安全的需要不再局限于卫生、无害等，而进一步上升为促进健康。

（四）对消费便利性的需要

这种需要表现为消费者购买和使用商品过程中对便利程度的要求。消费者要求以最少的时间、最近的距离、最快的方式购买到所需商品。近年来，网络消费以无可比拟的便利、快捷等优势，成为消费者的首选。根据国家统计局的数据，2022年全国网上零售额13.79万亿元，同比增长4%。其中，实物商品网上零售额11.96万亿元，同比增长6.2%，占社会消费品零售总额的比重为27.2%。可见，网上消费已经成为我国消费增长的重要力量。

（五）对商品审美功能的需要

这种需要表现为消费者对商品在工艺设计、造型、色彩、整体风格等方面审美价值的要求。对美好事物的向往和追求是人类的天性，它体现在人类生活的各个方面。在消费活动中，消费者对商品审美功能的要求也是一种持久的、普遍存在的心理需要。现代消费者对商品实用性与审美价值有着更高的要求，并且由于文化背景、受教育程度、职业等方面的差异，消费者的审美标准存在差异。

（六）对商品情感功能的需要

商品情感功能指消费者要求商品蕴含浓厚的感情色彩，能够体现个人的情绪状态。情感需要是消费者心理活动的情感过程在消费需要中的体现，也是人类所共有的爱与归属、人际交往等基本需要在消费活动中的具体体现。例如，在欢乐愉悦的心境下，消费者往往喜爱明快热烈的商品色彩；在压抑沉痛的情绪状态中，消费者则倾向于暗淡冷僻的色调。

四、消费者需要的新趋势

随着全球经济一体化和数字技术的持续突破，现代消费者的消费需要发生了深刻变化，具体表现在以下四个方面。

（一）需要感性化

现代消费者追求时尚与形象，更加注重展现自我个性与发展自我，基于消费者个人情绪体验的消费更多，这意味着消费需要感性化时代的到来。在感性消费中，消费者以个人的喜好作为购买决策标准，将心理满足、个性实现、精神愉悦作为主要消费目标，对商品"情绪价值"的重视胜过对"性能价值"的重视。消费者选择不再以产品的价格、质量为主，而是将对产品的直观感觉、情感、偏好和象征意义作为标准，格外看重产品与自己关系的密切程度。在感性消费需要的驱动下，消费者寻求能与其心理需求产生共鸣的感性商品，其购买决策依据的是感性心理标准，即"我喜欢的就是最好的"，其购买行为通常建立在感性逻辑之上。

(二)需要结构高级化

按照消费满足居民消费需要的层次，消费需要结构可以分为生存型消费和发展型消费，结构高级化的趋势在发展中国家表现得尤为明显。例如，随着收入水平的提高，我国居民在教育、交通通信、医疗保健等发展型消费中的支出比例已经大大超过了在食品、衣着等生存型消费中的支出比例，这标志着我国的消费结构已经在总体上实现了从生存型向发展型的过渡。可以预见，随着消费水平的进一步提高，人们的消费观念、方式、内容以及消费市场供求关系都将发生重大变化，发展型消费支出将进一步增加。

(三)绿色消费趋势

绿色消费是指消费者要求消费活动要有利于保护自然环境。20世纪以来，随着全球环境问题日益突出，现代消费者的环保意识日益增强，消费者把"绿色消费"作为选择商品的重要标准，要求购买无公害、无污染、不含添加剂、使用易处理包装的绿色商品。越来越多的消费者开始认识到过度消费不仅带来成堆的垃圾，也会造成环境和资源的破坏。为此，他们自觉地把环境保护规范纳入个人消费需求，根据自己的实际需要购买必要的物品，绿色消费已成为现代消费者的基本共识和全球性的消费发展趋势。

(四)共创消费趋势

21世纪以来，消费者通过各种途径积极参与企业创新活动，形成生活共感、价值共创趋势。具有高收入、高学历、高生活能力的现代消费者生活价值观发生了根本变化，消费生活方式也极大改变。这些消费者更加重视精神消费，并且愿意与企业进行共创，积极主动地参与商品的设计、制作和再加工，通过创造性消费来展示独特的个性，获得更大的成就感和满足感。

第二节 动 机

一、动机的形成

 相关学习视频：动机的形成

(一)动机的内涵

"动机（Motivation）"一词源自拉丁文"Movere"，即"推动"的意思。动机是一种内在的驱动力量。当个体采取某种行动时，总是受到某些迫切需要实现的意愿、希望、要求的驱使，由此构成行为的动机。人类的行为实质上是一种动机性行为，并且动机是行为发生的直接原因和驱动力。消费者的消费行为也是一种动机性行为，他们的购买行为直接源于各种各样的购买动机。

（二）动机形成的心理过程

动机是一种基于需要由各种刺激引起的心理冲动，它的形成需要具备一定的条件，包括内在需要和外在刺激两个方面。

首先，需要是动机产生的基础。当个体感受到对某种生存或发展条件的需要并达到足够强度时，才有可能采取行动，动机实际上是需要的具体化。其次，并不是所有的需要都能形成动机，动机的形成还需要相应的刺激条件。当个体受到某种刺激时，其内在需要会被激活，导致内心产生某种不安情绪，形成紧张状态。这种不安情绪和紧张状态会演化为一种动力，由此形成动机。例如，天气太热导致口渴，使人们产生紧张状态，于是产生购买矿泉水等饮料的行为。

有些消费动机能够直接促成一种消费行为，而有些动机能够促成多种消费行为的实现，并且有时候在多种动机支配下才能促成一种消费行为。因此，动机与消费行为之间不完全是一一对应的关系。例如，当个体处在极度饥饿、疲倦的情况下，其主导动机一般只有一个，尽快满足进食或者睡眠的需要，在这种情况下，动机和行为之间存在着一一对应关系。例如，爱好打乒乓球的消费者，为了打球买一副专业的球拍、运动衣和运动鞋，并参加了乒乓球培训，在这种情况下，动机和行为之间存在着一对多的关系。

二、动机的分类

受到消费者自身需要和多重外在因素的影响，消费者购买动机表现得十分复杂，但依然存在共性规律，现总结发现以下七种动机类型。

（一）求实购买动机

求实购买动机是以追求商品或服务的使用价值为主要目的的购买动机。这种购买动机驱使消费者在选购商品时，既注重商品的功用和质量，又注重所购买的商品能为其带来的实际利益，如方便、适用、省时、省力、增加休闲、娱乐时间等。拥有这种动机的消费者不过多强调商品的品牌、包装和新颖性。从实践来看，这种购买动机并不一定与消费者收入水平有必然联系，而主要取决于其个人的价值观和消费态度。

（二）求新购买动机

求新购买动机是以追求商品时尚、新颖和奇特为主要目的的购买动机。具有这种购买动机的消费者注重商品的外观造型、款式、色彩以及时尚性，喜欢别出心裁、标新立异、与众不同的商品，而不太在意商品的实用程度和价格高低。

（三）求美购买动机

求美购买动机是以追求商品的欣赏价值和艺术价值为主要目的的购买动机。具有这种购买动机的消费者，重视商品本身的美学价值，如色彩美、造型美、艺术美等，同时注重商品的美化功能，如对自我形象的美化功能。

（四）求廉购买动机

求廉购买动机是希望以较少支出获得较多利益为主要目的的购买动机。具有这种购买动机的消费者特别注重"价廉"，时刻关注商品的价格变动。他们愿意花费时间和精力，对商品之间的价格差异进行仔细比较，并反复衡量。他们喜欢选购优惠价、特价、折扣商品，不太计较商品的外观质量和包装。这类购买动机与消费者的经济条件有关，但一些收入较高却生性节俭的人，也会具有求廉购买动机。

（五）求名购买动机

求名购买动机是以高档商品消费，并以此显示或提高自己身份、地位和名望为主要目的的购买动机。具有这种购买动机的消费者特别注重商品的品牌、产地、声誉以及其象征意义，不太注重商品的使用价值。

（六）求便购买动机

求便购买动机是以追求商品使用方便、购买方便或维修方便为主要目的的购买动机。具有这种购买动机的消费者特别看重时间和效率，厌烦反复地挑选比较，希望能快速方便地买到适合的商品。

（七）从众购买动机

从众购买动机是在购买商品时以要求与别人保持同一步调为主要特征的购买动机。从众购买动机是在参照群体和社会风气的影响下形成的，具有这种动机的消费者不充分顾及自身的特点和需要，其消费具有盲目性和不成熟性。

需要指出的是，消费者的购买动机是一个复杂的体系，以上列出的只是常见的消费动机类型，消费行为往往不只由一种动机引发，常常是多种动机共同作用的结果。

三、动机理论

 相关学习视频：动机理论

长期以来，学者们围绕动机进行了大量研究，其中核心问题包括消费者为什么需要购买某种商品？为什么从众多品牌中选购了某品牌的商品？等等，试图从不同角度对上述问题提供解释。下面介绍本能理论和动因理论、诱因理论和唤醒理论、双因素理论和显示性需要理论。

（一）本能理论和动因理论

1. 本能理论

本能理论是解释人类行为最古老的理论之一。最初的本能理论只不过是人们对所观察到的现象予以简单命名，例如，蜘蛛织网、蜜蜂跳舞和鸟类迁徙等。20世纪初，奥地利心理学家、精神分析学派创始人西格蒙德·弗洛伊德提出一个以本能为基础的动机理论。

他认为人类行为形成过程中真正的心理因素大多是受抑制的。他将本能定义为人的生理需要在心理上的表现，认为本能行为必须符合两个基本条件：其一，本能不是通过学习而获得的；其二，同一种属个体的行为表现模式完全相同。例如，蜜蜂将蜂巢筑成六角

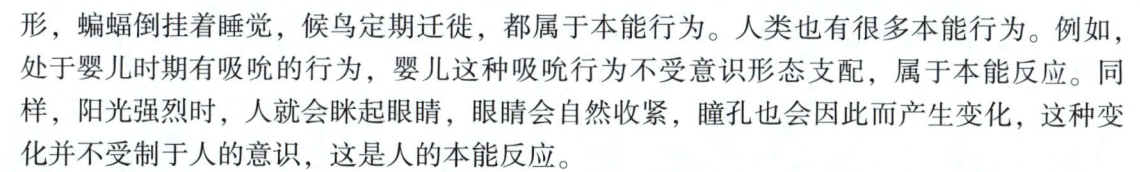

形，蝙蝠倒挂着睡觉，候鸟定期迁徙，都属于本能行为。人类也有很多本能行为。例如，处于婴儿时期有吸吮的行为，婴儿这种吸吮行为不受意识形态支配，属于本能反应。同样，阳光强烈时，人就会眯起眼睛，眼睛会自然收紧，瞳孔也会因此而产生变化，这种变化并不受制于人的意识，这是人的本能反应。

从营销角度来看，本能行为的价值在于，能使营销刺激更具有效性。例如，以母爱为诉求的广告刺激容易唤起人们对某些儿童用品的情感，从而有助于产品的销售。

2. 动因理论

1918 年，美国心理学家伍德沃思将驱力的概念引入心理学，提出了动力心理学。他认为人与动物一样，在受外部刺激时会根据过去所获得的经验方法来反应，激励行为的力量在于有机体内部。美国社会心理学家伯科威茨认为，动因是由个体生理或心理的匮乏状态所引起并促使个体有所行动的力量。

美国行为主义代表人物之一赫尔提出公式 $E=D \cdot H$，其中，E 表示某种行为的努力或执着程度，D 表示动因，H 表示习惯。该公式表明，消费者追求某种产品的努力程度将取决于消费者由于匮乏状态而产生的动因，以及由观察、学习或亲身经历所获得的关于这一产品的消费体验，即习惯。赫尔特别强调建立在经验基础上的习惯对行为的支配作用。他认为，习惯是一种习得体验，如果过去的行为产生好的结果，人们就有反复进行这种行为的趋向；如果过去的行为导致了不好的结果，人们就有回避这种行为的倾向

（二）诱因理论和唤醒理论

1. 诱因理论

20 世纪 50 年代，一些心理学家认为，单纯以内部驱力来解释人的行为存在一定偏差，外部刺激（诱因）在唤起行为时同样重要。例如，人吃饱后看到另一个人在吃东西时，有时还会想再吃一点。诱因理论强调了外部刺激引起动机的重要作用。诱因理论认为，面对选择，个体会根据自己能从各个行为方案中获得多少利益或损失多少利益来做决策。个体关于行为奖赏的预期将直接影响其活动状态。如果行为奖赏的预期效果好，个体将处于较高的活动水平，反之，将处于较低的活动水平。这实际上隐含着个体受目标引导而且知悉行为结果这样一个基本假设。

企业营销活动中，营销人员可以通过对刺激物的操控来影响消费行为。例如，零售企业可以通过店内布局创造良好的环境和气氛，使消费者产生购买冲动。

2. 唤醒理论

英国行为主义心理学家贝里尼提出唤醒理论。贝里尼发现，人对新奇刺激的感觉，会随着刺激的出现频率和历时发生变化，刺激重复得越多，时间越长，感知表象的新奇性就会越低。唤醒理论认为，个体寻求保持一种适度的兴奋水平，刺激物的新奇性、变动性、模糊性、不确定性均可以引起人们的兴奋感。

图 5-2 是个体兴奋水平与刺激物模糊性之间的关系。可以看到，随着刺激物模糊性的变化，消费者个体兴奋水平呈现波动变化。唤醒理论可以解释很多企业营销实践。例如，消费者在多次购买同一品牌后，往往会由于对该品牌的"饱和感"而尝试选择新的品牌，但如果后者没有足够的吸引力，该消费者又会恢复选择原来的品牌。

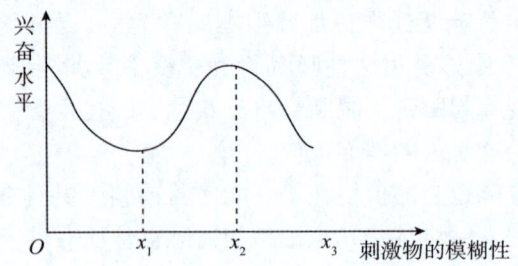

图 5-2　兴奋水平与刺激物的模糊性之间的关系

(三)双因素理论和显示性需要理论

1. 双因素理论

1959 年，美国心理学家赫茨伯格提出双因素理论，即"保健-激励因素理论"。赫茨伯格将影响工作积极性的因素分为两类。一类是保健因素，如公司的政策和行政管理、工资、人际关系等，一般与工作环境有关，保健因素的满足能减少工作的不满意感。另一类是激励因素，如成就、认可、责任感和发展等，这些因素源于工作性质，激励因素的满足导致工作满意。赫茨伯格认为，工作满意和不满意不是一个维度的两个极端，而是两类不同的因素。激励因素的满足虽然能导致工作满意，但缺乏激励因素也不会产生不满意；缺乏保健因素虽然会导致工作不满意，但保健因素的满足也不会增加员工的满意。

该理论可以运用于消费者的需求和动机分析。商品的功能为消费者提供的基本利益与价值，实际上可视为保健因素，基本功能如果不具备，会引起消费者不满。例如，空调不制冷和电视图像模糊，都会使消费者产生强烈的不满情绪。然而，商品具备了基本利益和价值，也不一定就能保证让消费者产生满意感。因此，商家还需要在基本利益或基本价值之外再提供附加价值，例如，良好的品牌声誉、新颖独特的设计、周到的售后服务等。这些因素属于激励因素，对影响消费者购买行为具有更直接的意义。

2. 显示性需要理论

美国心理学家麦克利兰提出了著名的三重需要理论，即显示性需要理论，包括成就需要、亲和需要和权力需要。该理论在分析消费者购买动机中同样发挥着作用，表现为个体在购买商品的原因、种类、购买渠道、消费方式上的差异。研究人员对显示性需要理论做了实证研究，发现高成就动机者更多地购买室外运动产品，较少购买流行、新潮的时装，对高档、豪华轿车不在意；成就动机居于中等水平的消费者中，抽烟者的比例很高。

四、消费者购买动机的测量

消费者购买动机是产生购买行为的原因，通过购买动机测量能够了解其购买行为，但是动机本身具有内隐性，难以从外部直接观察，因此需要使用必要的动机测量方法。

消费者购买动机可以通过动机的方向和动机的强度来反映。动机的方向是指消费者会选择哪种行为方式以及其理由，动机的方向分为两个层次，第一层次是影响某类产品购买决策的动机，称为初级动机，如是否要买汽车。第二层次称为次级动机，主要涉及购买的产品形式、品牌与购买地点等进一步的决策，例如，是购买经济型轿车还是豪华型轿车、是买国产车还是进口车等。动机的强度是指个体满足某一特定需要的意愿强度，与消费需要的重要性和不满足程度正相关。也就是说，个人的需要越重要、不满足程度越高，其动机就越强。消费者动机的测量可以运用以下方法。

（一）调查法

通过调查问卷或者访谈的方式了解消费者选择、购买以及使用某种商品的原因，进而了解消费者的购买动机。例如，针对消费者对洗发水的选择来设计问题："为什么选择这种品牌的洗发水？"消费者的回答可能是："比较便宜，适合全家人""这种产品可以去头屑""看了名人做的广告，觉得质量应该信得过"等。为此，营销人员便会发现消费者购买这种洗发水的动机是"经济实惠""去头屑""广告引导"。

（二）投射法

对于那些隐藏在消费者内心深处的真实动机，很多时候难以通过直接调查获得，这就需要运用联想法进行间接测量。心理学家弗洛伊德提出投射法，通过个人无意识的投射行为，探寻潜在的动机。在投射测量中，实验者要求被试者帮助别人在一种特定的情况下做出决策，被试者一般不知道测试的真实目的，也不知道对自己的反应会做何种心理学解释。通常人们不愿意承认自己的真实想法，却愿意分析他人的心理活动，在推断他人的动机和态度时，往往会把自己内心隐蔽的想法、欲望表现出来，这样就减少了被试者伪装自己的可能性。常见的投射方法有以下几种。

1. 角色扮演

角色扮演，即被试者不直接说出自己对某种商品的动机，通过对别人购买该商品的动机和态度进行描述，间接表露出被试者本人真实的动机和态度。

2. 绘图解释

绘图解释又称为主题统觉测验，由美国哈佛大学的摩根和默里于1935年提出。该方法可以用于了解被试者的心理需要与矛盾及内心情感。全套测验包括30张内容模糊的黑白图片及一张空白卡片。实际测验时，测验人员按被试者的年龄、性别从30张黑白图片中选取20张，让被试者自由陈述图片所描绘的故事。测验中不对被试者所编故事的内容进行任何限制，但可事先提示被试者故事必须涉及情境、意义、背景、演变及其个人感想等方面。对被试者所编故事进行的分析是以被试者在每个故事中涉及的主题为核心的，这些主题被默里认为能够反映个体深层的需要、欲望、矛盾等。该测验的目的在于通过被试者的自由陈述将其内心的情绪自然投射于故事中，从而找出个人生活经验、意识、潜意识与其当前心理状态的关系。该方法对测验者有较高的要求，一般需要经过严格培训才可进行。

3. 词联想法

这种方法是给被试者出示一系列意义无关的词，让被试者看到词后说出最先联想到的词汇。通过记录被试者的反应与时间并进行分析，可以了解被试者对刺激词的印象、态度和需求。词联想法包括以下几种。

（1）自由联想法，即被试者自然、任意地说出联想到的词。

（2）控制联想法，即被试者需要说出按某种要求所联想到的词，例如，看到洗发水一词，让被试者说出所联想到的品牌名称。

（3）连续联想法，即测试者要求被试者连续说出多个联想词。

4. 造句测验法

这种方法是通过给被试者一些不够完整的句子，让被试者迅速造出完整的句子，以了解被试者的想法，例如，给出"如果推荐一个手机的品牌，你会选择……"等。这种方法便于了解想要调查的商品及品牌的购买动机。

（三）推测法

推测法是让被试者对具备特定条件的人的职业、年龄、个性、行动等加以想象和说明，从中了解被试者对商品的印象。例如，甲消费者购买了一台低配置、低价位的笔记本电脑，若调查甲消费者的朋友乙对笔记本电脑的看法，就让乙对甲的购买行为进行评论。乙可能会说，甲收入不高，这样配置的电脑够用了；但是对于甲来说，如果用电脑玩游戏就不够用了，不如再攒钱买个好一点的。从乙的评论中，可以推测乙对笔记本电脑的印象和需求意向，包括低配置的电脑可以接受；而甲认为高配置的电脑玩游戏比较好用，不能因一时手头紧而凑合。

第三节 体 验

一、体验的含义

在心理学中，体验是人们响应某些刺激的个性事件。体验通常是由于对事件的亲身参与或直接观察而产生的，不论事件是真实的还是虚拟的。体验会涉及消费者的感官、情感、情绪等感性因素，也会包括知识、智力、思考等理性因素，带有主观色彩。

体验通常并非自动产生，而是被引发出来的，具有主观性和不确定性。然而，体验的基本事实会清楚地反射到语言中，澳大利亚新南威尔士大学在对被调查者的体验进行分析后发现，在消费者使用过的220多个不同的表达情感的词汇中，用得最多的10个词汇是气愤、愉快、沮丧、懊恼、失望、满意、急躁、放松、兴奋、愤怒。

二、体验的心理基础

美国哥伦比亚大学商学院市场营销系的伯恩德·H. 施密特教授从大脑活动现象的角度解释了体验，他认为"大脑的不同区域与不同的体验有关"，这些不同的区域为"大脑模块视图"，在此基础上他提出了构成体验营销框架基石的五种客户体验，即感觉（Sense）、感受（Feel）、思维（Think）、行动（Act）和关联（Relate），如图5-3所示。

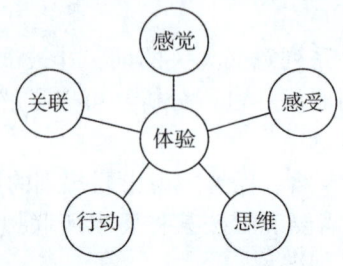

图5-3 体验的框架

（资料来源：伯恩德·H. 施密特. 体验式营销[M]. 北京：中国三峡出版社，2001.）

(一)感觉体验

感觉体验是指人们的各种感受器官受到刺激而形成的体验，包括视觉、听觉、触觉、味觉和嗅觉等感官体验。感觉往往会直接刺激消费者，激发消费者的购买欲望，并产生溢价购买行为，是最基本的体验形式。

利用消费者的感觉体验开展营销活动称为感觉营销，其目的在于通过消费者的五种感官体验，使消费者产生美的感受或兴奋的情绪。引发感觉体验的基本要素包括视觉的颜色和形状，听觉的声音大小和快慢，触觉的材料和质地等。建立在这些基本要素刺激基础上的感觉体验可以显示独特性，也可以作为动力刺激消费者尝试并购买产品。

(二)感受体验

感受体验也可称为情感体验。根据感受的程度不同，可以将感受体验分为略微积极或消极的情绪体验和强烈的感情体验。

1. 情绪体验

情绪体验是一种不易察觉的情感。某些刺激能够引发人们的某种情绪，从而产生特定的体验。例如，购物场所优雅的音乐、柔和的灯光会给消费者带来愉悦舒适的情绪体验。

2. 感情体验

感情体验是一种很强烈的体验，一般有明确的刺激物，通常由某种事物或人引起，它能够吸引人的注意力，甚至打断和排除其他活动。

(三)思维体验

思维体验是指人们运用自己的智力，创造性地获得认识和解决某个问题的体验。思维体验通常有如下两种方式。

1. 收敛思维体验

收敛思维体验是指消费者将思路逐渐集中，直至得到一种解决问题的办法的体验过程，它的具体表现形式为解决问题时所采用的分析推理的思维方式。

2. 发散思维体验

发散思维体验是拓宽思路、集思广益的体验过程。与收敛思维体验相比，发散思维体验随心所欲，体验出现在脑力激荡的过程中，要求参加者进行自由的想象而避免做任何评价。

(四)行动体验

行动体验是人们在某种经历之后形成的体验，这种经历与他们的身体有关，或与他们长期的行为方式、生活方式有关，或与他们与人接触后获得的经历有关。行动体验超越了情感、影响及认知的范畴。

(五)关联体验

关联体验是指消费者在追求自我完善和被他人认同的过程中获得的体验。关联体验包括感觉体验、感受体验、思维体验和行动体验的成分。关联体验可能通过感官、感受、思维和行动上的体验来表现，但是关联体验超越了这些体验，它把消费者个人和理想中的自我、他人以及文化联系起来。

三、体验营销模式

体验营销就是在整个营销过程中，充分利用感性信息，通过影响消费者的感官感受来介入其行为过程，从而影响消费者的购买决策与结果。体验营销以向消费者提供有价值的体验为主旨，把体验当作一种真实的经济提供物和有别于产品和服务的价值载体。根据营销活动的侧重点不同，分为娱乐营销、美学营销、情感营销、生活方式营销和氛围营销。

(一)娱乐营销

娱乐营销是企业巧妙地将各种营销活动寓于娱乐之中，通过精心为消费者设计的娱乐体验来吸引消费者，以消费者喜闻乐见的娱乐形式，与消费者进行深度沟通，潜移默化地提升品牌认知度和美誉度。

(二)美学营销

美学营销是以满足人们的审美体验为重点，经由知觉刺激，给消费者以美的愉悦、兴奋与享受。追逐潮流的年轻人会更注重颜值和内涵，营销人员可选择利用美的元素，如色彩、音乐、形状、图案等，以及美的风格，引发消费者的购买欲望。从iMac，到iPod，再到iPhone和iPad，苹果公司每一款数码产品的上市都能掀起一股科技时尚风潮，乔布斯凭借其独特的"科技美学主义"的设计理念，为消费者带来了全新的感官体验。

(三)情感营销

情感营销以消费者内在的情感为诉求。消费者在选购商品的过程中，对于符合心意、满足实际需要的产品和服务会产生积极的情绪和情感，这能增强消费者的购买欲望。情感营销在很多行业都得到了充分利用。例如，一汽奔腾以"让爱回家"为主题的系列广告引导消费者反思如何在"个人主义利益追逐"与"社会责任、家庭期盼"之间进行取舍。

 拓展阅读

> **从盒马鲜生看"新零售"体验**
>
> 盒马鲜生创立于2015年，首店在2016年1月开业，2018年年底达到149家，2019年年底突破300家，之后经历三年的平稳过渡，截至2022年8月的门店数量已经达到329家。2022年，盒马鲜生销售额同比增长超25%。数据显示，盒马的坪效（指每坪面积的营业额）达到了普通商超的3倍，用户黏性和线上转化率远高于传统电商，线上订单占比超过50%，用户转化率高达35%，是传统电商的10到15倍。为何盒马能如此受到消费者的青睐，一步步成为生鲜超商中的"网红"呢？
>
> 盒马鲜生的数字、产品、场景、情感体验设计独具一格。
>
> (一)数字体验
>
> 盒马的数字体验旨在让消费者在决策过程中实现线上线下自由切换。
>
> 盒马鲜生的数字产品布局走在了传统商超的前面，虽然盒马在不同的线上渠道均有所布局，但却让App作为数字体验的核心，全渠道为App做导流。盒马的App功能全面、操作灵活，消费者在线上可以网购和反馈，在线下也可以扫码和付款，会员

体系与运营活动也一应俱全。然而，如果只是停留在一个全功能的App上，它仍不能成为消费流程的必经之路。盒马的魄力在于对支付的特意引导。在线下购买盒马商品，必须用App注册、登录和绑定支付，有了这一使用流程的引导，消费者在首次消费时便认知并实践了这样的流程。教育用户的过程并不轻松，运营初期使用App支付的高门槛收到了市场不同的反馈，服务员拒收人民币一度成为争论的焦点。不过，消费者过了成功支付的门槛后，便可体验到这个工具带来的便捷。

(1) 线上线下的商品是一致的，商品的每一个标签都会有App可以识别的条形码。消费者看到想买的商品但不方便马上带回，可以扫码下单，快递小哥30分钟送到家。

(2) 商超内的各种自动贩卖机和结账机器，可用盒马的付款码实现自助支付，无需等待人工服务。

(3) 在餐饮区点餐后，等餐时间可以在盒马边逛边等，盒马App会在准备好后提醒用餐。

(二) 产品体验

"让产品本身带给消费者新鲜感"已成为刺激消费者购买动机的重要一环。盒马充分把握消费心理，通过几种方式为消费者创造新体验。

(1) 新鲜度的新体验。生鲜产品对时效性要求非常高。消费者亲自打捞，拎着水产品送到厨房的流程，很好地可视化了"鲜活"一词，消费者的参与性被放大。

(2) 丰富度的新体验。一些生鲜品类之所以少见或者花费不菲，主要受限于保鲜问题和运输成本。盒马引入昂贵的物流运输设备加之信息化管理，克服了这些问题，将一些不常见品类引进到门店，例如，活体帝王蟹，不仅让消费者得到了全新的饮食体验，还制造了话题吸引眼球，提升了体验的传播属性。此外，盒马还利用数字产品触及小众差异化需求，用线上预约的方式按需进货和调配，这样通过App便可以购买到在普通商超缺失的小众产品，价格也更为合理。

(3) 灵活度的新体验。快节奏的都市生活，人们享受着都市服务的便利，对烧饭做菜不再习以为常，更加注重取悦身心，剩饭剩菜也几乎不再留到第二餐。基于这种现象，盒马抛弃低价大量批发的策略，将包装做小，保证一餐吃完的分量，并按加工程度进行分类，各取所需，满足人们不同程度的尝鲜期望，增加烹饪的乐趣，且免去繁杂的准备工作。

(三) 场景体验

盒马为消费者提供多种类型的消费场景，让内容的组织服务于不同的消费主题。

(1) 空间布局上，盒马借鉴了集市大街的元素，消费者不会像在大卖场仓库式的货品堆里寻找得晕头转向。

(2) 产品组织上，盒马的各种产品不局限于按产品类型分区，反而是采用场景分类。在体验区可以看到各种产品的摆放充分为该片区的主题服务。例如，消费者在水产餐饮区，不仅可以吃到活海鲜，一旁就是烧烤区和啤酒专柜，这些都是由"吃海鲜"这个主题组织起来的。

(四) 情感体验

盒马始终传递给消费者轻松、舒适和有趣的形象，营造一种安全与信任感。

盒马深谙互联网的玩法，将品牌人格化。可爱、憨厚的河马形象散布于线上和线下。进入门店，可爱的吉祥物正与人们互动，统一的黄蓝视觉系统让店内看起来鲜亮活泼，盒马把服务员称作"小蜜蜂"，广告语俏皮地蹭一下"马爸爸"的热点。有了这样亲切的品牌IP，小朋友们很喜爱，也唤起了"大朋友"的儿时情节。盒马也把欢乐气氛注入推广活动，入口区域的有奖套圈活动深受消费者欢迎。另外，盒马作为一个新生事物，还在各方面强调"新"和"酷"，随处摆放着各种新颖的自动售卖机，小杯购买葡萄酒贩卖机，不到几十米就有一个自助结账机，告别了排队等待，即便操作有困难，"小蜜蜂"也会为你解难。

通过对盒马鲜生消费体验进行分析，我们发现消费体验的提升背后是一个系统性的升级，靠的是以用户为中心的经营理念、前中后台协同的执行力与对技术的综合运用能力。

（资料来源：俞越. 从盒马鲜生看"新零售"体验；https://www.woshipm.com/it/834052.html）

思考题

1. 消费者需要和需求有什么区别和联系？
2. 消费者动机是如何形成的？
3. 消费者动机如何测量？
4. 结合具体案例谈一谈，如何提升消费者体验？

第六章　消费者自我概念与生活方式

学习目标

1. 掌握消费者自我概念的含义和类型。
2. 理解消费者自我概念的营销启示。
3. 掌握消费者生活方式的测量方法。

导入案例

拉尔夫·劳伦和他的服装世界

拉尔夫·劳伦是美国最成功的服装设计师之一,他具有一种独特的处理问题方式。当其他的设计师还在创造产品系列时,劳伦已最先开始设计生活格调,然后通过设计一系列的产品来反映这种格调。他创造了一个浪漫的世界,在那里,英俊、强健的一家人骑马狩猎,用木制球拍在草地上打网球,或是在狩猎途中为进餐而整装。他们穿着有饰章的宽松外衣(休闲装),软麻制作的长裤,在棕榈树海滩观看马球比赛。

劳伦从很小的时候就开始留意服装。在他22岁时,他去波士顿一家生产领带的工厂工作。他的第一个设计是用4英寸①宽的领带来取代当时正流行的2.5英寸宽的窄领带。劳伦选择Polo(马球)作为他产品系列的名称,因为他觉察到这个世界正流行的生活方式是男人们穿着做工精细的古典服装进行优雅的体育运动,并谨慎地保持典雅的姿态。他的创意采用意大利的丝绸面料,标价是15美元(是当时同类产品价格的两倍),1967年销售了50万美元。

第二年,劳伦开始生产完整的男性系列产品,包括宽领衬衫和大翻领套装。他只使用最好的丝绸来创造"劳伦"形象——独特的、创新的,但同时又是古典和精细的。过了几年,劳伦针对新的细分市场又创造了一些产品系列。1971年,他推出了一系列的女性服装,表达了一种含蓄的典雅的女性魅力形象。随后,他创造了Chaps男性服装系列,专为

---

① 1英寸=2.54厘米。

那些想以较低价格表现传统美国形象的企业经理设计。他为大学生和那些刚开始为自己准备职业装的年轻男性商人引入了 Polo University Club 系列运动服。1983 年，他创造了一系列家庭陈设品，包括床上用品、毛巾、地毯和墙纸。这个系列在 1986 年扩展到了家具。劳伦设计的所有家具都反映了一种生活方式，并通过在广告中显示完整而和谐的房间而推向市场。例如，新娘的服装都用乳白色的丝织品显示出浪漫情调，房间里采用了典雅美丽的白色亚麻和桃木雕刻家具、编织的柳条、弯曲的藤条。另外，劳伦还生产了两种香水：Polo 面向男人，Lauren 面向女人。他还销售了一系列手工制作的鞋、长筒靴和鹿皮鞋。

到 20 世纪 80 年代末，劳伦在服装界已经有了国际性的声誉，他在全世界都有独立的商店和铺面。1987 年，劳伦将麦迪逊大街上的莱茵兰德大厦完全改为"劳伦"生活方式的陈列室。他改造这栋五层楼的石灰建筑花了 1 400 万美金，并镶嵌搭配了手工雕刻的桃木门窗、东方的地毯和精美古朴的家具。房间里陈列着衣服，以及马鞍、狩猎纪念品、高顶帽和桌球球杆，这个地方使人觉得更像是伦敦的某个俱乐部而不是一个零售商店。

劳伦设计的产品用来反映一种生活方式的主题。他开始设计时就像做游戏似的去设想生活方式，包括描绘其特征和行为，人们在什么地方，如何生活，他们穿什么类型的服装，在这些丰富的想象基础上，他的设计师就为最新的梦幻世界去创造服装(服装产品)和摆设环境(商店的陈设)。

"我只是做我喜爱的事，"劳伦反复强调，"许多人有很好的品味，我则有很多的梦想。"为了梦想成真，他花了极大的心思用在广告和商店陈列上，几乎到了完美的境地。从家具到支架到描绘这些特征的模特，每件东西都被精心地选择，以产生一种非常特殊的视觉效果，每个广告和商店陈列品都使人产生一种情绪并唤醒一种生活方式。

通过在他的商店和广告中描绘这些情绪、梦想和奇妙的幻想，劳伦提供给消费者一个机会来分享他的梦想：通过购买他仔细装点的产品或许能获取新的身份。鲜有其他设计师创造过如此广泛的产品、如此庞大的零售网络和如此精确定义的市场形象。到 20 世纪 90 年代初，劳伦的时装帝国的零售额达到了 15 亿美元，是 1981 年的 4 倍。

(资料来源：①王亚敏等，消费心理学[M]．武汉：武汉理工大学出版社，2011．②https://eduai.baidu.com/view/f341fcf6657d27284b73f242336c1eb91b3733fb)

请思考：劳伦是如何运用消费者生活方式进行营销的？

第一节　自我概念

一、自我概念的含义

 相关学习视频：自我概念的含义

"我是谁"这个经典的哲学问题至今仍被人们不断探讨，关于这一问题，从古至今的每个回答反映的都是不同的自我。事实上，自我概念(Self-concept)是指个体对自身特征的

信念以及对于这些特征的评价。这些信念包括很多方面。例如，学生对自己学业表现的信念，认为"我是一个喜欢学习的学生"；人们对自己外表的信念，认为"我是一个长相出众的人"；学生对自己沟通能力的信念，认为"我是一个善于表达的人"等。

在希拉里竞选美国总统期间，学者们假借民意调查的名义开展了一项有趣的研究。在这项研究中，受访者观看了希拉里的照片，并且回答自己有多大可能支持希拉里当选。一半的受访者看到的是希拉里的真实照片，另一半受访者看到的则是修图后的照片，这些照片中融入了受访者的面部特征。有趣的是，结果发现，如果受访者看到的是融入自己面部特征的照片，那么其支持希拉里当选的概率会更高。这项实验另一个有趣的发现是，这种影响是发生在潜意识中的。换言之，受访者并没有意识到这种影响的存在。可见，自我概念作为一种个性特征直接影响消费者决策。

二、自我概念的形成

消费者自我概念并不是天生的，其形成经过漫长而复杂的过程，主要受到以下四个方面的影响。

第一，通过自我观察推断自己。人们直接观察自己的心理、身体特征、行为习惯来形成对自己的认识。

第二，通过他人对自己的评价形成自我概念。他人的评价对自我评价的影响程度取决于评价者自身特点和评价的内容。通常评价者的权威性越大，与自我评价的一致性越高，对自我概念形成的影响程度也就越大。

第三，通过与他人的比较观察而形成和改变自我概念。人们对自己的评价还受到与他人比较的影响，比较的结果会驱动人们采取措施修正自我形象。

第四，通过从外界环境获取有利信息形成自我概念。受趋利避害的心理驱使，人们往往希望从外界寻找符合自己意愿的信息，以此证明自我评价是合理的、正确的，这一现象证明了人们经常从自己喜欢的方面来看待和评价自己。

三、自我概念的类型

最早从自身存在体验角度论述自我概念的是17世纪的哲学家笛卡尔，他将自我概念描述为"自身存在的意识"，并把它作为人类存在的核心。对自我概念的划分包括三分法和四分法。

（一）三分法

心理学家威廉·詹姆斯认为，自我概念包括三个构成要素，即物质自我、社会自我和精神自我，这三种构成要素都伴有自我评价的感情，即对自己是否满意，以及自我追求的行为，具体见表6-1。

表6-1 威廉·詹姆斯的自我概念构成

构成要素	自我评价	自我追求
物质自我	对自己身体、衣着、家庭所有物的自豪感或自卑感	追求自我形象
社会自我	对自己的社会名誉、地位、财产的估计	引人注目，讨好别人，追求情爱、名誉及竞争、野心等

续表

构成要素	自我评价	自我追求
精神自我	因自己智慧、能力、道德水平而产生的优越感或自卑感	在宗教、道德、良心、智慧方面求上进

(资料来源：白玉苓. 消费心理学[M]. 北京：中国工信出版集团，2022.)

(二)四分法

格伦·沃特认为自我概念有四个组成部分，具体见表 6-2。

表 6-2　格伦·沃特的自我概念构成

自我概念	含义
真实自我	一个人实实在在的、完全客观的真实本我
理想自我	希望自己成为什么样的人
自我形象	对自己的看法和认识
镜中自我	认为别人对自己的看法

(资料来源：白玉苓. 消费心理学[M]. 北京：中国工信出版集团，2022.)

1. 真实自我

真实自我指个人成长和发展的内在力量，是一切成就和能力的来源，存在个别差异。也是一个人完全客观的真实本我。事实上，很多时候消费者的购买行为往往不是在客观地、全面地认识自我之后才发生的，而受潜意识所支配。

2. 理想自我

理想自我是消费者个体对希望自己是一个什么样的人的看法，其特点是包括人们渴望拥有的那些品质。很多时候，理想自我很难完全实现，因为人的追求与期望是无止境的。有些研究表明，消费者力求实现理想自我可以在他购买"威望类"商品时表现出来，例如，购买高档服装、珠宝首饰、豪华轿车等。

3. 自我形象

自我形象是消费者个体相对稳定的个性特征、风格以及气度，表达自我形象的重要途径之一就是消费。消费者购买某种商品，要么是想保持自己的某种形象或完善自己的形象，要么就是想改变自己的形象。

4. 镜中自我

镜中自我是别人眼中反射的自己，也可以叫社会自我，是在社会中，自己要呈现的样子。人类是社会性动物，社交活动是我们不可忽略的一个特征，在社交活动中，说话的方式、思维的角度、行为的表达都被镜中自我影响。这种自我受到学识、年龄、社会地位等因素的影响。

四、自我概念的测量

美国学者马赫塔设计了一种既可以衡量自我概念，又可以衡量产品形象的语义差别量表，见表 6-3。该量表是由 15 对相对应的形容词组成，使用时，要求消费者运用每一对形容词来表明其中一个或另一个在多大程度上刻画了消费者自身、产品或品牌。用该量表调查消费者，既可以获得消费者所期望的产品形象方面的信息，也可以了解消费者对现有产品的评价，从而找出产品形象改进的方向，更好地满足消费者需求。例如，安利在选择田亮作为公司主要形象代言人之前，既研究了目标消费者所希望的自我概念，也研究了田亮的形象。

表6-3 测量自我概念和产品形象的马赫塔量表

语义描述	语义差别	语义描述
粗糙的	1—2—3—4—5—6—7	精致的
兴奋地	1—2—3—4—5—6—7	平静的
不舒适	1—2—3—4—5—6—7	舒适
支配的	1—2—3—4—5—6—7	顺从的
节制的	1—2—3—4—5—6—7	放纵的
喜悦的	1—2—3—4—5—6—7	不喜悦的
入时的	1—2—3—4—5—6—7	过时的
有组织	1—2—3—4—5—6—7	无组织
理智的	1—2—3—4—5—6—7	情感的
幼稚的	1—2—3—4—5—6—7	成熟的
正式的	1—2—3—4—5—6—7	非正式的
正统的	1—2—3—4—5—6—7	随便的
复杂的	1—2—3—4—5—6—7	简单的
无色彩	1—2—3—4—5—6—7	有色彩
谦虚的	1—2—3—4—5—6—7	自负的

（资料来源：符国群. 消费者行为学[M]. 北京：高等教育出版社，2001.）

五、自我概念与消费者行为

（一）自我概念的相关理论

众多西方学者从心理学、社会学两个角度对自我概念在消费心理与行为等领域进行了深入研究，发现消费者行为很少真正受到产品的功能性价值的影响，更多地受到与消费者自我概念相联系的产品形象的影响。其中，具有代表性的自我理论有自我强化理论、环境自我形象理论及自我形象—产品形象一致理论。

1. 自我强化理论

自我强化理论认为，个体行为趋向于维护和强化自我概念，人们可以通过购买、展示和使用商品向个体或其他人传递象征意义，个体的消费行为趋向于通过消费具有象征意义的商品来强化自我概念。这一理论的优点在于把商品消费和消费者的自我概念联系起来，但没有说明消费者自我概念的形成及其特征。

2. 环境自我形象理论

环境自我形象理论认为，消费者的自我概念是行为导向的，并且自我概念有多个侧面，它取代了实际的自我、理想的自我等静态的概念，表明自我概念是一个动态的过程。该理论认为个体会根据环境调整对自我形象的表达。例如，消费者在社交环境下想要表现热情开朗的自我形象，可能会选择鲜艳的服饰；在商业环境下想表现出独立的自我形象，可能选择严肃的职业套装。七匹狼的广告语"男人不止一面，今天你要秀哪一面？"就抓住了人们在不同环境下想要表达不同的自我概念这一心理特征。

3. 自我形象—产品形象一致理论

该理论认为，包含形象意义的产品通常会激发包含同样形象意义的自我概念。符号学领域的专家指出，他人可见性物品往往被看作一种符号，观察者通过解释这些符号在特定环境中的意义来获得信息。如果一种产品拥有了一个被社会共同接受的意义，那么消费者将会使用它来实现沟通的作用。例如，富裕阶层为显示其富有和特殊身份，通常选择购买被很多人认为能够显示地位和财富的高档豪华产品。

具有象征意义的产品一般具有三种特征。第一，具有直观性，它的购买、消费和处置让大家一目了然。第二，具有差异性，一些人可以买，另一些人因为缺乏时间或者金钱等资源不能购买。第三，能够反映使用者的原型意象，显然，汽车、珠宝这一类商品的象征意义更加突出。

（二）自我概念的营销启示

消费者自我概念的研究对于企业营销实践具有重要的指导意义，商家可以运用自我概念进行产品定位、新产品开发和广告宣传。

自我概念与品牌形象之间存在影响关系，如图6-1所示。研究发现，购买与自我形象一致的产品会让人感到更加幸福。因此，营销人员可以根据拥有相似的自我概念和形象的消费者对市场进行细分，并针对产品类型和消费者自我概念设计既能够满足消费者需要，又符合消费者自我概念的产品。例如，许多人将自己视为环保主义者，那些以关心环境保护为诉求的公司和产品将更可能得到这类消费者的支持。

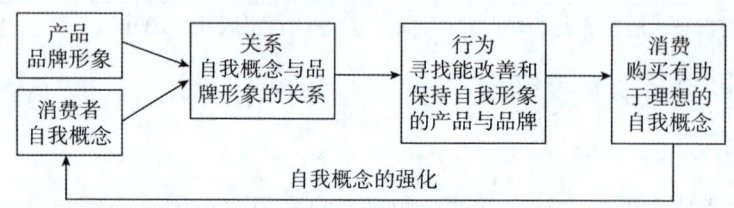

图6-1 自我概念与品牌形象影响之间的关系

一方面，新产品设计也应当符合消费者某种特定的自我概念，这也意味着，当现有产品不能与消费者的自我概念相匹配时，才有必要设计和生产新产品。而新产品不仅要在质量、外观、性能上有别于旧产品，而且要具有独特的个性和社会象征意义，能够体现出尚没有特定产品与之相匹配的消费者的自我形象。

另一方面，由于消费者的自我概念与消费行为之间的联系，在制订广告策略时要使广告信息与广告说服对象的自我概念相吻合。研究表明，广告中的自我概念信息与消费者自身因素密切相关，容易引起消费者的自我介入。例如，劲霸男装"给你这样的男人"的系列广告分别展示了妻子的好丈夫、孩子的好父亲、朋友的好兄弟等积极上进的男人形象，代表了消费者心中的理想的自我形象。

第二节　生活方式

一、生活方式的含义

 相关学习视频：生活方式的含义

生活方式（Lifestyle）是由马克斯·韦伯首创的术语，简单地理解为人们如何生活。所罗门认为"生活方式是一个人分配时间和金钱的方式"，他指出，人们会根据自己喜欢做的事情决定如何打发时间、如何支配收入等，并将自己归入一个特定的群体。菲利普·科特勒将生活方式定义为"人们以活动、兴趣和观点的形式表现出来的在世界上的生活模式"。

从社会心理学的角度，费尔德曼和蒂尔巴概括了生活方式的特点。第一，生活方式是一种群体现象，一个人的生活方式受到其所在的社会群体以及与其他人之间关系的影响。第二，生活方式反映了一个人的核心利益。核心利益塑造了一个人的生活方式，如家庭、工作、休闲和信仰等。第三，生活方式在不同人口统计变量上表现出差异，包括年龄、性别、民族、社会阶层和其他因素。

二、生活方式的测量

最早对生活方式的研究起源于心理地图方法，其中最重要的是对消费者活动（Activity）、兴趣（Interest）、意见（Opinion）的测量，也称 AIO 细分方法。在 AIO 细分方法的基础上，发展出价值观和生活方式研究方法（Value and Lifestyle Survey，VALS），以及适合中国消费者的 China-VALS 法。

（一）AIO 法

AIO 法是目前用来测量生活方式的一种基本方法。其基本思想是通过让消费者回答一系列的问题来识别消费者的活动、兴趣和意见，从而描述消费者的生活方式。询问活动的问题包括你每年读多少本书？你经常去购物吗？你通常出国度假吗？等等。询问兴趣的问题集中在消费者偏好、优先考虑的事情上，例如，对你来说尝试新的食物很重要吗？对你来说出人头地是很重要的事吗？你愿意周末待在家里还是出去玩？询问意见的问题主要了解消费者对有关事物如经济问题、社会问题、教育问题等所持的看法，例如，演员们是否赚得太多了？

表 6-4 给出了活动、兴趣、意见三个方面包括的具体要素。

表 6-4　AIO 的主要构成要素

活动（Activity）	兴趣（Interest）	意见（Opinion）
工作	家庭	自己
嗜好	家务	社会问题

续表

活动(Activity)	兴趣(Interest)	意见(Opinion)
社会事务	工作	政治
假期	社区	经济
娱乐	时尚	商业
俱乐部会员	食物	教育
社区活动	媒体	产品
购物	成就	未来
体育运动	休闲	文化

（资料来源：William D W, Douglas J T. Activities, interests and opinions[J]. Journal of Advertising Research, 1971：27-35.）

AIO调查表是陈述性量表，可以采用李克特打分法，被调查者在量表上表明对每个问题的态度，具体形式如表6-5所示。

表6-5 生活方式量表举例

题项	得分
我总是到能省时的地方购物	
我喜欢到大购物中心去	
我购买许多临期产品	
购物时讨价还价会省钱	
产品看上去好就会买	
我喜欢尝试新产品	

1分：非常不同意；2分：不同意；3分：基本不同意；4分：同意；5分：非常同意。

要编制一份AIO量表，首先要从现有市场研究资料中找到心理描述变量，针对这些变量，编写各种类型的陈述，来反映想要评价的消费者的活动、兴趣和意见。这些陈述可以是针对具体产品的，也可以是针对任何产品的。通过AIO调查表获得相关数据之后，要进行心理描述分析。第一步是确定哪一种生活方式产生了对某种产品的需求。第二步是找出具有这种生活方式的消费者在使用的产品，然后区分出重度、中度和轻度的使用者。第三步是在辨认出重度使用者之后，考虑如何将自己的产品与他们建立联系。

（二）VALS法

美国SRI调查公司基于大约1 600户美国家庭的调查研究设计出VALS（价值观和生活方式研究）模型，被广泛应用于细分市场。VALS综合了两个视角来区分生活方式群体，一是基于社会心理学家马斯洛的需要层次理论；二是基于美国社会学家戴维·瑞斯曼的"驱动说"。

VALS量表从面世以来就得到广泛应用，它的不足是过度依赖人口统计数据。20世纪80年代，随着美国市场发生变化，SRI在1989年对VALS做出较大修改，更名为VALS2。VALS2较原始模型有更加广泛的心理学基础，将美国成年人进一步划分为8个消费群体，这个市场细分维度的框架是消费者主要的动机与拥有的资源。一方面，个人主要动机决定了影响其行为的核心因素，VALS2 提出消费者受理想、成就和自我表达三种动机影响。另一方面，资源拥有程度也能够增强或限制消费者表达其主要动机。VALS2 系统如图 6-2 所示。

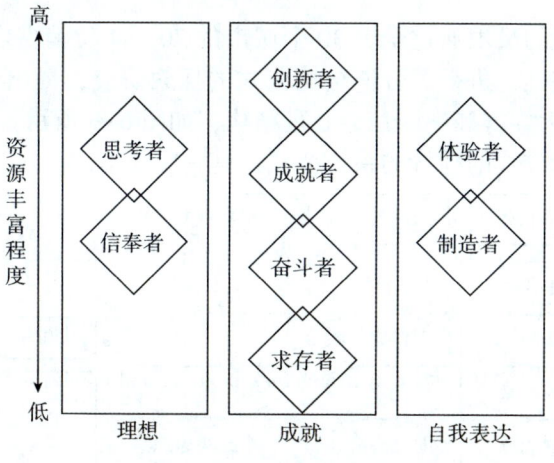

图 6-2 VALS2 系统

1. 思考者

他们崇尚秩序、知识和责任，受过良好教育，从事专业性工作，对职业、家庭和生活状态均感满意，闲暇活动以家庭为中心。

2. 信奉者

他们比较保守，保持着不变的生活方式，改变习惯很慢，与家庭的联系紧密。他们的信念建立在宗教、社会、家庭和国家的基础上。

3. 创新者

他们拥有丰富的资源且关注原则和行为，具有较高的自尊、成功、积极和老练等品质。

4. 成就者

他们喜欢控制自己的生活，尊重权威和身份。非常注意形象，喜欢成功的、有影响力的品牌而不喜欢其他品牌。他们的生活围绕家庭和职业。

5. 奋斗者

他们缺乏资源且关注身份，以身份为导向。尽管想努力赶上他们奋斗的目标，但缺少达到目标的资源。收入主要用于服装和个人护理，金钱对他们意味着成功。

6. 求存者

他们收入低，没什么资源，也没有什么社会福利，他们是十分谨慎的消费者，寻找安全感，容易形成品牌忠诚。相信广告，经常看电视。

7. 体验者

他们年轻热情、生机勃勃、冲动且有反叛精神。他们寻求丰富多彩和刺激的生活，崇尚时新，敢于冒险。他们将大部分收入花在服装、快餐、音乐、电影上。

8. 制造者

他们资源缺乏，注重自足，生活在家庭中，保守且现实，对外面的世界较少关心。购买产品注重舒适、耐用和有价值，不关注豪华、奢侈的产品。

（三）China-VALS 法

零点研究咨询集团的吴垠通过全国 30 个城市的 70 684 位消费者的入户调查，以被访者的生活形态为分类基础，进行了分群结构范式的探索研究，提出 China-VALS 模型，分析了中国消费者的 14 大族群和中国社会心理结构，如图 6-3 所示。China-VALS 模型构建了研究中国消费者生活方式的独特的系统范式，具有应用价值。

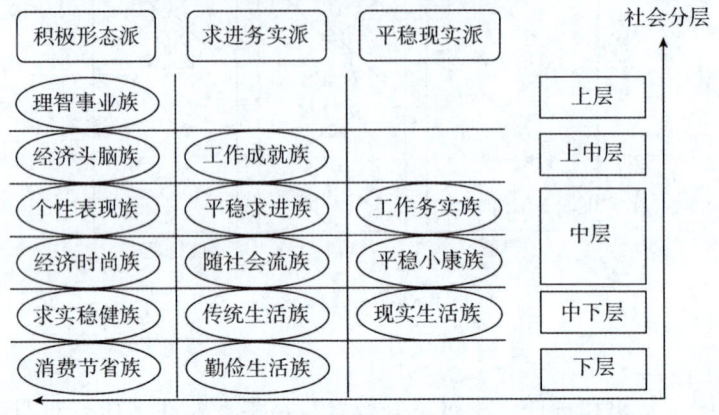

图 6-3　消费者的分群与社会分层结构

（资料来源：吴垠. 关于中国消费者分群范式（China-VALS）的研究[J]. 南开管理评论，2005(2)：9-15.）

三、生活方式与消费者行为

利用生活方式测量结果，营销人员能够发现社会变化趋势，激发广告创意，勾勒市场细分图，进行产品定位。

（一）选择目标市场

消费者的生活方式不同，其购买决策方式也会有差异。对于企业而言，通过 AIO 或 VALS 方法，分析产品的目标群体十分重要。例如，20 世纪 80 年代，美国人均牛肉消费量下降，整个牛肉行业很不景气。美国牛肉行业协会利用 VALS 方法调查消费者购买牛肉、羊肉、鲜鱼、鲜鸡等主要肉制品的情况，分别列出了 8 个消费群体对肉类产品的消费指数，基于 VALS 的调查数据，美国牛肉行业协会最后选择成就者、体验者、创新者和思考者作为其目标市场，进行重点促销，取得了非常好的效果。

（二）制订广告策略

拥有不同生活方式的消费者在兴趣、爱好、态度方面有很大差别，营销人员利用生活方式测量的结果能够选择符合目标消费者形象的代言人，策划有效地激发了目标消费者购买意愿的广告创意。例如，美国某长途电话运营商通过 VALS 方法了解了谁是长途电话服务的重度用户，并选择与重度使用者群体形象、气质有密切联系的广告代言人，从而获得了该类人群的关注。

开展生活方式营销，必须将产品定位于某一特定的生活方式，使产品与目标消费者的理想生活方式相适应，从而更好地满足消费者的需求和欲望。例如，欧倍德公司是一个拥有 467 家全球连锁店，规模名列德国第一、全球第四的跨国连锁建材集团，但是在进入中国市场后遭遇了失败。欧倍德销售的产品达 4.2 万余种，致力于给"能工巧匠、建筑爱好者和园艺爱好者提供一切所需要的商品"，但是中国人有自己特定的生活方式，欧倍德公司要想产品卖得好，首先要让中国消费者喜欢上"自己动手"，并培养中国人"自己动手"的生活方式，否则，它的产品在中国市场上很难成功。

（三）开展品牌推广

在时尚销售界，有一句经典的话，"产品是搭建生活方式的积木"。也就是说，对产品的选择，反映了消费者的生活方式。营销实践中，消费者会配套使用一些产品和服务。例如，一位消费者可能喜欢一个服装品牌，同时喜欢另一个墨镜品牌。这为不同产品类别的品牌进行联合推广提供了思路。例如，苏泊尔和金龙鱼两大品牌推出"好油好锅，引领健康食尚"的联合推广活动，并且还联合开发了"新健康食谱"，举办健康讲座，告诉消费者怎样选择健康的油和锅。这次品牌联合推广，同时提高了苏泊尔和金龙鱼的销售额。

消费主义逆行者——以"豆瓣"消费社群为例

近年来，消费领域中出现了消费主义（Consumerism）与娱乐主义（Hedonism）合谋的迹象，消费主义以渗透到青年的日常生活中而形成娱乐化消费，以至于形成了关于青年消费观的刻板印象，即过度消费、盲目消费、攀比性消费和面子消费等非理性消费观印象。事实上，部分青年的非理性消费固然是一种事实，但也有相当部分青年在消费主义浪潮的冲击下保持着警惕和节制，进而以理性的消费实践来抵制消费主义陷阱。践行这种理性消费观念的青年自诩为"消费主义逆行者"。豆瓣上的"消费主义逆行者"小组成员近 34 万人，"拔草互助协会"小组成员近 12 万人，"今天消费降级了吗?"小组成员超 36 万人，"消费主义言行大赏"小组成员近 6 万人，"极简生活"小组成员近 37 万人，这些小组都可被视为"逆行者"。

研究者在 2019 年 2 月加入豆瓣"今天消费降级了吗?"小组，进行了近两年的参与式网络民族志观察，在 2020 年至 2021 年又先后加入"消费主义言行大赏""消费主义逆行者"等网络社群，参与讨论并持续追踪社群互动。研究得到以下重要结论。

（一）消费实践：由奢侈到实用的转变

（1）拒绝焦虑消费：从"我买故我在"到"不 buy"。

消费主义所鼓吹的"我买故我在"的消费观念具有很大的欺骗性，企图灌输个人自由消费来敲定个人存在的意义。然而，许多青年在深层意识中对"我买故我在"的消费陷阱趋之若鹜，并付诸日常的消费实践。这其中，网贷消费、超前消费、娱乐化消费等非理性的消费行为，无不隐含了"我买故我在"、在消费实践中感受自我的逻辑。同时，以广告、综艺、直播等为代表的数字媒介灌输的消费主义理念日益渗透进青年的日常生活中。

在我国，消费主义和娱乐主义借由数字网络媒介得以狂飙突进，重要的西方节日或传统节日变成了"购物节"或"消费节"，成为消费主义的载体。然而，在娱乐化消费的背景下，出现了一群"不 buy"的消费主义逆行者。"逆行者"认识到消费主义是焦虑的来源，认为消费狂欢是商家通过制造人们对现状的不满足，从而诱导人们借由商品来获取短暂快乐，这种做法只会让人陷入更持久的不快乐之中。

(2) 寻求消费替代：从"消费升级"到"消费降级"。

消费主义逆行者总是寻求从"消费升级"到"消费降级"的转变。消费升级过程中，人们的消费实践从实用型向服务型转向、从注重功能满足向追求品质满足转向。对青年来说，消费升级更多是对商品符号或象征价值的追求，体现为对品牌所象征的社会地位或社会身份的追求。但很多青年的消费升级并不是建立在自身经济独立的基础之上的，而是建立在消费能力代际转移和超前消费的基础之上，前者通过父母提供生活费以支撑超常消费，后者通过支付宝"花呗"、京东"白条"、携程"拿去花"和信用卡等分期支付方式来实现。这种消费升级会使青年自觉或不自觉地陷入精神或物质的"负债"压力之中。

在"今天消费降级了吗？"这个小组中，"逆行者"主张的消费降级意味着消费者主动降低消费体验、个性要求和品位层次，转向消费低价商品的现象，"逆行者"的消费降级具有注重实用性消费、主动寻求廉价替代品和局部消费下行（如奢侈品的减少）的特征。但是，网络社群中的"逆行者"主张的消费降级并不等于断绝消费，而是注重消费质量的适度消费。

（二）消费观念：由感性到理性的转变

(1) 破除消费陷阱：从"他者意见"到"做自己的'KOL'"。

当前，很多青年在广告、直播的影响下陷入自己买到的商品是实惠的、有用的幻景之中，并在这个过程中感受到快感与满足。在消费活动中，代表商家的明星代言人或主播借由网络媒介向当代青年提供一种消费的"他者意见"，做青年消费者的意见领袖，以诱导青年消费。"逆行者"反其道而行之，做自己的"KOL"（关键意见领袖），他们拒绝市场营销和广告等营造的"他者意见"。

"逆行者"做自己的"KOL"的一条重要策略是通过寻求消费经验共鸣来拒绝现代网络媒介营造的消费陷阱。事实上，在市场经济活动中，从直播带货到网友分享都是一种"种草"行为，即散播消费诱惑或欲望的行为，根本目的是诱导非必要的消费。

(2) 回归生存理性：从"仪式感"到"生活感"。

无论是晒生活，还是晒工作或旅行，都隐含了一种"精致"的意识。资本通过"仪式感"或"精致"来营造幸福生活图景的方式隐秘地灌输消费主义理念。"逆行者"认为，真正的仪式感是我们表达内心情感的直接方式，而虚假的仪式感是商家和消费主义营造的，将仪式感与生活消费品挂钩，用商品消费来堆积出精致的生活。因而，"逆行者"主张回归一种生存理性的"生活感"，即贴近真实生活方式之下的消费观念。

总之，网络社群中消费主义逆行者呈现的理性消费观，对国家、社会、家庭和个体来说具有积极作用；反过来，国家、社会、家庭和个体也应当发扬这样一种理性的消费观，以促进个人和社会的健康成长和发展。"逆行者"消费观由非理性向理性的回归，折射了当代青年在消费社会中主体意识的觉醒，体现了在"逆行"中"前行"的一种积极动向。

（资料来源：唐军，周忠贤. 消费主义逆行者：网络社群中青年的消费观呈现——以"豆瓣"消费社群为例[J]. 中国青年研究，2022，316(6)：85-91+84.)

思考题

1. 阐述自我概念的含义，消费者的自我概念与商品的象征意义有什么关系？
2. 企业应该如何根据消费者的自我概念来开发和推广产品？
3. 测量消费者生活方式的方法主要有哪些？
4. 企业怎样根据生活方式开展市场营销活动？

第七章　消费文化与社会阶层

学习目标

1. 掌握文化的含义和特征。
2. 理解文化对消费行为的影响。
3. 理解中国特色消费文化的特点。
4. 掌握社会阶层的含义和影响因素。

导入案例

"00后"网购行为分析报告

2021年2月25日，著名传播学者、北京师范大学新闻传播学院喻国明学术工作室发布《00后网购行为分析报告》，基于国家统计局、行业研究数据库数据，通过案例走访、网络调研等方式，发现"00后"（2000年1月1日至2009年12月31日出生的人）"个性消费"的主要特征：爱社交分享与科技时尚，爱"薅羊毛"，爱拼团且看重品质，社交、娱乐与购物相结合。

报告认为，相比"80后"（1980年1月1日至1989年12月31日出生的人）、"90后"（1990年1月1日至1999年12月31日出生的人），以"00后"为代表的新青年群体一出生就与消费社会绑定密切，正在成为社会新消费的重要支柱。从社会学上来看，在"00后"网购行为消费模式的背后，是他们"凸显独特人设、追求美好生活、实现个人价值"及"寻求圈层归属"的心理诉求。报告显示，"00后"网购亦是符合"性价比、高品质"的主流消费发展趋势。他们青睐的主要网购产品类别如图7-1

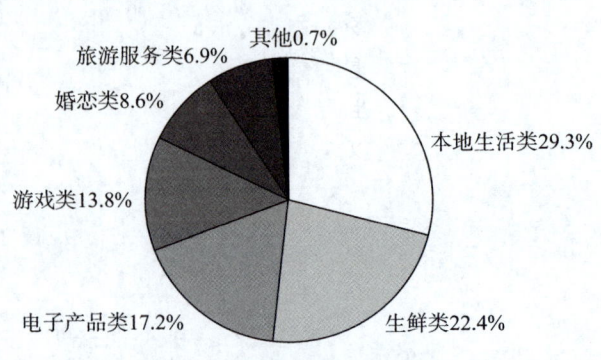

图7-1　"00后"网购产品类别

所示。

"00后"大多依然是学生群体,图7-2是"00后"后近一月平均网购消费金额。其中,100元至499元人数占比最多,月网购消费达到3 000元以上人数占比4.5%。

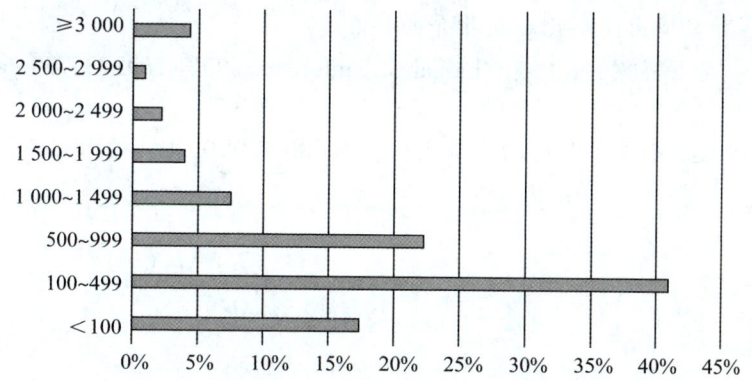

图7-2 "00后"后近一月平均网购消费金额(元)

报告认为,"00后"是移动互联网时代的原住民,也是伴随着经济发展、在独生子女核心家庭中成长起来的一代,具有很高的自主消费意识、消费能力,消费理念更加鲜明,更加倾向于快速适应新的媒介技术与新的商业与消费模式。

图7-3是"00后"选择线上购物平台的考虑因素,他们最关注的是平台使用便捷性(79.2%)以及商品的性价比(77.2%)。从地区上来看,一二线城市的新青年群体,更倾向于为高品质商品花钱,勇于尝试新奇的产品。

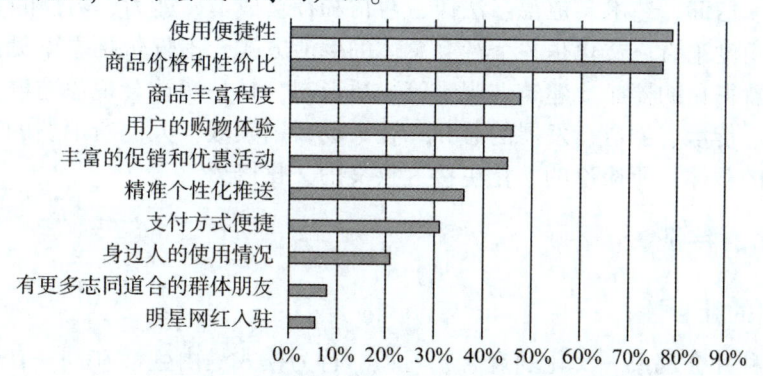

图7-3 "00后"选择线上购物平台的考虑因素

报告发现,拼多多正在成为"00后"增长最快的电商平台。报告分析认为,"00后"的个性消费里,更注重购物的乐趣,拼团、直播购物和熟人社交分享,这些特征都是互联网时代新互动模式催生的新消费模式。数据显示,在购买商品时,仅有一成的"00后"会选择匿名购买,八成以上的"00后"会在拼小圈中分享自己的真实评价,在评论区开辟展现自我的独特空间,而对于鞋包服装、美妆个护类的订单,还会大方放上原图晒出"买家秀"供他人参考。

快速"种草"加上快速"拔草",是新青年的消费风格。作为舆论口中的"后浪","00后"对互联网的黏性更强,受其收入水平、购买力和消费习惯的限制,他们更认同"好用就买、不好就弃,进口不稀奇,国货不嫌弃"的观点。

尤其是颜值高、单人用、智能感与科技感高的小家电，它们是"00后"最为青睐的商品之一。根据全国家电工业信息中心调研，拼多多在女性用户、学生群体画像中，用户占比均要高于电商整体近十个百分点。其中，新青年是各种小家电尤其是网红小家电产品的粉丝和拥护者，并呈现出圈层化社交推介的特点。

（资料来源：金融界网；https://baijiahao.baidu.com/s?id=1692739729664372226&wfr=spider&for=pc）

请思考："00后"形成了怎样的消费文化？与"80后""90后"相比有哪些不同？

第一节 消费文化

一、文化的含义

文化是一个人人都可以谈论，但人人都很难精准定义的概念。有人认为，文化是水，人们生活在文化中，就如同鱼儿生活在水中，正因为太熟悉，人们反而忘记了它的存在。学术界对于文化的定义有狭义和广义之分。

从狭义的角度来看，文化是人类在社会发展过程中所产生的一切无形的精神财富。1871年，英国文化学家泰勒在《原始文化》一书中提出了狭义文化的早期经典学说，即文化是包括知识、信仰、艺术、道德、法律、习俗和社会成员、能力、习惯的复杂整体。

从广义的角度来看，文化是一个社会总体的生活方式，不仅包括看不见的精神和意识形态，还包括看得见的器皿、建筑、服饰等物质形态，是一切社会现象与群体在精神和物质层面的既有、传承、创造、发展的总和。在市场营销领域，人们所消费的产品和服务往往是文化意义的载体，所谈论的文化更接近狭义的文化概念。

二、文化的特征

（一）文化的社会性

文化是一种社会现象。文化的观念、习惯、行为模式是由生活在同一社会当中的人们相互分享并保持相对一致的。每一代人所能够创造的文化也是通过社会机体传递到下一代的，为后代社会成员所继承和延续。

（二）文化的共有性

文化是由社会成员在生产劳动和生活中共同创造的，它为全体成员所共有，并对该社会中每个成员产生深刻影响，使其心理倾向和行为方式表现出某些共同特征。换句话说，一种观念或行为方式只是一个人拥有，则不能称为文化。例如，一个人喜欢嘻哈音乐，这不足以成为文化，而当嘻哈音乐在一群人当中开始流行时，才能形成嘻哈文化。

（三）文化的差异性

尽管文化是社会成员所共创形成的，但并不是所有人对共有文化的接受都会一致。国别差异、年龄差异、职业差异、个性特征、信仰差异等都会对共有文化的接受程度产生影响。例如，权力距离是企业文化的重要部分，但是美国员工倾向于不接受管理特权的观念，而对亚洲的中国、日本企业而言，权力距离较大，地位的象征性非常明显。

（四）文化的整体性

文化是一个系统，既包括物质文化，也包括精神文化，这些要素之间不是相互独立的，而是相互联系、共同变化的。例如，随着我国经济发展水平的提高，物质越来越丰富，商业越来越发达，与"70后""80后"相比，"90后""00后"更懂得享受物质层面的文化，也注重通过消费表达个性，体现了文化在价值观层面的变化。

三、文化的内容

荷兰著名社会心理学家和文化专家盖尔特·霍夫斯泰德提出，文化是由不同层次组成的，像洋葱一样，每一层之间不是独立的，而是相互影响的，即文化洋葱模型。文化包罗万象，由于存在不同理解，所以从不同角度来看，文化包含的内容也有所不同。

在文化洋葱模型中，内隐层处于模型的核心，它涉及该社会中人们最根深蒂固、不容置疑的东西。文化洋葱外面的三层与核心层有着不可分割的关系，核心层驱动外显层，外显层影响核心层。霍夫斯泰德所提出的文化洋葱模型将文化分为物质层、行为层、制度层和内隐层，如图7-4所示。当然，这是一个基本模型，文化洋葱模型的划分标准并不唯一。例如，华为公司文化洋葱图包括价值观、策略、流程和组织、团队和员工行为四个层次。

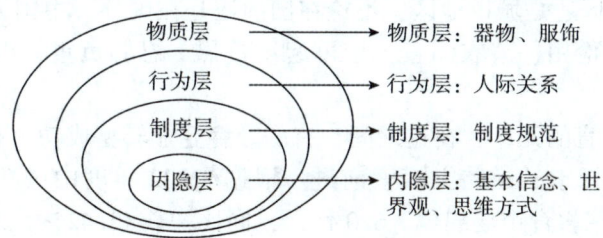

图7-4　文化洋葱模型

1. 物质层

物质层指文化中外在的、可见的层面，包括器物、语言表达、形象、服装等。例如，对于企业而言，品牌形象、员工形象、办公环境等都是文化物质层的具体表现；而对于消费者个体而言，衣着打扮、精神面貌等也体现了个人对文化的理解。

2. 行为层

文化的行为层也被称为"心物结合层"，主要包括消费者形成的社会行为，这种行为可能是外显的，也可能存在于潜意识当中，并且受到制度层和内隐层的引导。

3. 制度层

文化是在特定社会规则、规范框架下运行的，这种文化的制度规范一方面体现了人类主观对文化的引导与构建性，另一方面也受到内隐层的影响和制约。例如，家庭形成的制度规范影响着每个家庭成员的观念。

4. 内隐层

文化的内隐层，也称为核心层，包括文化中关于人类存在的最基本的信念、世界观和思维方式。内隐层涉及文化最核心的底层理念，是人们心中根深蒂固、难以动摇的基本原则。

四、中国特色消费文化

在全球范围内，存在极其广泛的文化差异。在以北美为代表的西方文化中，直接表达是公认的基本自由，人们并不反对情绪的直接表达，也不擅长隐藏自己的情绪。而以中国、日本为代表的东方文化，更强调中庸与和谐，人们的情绪表达更加克制，太过直接地展现喜怒哀乐是不合适的。就中国特色消费文化而言，根文化形成的根消费最为重要。

根文化是指以家为中心，注重血脉延续，家族传承，敬重长辈祖宗的文化。这种根文化是扎根传统、源远流长、生生不息的，深植于中国人的精神和内心深处，影响着中国人消费的各个方面，催生了独特的根消费，主要包括教育消费、崇拜消费、仪式消费、关系消费等。

(一) 教育消费

中国人从古至今都重视教育和学习，《论语》的开篇就是《学而》，《荀子》也以《劝学》作为首篇，"万般皆下品，惟有读书高"的观点反映出中国人自古就将学习放在人生的重要位置，将教育当作人生大事的文化传统。为此，望子成龙的中国人在子女教育方面舍得花血本。不管是农村地区还是城市地区，不论在国内还是在国外，中国人在教育消费方面都毫不含糊，宁可省吃俭用、节衣缩食，宁可起早贪黑、忍辱负重，也要把钱省下来培养后代。

2022年是数字教育的元年，在这期间，有的教育企业转型成功，有的教育企业失败离开，更多的企业还在探索的道路上摸索前进。根据《2022年度中国数字教育市场数据报告》，2022年中国数字教育市场规模3 620亿元，同比增长12.42%。此外，2018—2021年市场规模（增速）分别为2 855亿元（22.58%）、3 468亿元（21.47%）、4 328亿元（24.79%）、3 220亿元（-25.61%）。在用户规模上，2022年数字教育用户3.14亿人，同比增长5.36%。数据显示，2022年中国数字教育融资总额13.4亿元，同比下降90.50%，不到上一年融资总额的一成，仅为2020年巅峰时期的2.4%，融资事件数仅47起，同比降低63.57%。可见，经历了高速增长，数字教育领域已经逐渐转归理性，在国家"双减"政策的推动下，我国教育消费结构将持续发生深刻变革。

(二) 仪式消费

孝敬父母和长辈、渴望家庭团聚、继望后代是中国人永远不变的情怀。由此产生的仪式消费经久不衰、数量惊人。仪式是文化的组成部分，作为礼仪之邦，中国是世界上最注重礼仪的国家之一。婚丧嫁娶、添丁满月、新房搬迁、毕业升学、生日结友等都构成中国人仪式消费的内容。同时，中秋节、端午节、清明节、春节等重要的节日，人们也会进行各类相关的仪式消费。这导致几乎所有的电商平台都会积极主动谋划重大节日的仪式消费活动。"仪式感"已成为节日消费新趋势。例如，听一场新年音乐会、看一场跨年档电影、参观一场新年美术展览，丰富多彩的文化活动为过节增添了一份仪式感，受到人们的喜爱和追捧。

(三)崇拜消费

崇拜消费又称神圣消费,是指为尊重或敬畏的物品、事件或活动所进行的消费,区别于普通消费或世俗消费。人类自古以来的崇拜对象如天地、自然、上帝、神灵等,现代人的崇拜也常常发生在生活领域,既包括对诸如历史名胜之类的消费场所的崇拜,也包括对名人的崇拜,对事件或活动的崇拜,例如,当代年轻人对崇拜某个明星而带来的从服饰、用品到生活方式的崇拜消费。

(四)面子消费

中国消费者行为与西方消费者行为的一个显著差异是受群体的影响更加显著。由于中国文化更加突出集体主义,消费者所在的集体会有一些社会性规范对其消费行为产生影响。由此,中国人在消费中一般更重视别人的看法和意见,更关注社会群体反应。无论是在古代还是在今天,中国人都追求面子,将送礼、维系关系等视为基本需要,将争脸、给面子和礼尚往来列入基本行为规范,从而形成社会中普遍的面子消费行为,甚至成为驱动消费的强大动力,孕育的特殊性消费商机造就了面子消费市场。

(五)关系消费

由于关系文化的源远流长,关系消费成为中国消费领域不可忽略的部分。关系消费的一种普遍形式是赠礼行为,这在关系营销研究中受到较多关注,它被定义为"发生在给予者和接受者之间的礼物交换活动",是一种象征性的交流行为。1998 年,脑白金的广告语"今年过节不收礼,收礼只收脑白金"传遍大江南北,在 2~3 年内创造了十几亿元的销售奇迹。虽然人们评论这段广告语土得掉渣,但无法掩盖脑白金的市场成功,其背后的关键原因正是其准确把握了礼品定位与送礼诉求,这一定位和诉求抓准了深深根植于中国文化中的面子和关系情结。

五、文化对消费行为的影响

文化是一种综合反映历史和现存的经济、政治和精神生活的社会关系,每个社会都有其特有的文化。特定的文化必然对本社会的每个成员产生直接或间接的影响。

(一)文化对消费者个人的影响

文化给人们提供了看待事物、解决问题的基本观点,使人们建立起是非标准和行为习惯,对消费者个体思想与行为具有制约作用。例如,中国人崇尚节俭,反对铺张浪费的文化对消费者开展"光盘行动"产生重要作用。

现代社会的结构高度复杂,文化对行为的约束叫作规范,是以成文或不成文的形式,通过各种途径,如道德标准、制度规则、组织纪律、群体规范等作用于个人,规定和制约着人们的社会行为。一个人如果遵循了各种规范,就会受到社会的赞赏和鼓励,反之,就会受到否定或惩罚。

(二)文化对消费活动的影响

文化对消费活动的影响主要表现为在特定文化环境下,消费者之间通过相互认同、模仿、感染、追随、从众等方式,形成共有的生活方式、消费习俗、消费观念和态度倾向。

第二节　社会阶层

一、社会阶层的含义

社会阶层是依据经济、政治、教育、文化等多种社会因素所划分的相对稳定的社会群体，是一种普遍存在的社会现象。处于同一社会阶层的人，通常具有很多相似性。例如，具有类似职业、收入和生活方式的人，在兴趣爱好方面也会有很大共同点。应当指出的是，社会阶层不同于社会阶级，其划分测量的标准不仅包括经济因素，还有各种社会因素，如社会分工、知识水平、职务、权力、声望等。

消费者社会阶层通常指消费者在社会中所处的地位，是由收入、家庭背景和职业等一系列复杂变量决定的。社会阶层既能直接影响社会成员的消费行为，又能通过影响人们的价值观、决策方式等间接影响消费行为。所属社会阶层不同，消费者的心理与行为也有明显差异。另外，想要成为一个特定社会阶层中的人时，人们就会去模仿这个阶层中的人群的消费行为。例如，刚刚进入职场的学生，为了尽快实现身份转变，在买衣服时往往会根据公司中大部分人的风格来进行选择。

二、社会阶层的影响因素

很多人习惯通过收入水平或使用的产品来判断一个人所处的社会阶层，但是这种判断变得越来越不可靠。因为随着我国国民经济水平的提高，消费者的消费观念发生了很大的改变。一方面，现在年轻上班族都会购买名牌挎包，但在其他方面却是捉襟见肘。另一方面，近年来随着轻奢品牌的崛起，越来越多的大众都能买得起奢侈品。不难发现，社会阶层的划分指标应该是多元的，而并非单一的，包括了以下因素。

1. 职位声望

职位声望是判断社会阶层最好的指标，这是因为不同职业的声望在比较长的时间阶段内都会保持稳定。此外，不同文化背景下，公众对于职业声望都有着比较一致的看法。一种典型的职位声望排序包括在专业领域具有权威性的职业和商界精英，如科学家、大学教授、公司的 CEO 等。职业声望之所以重要，是因为一个人从事的职业与其业余时间的利用、收入的分配、政治倾向等存在高度相关性。

2. 收入

财富是一种社会标记，向人们传递财富所有者处于何种社会阶层的信息。相比一个人有很多钱，他会如何花钱或许更能反应社会阶层。例如，即使一个人把握商机，赚得了一大笔钱，但如果他没有在其他方面进一步提升自己，通常只会被认为是暴发户，而不是上层社会的人。

3. 受教育程度

很多研究表明，受教育程度与社会阶层具有密切关系。受教育年限越长，能够获得的专业知识越多，更可能培养形成坚韧不拔的精神、良好的专注力和缜密的思维。这些素质可能都是获得良好职业的关键。

4. 交往

一个人的交往对象及其待人方式等都有助于区分其所属的社会阶层。经常与阶层内的成员交往，也是维持与该阶层关系的重要手段。不同社会阶层成员之间的交往往往受到群体规范、心理屈从等无形因素的影响，同阶层成员之间的交往则会使他们对产品信息、店面选择及品牌的挑选趋于一致。

一般而言，处于较低阶层的个体能够意识到社会阶层的现实，但对于具体的阶层差别并不十分敏感；相反，处于较高阶层的个体有着较强的地位与阶层意识。

三、社会阶层对消费行为的影响

（一）消费分层

社会阶层反映了不同群体拥有的物质财富，从而导致不同社会阶层的消费方式、消费观念、消费内容等均有所区别。因此，一些研究者提出了消费分层，认为可以用家庭拥有的消费品来衡量社会阶层。有研究采用"中国综合社会调查"2003年和2013年两次截面重复调查数据，研究社会阶层与消费偏好之间的关系。表7-1展示了2003—2013年中国城镇居民消费偏好的变化趋势，可以看出，在这10年间，中国民众的消费偏好开始转向对高端消费和高品质生活的追求，但消费群体依然不均衡。

表7-1 中国城镇居民消费偏好的变化趋势(2003—2013)

消费偏好指标	2003(N=3 003) 百分比	2013(N=4 824) 百分比
1. 我和家人会轻易购买非生活必需品	23.5	34.7
2. 我和家人过生日或遇上重要节日时，总是去餐馆聚餐	20.8	39.8
3. 我总是到较有名气的商店去购物	16.4	17.1
4. 我出门总是坐出租车或私家小汽车	8.1	18.7
5. 我家的耐用消费品大都是名牌、高档货	11.4	10.5
6. 我家用了好些艺术品、艺术画来装饰家庭气氛	8.1	11.1
7. 在休息时间，我总是要听些音乐或欣赏一些艺术作品	42.2	37.8
8. 我经常去专门的体育场馆或健身房锻炼身体	12.3	12.5

注：N为调查样本数量。

（资料来源：王甫勤，章超. 中国城镇居民的阶层地位与消费偏好(2003-2013)[J]. 社会科学，2018，452(4)：65-76.）

 知识加油站

美国科罗拉多州立大学的马丁(Martin)教授和维拉诺瓦大学的希尔(Hill)教授研究了社会底层消费者的生活满意度，通过对世界51个贫穷国家7 700名个体的调查，他们发现社会联结和自主性会改善贫穷的负面影响，但是前提条件是人们的基本生活需求得到满足。研究同时表明，尽管贫穷的消费者面对不同的环境，但是他们对环境的反应却是一致的。

人们还会通过物理环境中的拥挤程度来推测群体的社会阶层，进而影响其对不同拥挤程度的店铺产品的评价。威斯康星大学的吉恩(Guinn)、坦纳(Tanner)教授和堪萨斯大学的马昂(Maeng)通过实验研究发现,个体会推测人群拥挤的物理环境中的人社会地位更低,并且认为拥挤的店铺中的产品价格更低,消费者的支付意愿也更低。

(资料来源:①Martin K D, Paul H R. Life satisfaction, self-determination, and consumption adequacy at the bottom of the pyramid [J]. Journal of Consumer Research, 2012, 38(6): 1155-1168. ②O'Guinn T C, Tanner R J, Maeng A. Turning to space: social density, social class, and the value of things in stores [J]. Journal of Consumer Research, 2015, 42(2): 196-213.)

(二) 媒介接触

在传统媒介时代,高社会阶层的群体会接触更多的纸质版媒介,而低社会阶层的群体则倾向于更多地观看电视节目。工薪阶层的消费者更容易接受真实感很强,尤其是侧重展现积极的生活态度、坚持不懈的工作和生活、解决现实问题的广告,而高社会阶层的消费者更青睐那些富有微妙的象征性手法的广告,通过极富个性化的手段,展现他们的地位和自我形象。

在新兴媒介盛行的时代,碎片化、扁平化和快节奏的信息获取方式极大地改变了传统媒介的信息传播方式,以独特的媒介特性影响和塑造着社会的各个场域。

上海大学上海社会科学调查中心2019年在全国10个特大城市实施了"新时代特大城市居民生活状况调查",针对民营企业和外商投资企业管理技术人员、中介组织和社会组织从业人员、自由职业人员和新媒体从业人员四类新社会阶层的主体和体制内人员开展调查。将媒介使用偏好划分为"传统媒介使用"和"互联网媒介使用"两个维度,测量指标分别为"您平时收看中央/地方电视台新闻联播的频率"和"您平时使用互联网浏览新闻资讯的频率",将社会态度分为社会需求、价值观念和公平感知三个维度,分别用"总的来说我是一个幸福的人""我经常为中国取得的成就而自豪"以及"每个中国人都有公平的机会获取财富与幸福"三个指标进行测量。

通过表7-2可以看出,由于传统媒介在信息生产标准、信息传播方式和信息受众选择上与新兴网络媒介存在着明显的不同,两种媒介对于受众的兴趣和偏好具有较大的差异性。

表7-2 特大城市新社会阶层与体制内人员的媒介使用偏好　　　　　　单位:%

使用频率	传统媒介使用		互联网媒介使用	
	新社会阶层	体制内人员	新社会阶层	体制内人员
几乎每天	31.08	52.21	64.86	60.14
一周多次	22.58	23.94	17.85	17.06
一月几次	16.14	10.57	6.29	5.24
一年几次	11.45	5.46	2.79	2.27
从不	18.76	7.82	8.21	15.28
样本量	1258	2034	1225	2022

(资料来源:柴哲彬. 新社会阶层的媒介使用与社会态度研究[J]. 人民论坛, 2021, 725(34): 70-72.)

 拓展阅读

B 站：中国 Z 世代的线上家园

创建于 2009 年的 B 站，全称哔哩哔哩（Bilibili），早期是一个集动画、漫画、游戏内容创作与分享的视频网站，经过十多年的发展，如今已成为涵盖 7 000 多个兴趣圈层的年轻人多元文化网上社群和中国主要的网上内容平台之一。

据艾媒咨询的数据，B 站用户 83.4% 是 1990—2009 年出生的，该百分比远高于同类群体在视频网站爱奇艺（67.7%）和腾讯视频（65.8%）中的占比，成为 Z 世代（互联网时代）月活跃渗透率最高的在线视频 App，B 站于 2018 年在美国纳斯达克上市，2021 年在港交所完成二次上市。

B 站之所以能够捕获年青一代的心并成为年轻人的网上家园，在于它深入洞察新生代，从而拥有与年轻人对话的能力，代表年青一代的心声和话语权，高强度黏住年轻用户众多品类的内容，更离不开 B 站开创出的独特的社群生态和文化。

B 站在对 Z 世代充分理解的基础上，战略性地开拓内容产品。2015 年以前，B 站的快速成长源于最初在二次元游戏领域的优势。2015 年之后，B 站加大了在内容生态的出圈策略，影视剧作品、纪录片、综艺、生活类的非二次元视频内容在比例上不断攀升。2018 年，B 站这类内容的占比已达 50% 以上。

B 站的包容性极强，多元丰富的内容生态淡化了二次元的标签，使其成为容纳年青一代的最佳线上聚集地。2020 年第四季度，B 站大会员再创新高增，达到 1 450 万，同比增长 91%，超 80% 的用户留存率以及日均播放时长达 81 分钟的用户黏性让 B 站更具商业价值。这些亮眼的增长数据让 B 站在资本市场成为明星公司，B 站的广告收入也有了长足的增长。近两年，B 站得到了包括电商、食品饮料、游戏、3C 产品以及汽车等许多大品牌和传统广告商的广告投放，广告业务增长 126%。

B 站不是传统意义的内容提供商，其内容创作输出者大多数就是社群内部的成员，内容来自成员的热情贡献。这是 UGC 模式（用户生成内容）在数智生态中以视频内容为主的新发展。

从原生用户中产生的，拥有大量粉丝的重量级创作者被称为 UP 主。UP 主一词源自日本的网络用语，UP 的含义包括上传分享（Upload）和向上提升，UP 主即大量创作并获得热捧、引领内容潮流的人物。B 站大多数 UP 主投稿的动力在于自我表达、自我实现及与相同爱好群体交流的需求，B 站成为他们向同代人和世界表演和传播的舞台、塑造自我品牌的绝好机会和阵地。所以，内容创作者的动力首先是纯粹的交流分享，而不是直接的变现圈钱。这种健康闭环的社群生态，也使得 B 站可持续地创造出优质专业的内容，吸引更多优秀 UP 主，进而不断拓宽用户边界，演变成为一个泛视频综合体。

（资料来源：搜狐网；https://www.sohu.com/a/434681784_120560044.）

思考题

1. 简述文化的含义和特征。
2. 谈一谈文化对消费行为的影响。
3. 结合自身经历,谈一谈中国特色消费文化的特点。
4. 分析社会阶层的影响因素。
5. 分析社会阶层对消费行为的影响。

第八章 消费群体与消费心理

学习目标

1. 掌握消费者群体的细分变量。
2. 掌握不同年龄阶段消费者群体的心理与行为特征。
3. 理解群体规范和群体压力。
4. 了解模仿行为和从众行为。

导入案例

直播中的"人货场"

随着科技进步和互联网直播行业不断发展，2019年电商直播兴起，随后一年间，便打造了千亿级的消费市场，常见的电商直播平台包括淘宝、拼多多、抖音、快手等。直播营销不仅催生了众多直播带货王，实现一场直播千万人观看，取得上亿成交额的成绩，也吸引了众多明星、行业领袖、专家等各界人士加入直播带货行列中。

直播平台本质上是一个虚拟社区，由很多的虚拟社群构成，消费者根据不同需求和兴趣聚集在不同的直播间中，即构建了"社交场"。社交场相当于建立了一个虚拟社群，直播购物并不只是单纯购物，互动交流等体验也满足了消费者社交连结的需求，通过不断参与在线讨论的方式感知对方的存在，产生情感反应，逐步构建社会关系。虚拟社群推动营销关系的维系可以分不同层次，其中社会层次的关系比经济层次的关系更稳固。每个直播间都是一个社群，不同品类的直播间聚集了不同的用户，直播社群营销中的每一个成员都拥有发言权，但主播是这个群体的中心，用户根据主播既定的产品上架、秒杀活动等流程规则参加活动或是购买产品，虽然主播是社群中心，却是弱中心化的。

消费者为观看同一主播，聚集于直播间这个虚拟社群中，进入同一直播间后，群体成员的注意力迅速集中到与主播的互动中，双方通过视频直播的方式进行内容引导，形成了很强的社会互动关系链接。互动仪式链的核心是相互关注和彼此的情感连带，在一种身体与心灵的交流中达到协调，进而产生"群体团结"。直播间天然的界限形成了一张分隔局外人的屏障，理想状态下直播间内的用户能获得专属于直播间的独特身份标识。这种身份的认同感提高了互动中的参与感，实现群体分享共同的情绪和体验，这张基于社会关系情感的连结而编制的互动仪式链网将直播间的主播与在场者连在一起，塑造情感能量，缩短了情境中的购物决策过程，尤其是直播购物这种有限理性的短期决策。

直播营销有效地实现了"人""货""场"的联结，让社交场和营销场在用户和主播间建立起联结，产品价值在场域中更好地被展示，场域也促进了销售的转化和用户的维系。因此，直播营销是以社交场和营销场为基础，两个场域协同发挥作用，达到营销效果的倍增。

（资料来源：陈瑞，张晏宁，吴胜涛. 直播营销模式的深层逻辑——社交场和营销场及其协同作用[J]. 清华管理评论，2020，87（12）：44-52.）

请思考：不同群体在直播营销中的购物决策过程有什么特点？

第一节　消费者群体概述

一、消费者群体的含义

消费者群体是指由某些具有相同或相似消费特征的消费者组成的群体。同一消费者群体在购买心理和购买行为等方面具有很大的相似性，而不同的消费者群体之间则存在较大的差异。

研究消费者群体的购买特征，可以进一步把握群体消费者的购买心理和购买行为规律，为企业进行市场细分、确立目标市场和制订细分市场的营销心理策略提供依据。例如，高收入群体、低收入群体；老龄消费者群体、中年消费者群体、青年消费者群体、儿童消费者群体等，都具有不同的购买心理和购买行为习惯，理应在科学细分的基础上，制订行之有效的营销策略。

二、消费者群体细分的影响因素

消费者群体细分（或称目标市场细分）是企业非常重要的营销策略，消费群体细分过程需要考虑多种影响因素。

（一）地理因素

地理因素是影响消费者群体细分的变量之一，这些地理因素包括国别、自然条件、地理位置等。具体而言，按国别划分，可以把消费者群体分为国内消费者群体和国外消费者群体。按自然条件划分，可以把消费者群体分为山区、平原、丘陵地区消费者群体，或者沿海、内地、边远地区消费者群体等。地理位置不同导致气候条件、消费习惯、文化背景等不同，例如，南方消费者因气候比较潮湿，选择偏辣的食物；北方消费者因气候干燥且冬季寒冷，饮酒习惯以白酒为主。因此，可以据此进行消费者群体划分。

(二) 人口统计因素

人口统计因素包括消费者性别、年龄、职业、民族、经济收入、受教育程度等。以此类标准划分的不同消费者群体，其消费心理和消费行为也有所不同。例如，按性别划分，可分为男性消费者群体和女性消费者群体。按年龄划分，可分为儿童消费者群体、少年消费者群体、青年消费者群体、中年消费者群体和老年消费者群体等。

(三) 消费心理因素

尽管在年龄、性别、职业、收入等方面具有相似性，但也出现了不同类型的消费行为，这种差别往往是心理因素的差异造成的。消费者群体划分依据的心理因素有个性、价值观、自我概念、生活方式等。罗兰·贝格管理咨询公司根据其提炼的消费者核心价值元素，将中国消费者划分为自我中心型、极致享乐型、传统奢华型、现代理智型、勤俭持家型、进取精英型、传统安逸型和简约中庸型八大群体。

可以看出，消费者群体划分标准之间相互关联，并且动态变化。随着时间、地点、环境的变化，某些消费者群体可能解体，某些可能重新组合，新的消费者群体也会不断涌现。随着经济发展与社会分工的不断细化，消费者群体的划分越来越细，消费者群体的内在素质不断提高，消费者群体类型的演变不断加快。为此，企业应关注多种因素共同影响下的消费者群体的变化与发展，及时调整营销策略。

三、消费者群体细分的具体指标

在菲利普·科特勒等人所著的《市场营销管理》中，细分消费者群体的指标分为地理因素、人口统计因素、社会因素和消费者行为四大类，大类中还可以细分出二级指标，如社会因素还可以细分为社会阶层、生活风格、人格个性等。这种分类方法已经成为消费者群体细分的经典。比较而言，由于我国城乡二元结构和巨大的潜在市场，消费者群体细分指标具有自己的特点。表 8-1 是消费者群体细分的常用指标。

表 8-1 消费者群体细分的常用指标

科特勒的分类	我国常用的细分指标
地理因素	
地区 东南地区、南方地区、中西部地区、西南地区等 **人口密度** 都市、郊区、乡村 **气候特点** 北方、南方	**地理范围** 东北地区、西北地区、华北地区、华东地区、华南地区、西南地区、经济特区 **城市规模** 小城市、中等城市、重点城市、大型城市、超大城市 **城乡差别** 农村、小城镇、中小城市、大城市 **气候特点** 北方、南方

续表

科特勒的分类	我国常用的细分指标
人口统计因素	

科特勒的分类	我国常用的细分指标
性别 男、女 年龄 <6岁、6~11岁、12~19岁、20~34岁、35~49岁、50~64岁、65岁及以上 家庭人口数 1~2人、3~4人、5人及以上 家庭生命周期 青年单身、青年已婚无子女、青年已婚有6岁以下子女等 收入 <1 000美元、1 001~2 500美元等 职业 专业和技术人员、管理人员、官员和老板、职员、推销员、工匠、领班、操作员、农民、退休人员、学生、家庭主妇、失业 国籍 美国、英国、法国、德国 受教育程度 小学或以下、中学肄业、高中毕业、大专肄业、大专毕业 宗教 天主教、基督教、犹太教、其他	性别 男、女 年龄 婴幼儿、儿童、少年、青年、中年、老年 家庭人口数 1人、2人、3~4人、5人及以上 家庭类型 单身家庭、丁克家庭、传统三口、混合型家庭等 家庭生命周期 初婚期、生育期、满员期、减员期、鳏寡期 收入 极低收入、较低收入、中偏低收入、中收入、中偏高收入、很高收入、极高收入 职业 普通工人、农民、公司商贸管理人员、国家机关、军人、警察、医药卫生、文教科研、财政金融、保险、个体经营者、学生、离退休、无业 职务 职员、专业技术人员、企业管理人员、党政机关干部等 工作状态 在职、下岗、离退休、留职等 受教育程度 小学或以下、初中、高中中专、大专大学、研究生及以上

| 社会因素 ||

科特勒的分类	我国常用的细分指标
社会阶层 下下、下上、中下、中上、上下、上上阶层 生活方式 简朴型、追求时髦型、嬉皮型 人格个性 被动、爱交际、喜命令、野心	社会阶层 主要依照收入水平划分 生活方式 简朴型、时尚型等 人格个性 主动积极型、消极被动型等

续表

科特勒的分类	我国常用的细分指标
消费者行为因素	
准备程度 未知晓、知晓、已知道、有兴趣、想得到、试图购买 **消费态度** 热情、积极、不关心、否定、敌视 **追求利益** 质量、服务、经济 **使用状况** 从未用过、以前用过、第一次使用、经常使用 **使用时机** 普通时机、特殊时机 **使用频率** 不常用、一般使用、常用 **品牌忠诚** 无、一般、强烈、绝对	**准备与认知程度** 没有认知、指示认知、未提示认知 **消费态度** 热情、积极、无所谓、消极、否定 **追求利益** 商品功能、质量、价格、服务等 **使用状况** 从未用过、以前用过、第一次使用、经常使用 **使用时机** 普通时机、特殊时机 **使用频率** 偶尔使用、一般使用、常用 **品牌忠诚** 无忠诚、中等忠诚、高度忠诚、绝对忠诚 **消费者群体组织性** 紧密型、松散型

四、消费者群体规范与群体压力

(一) 消费者群体规范

群体规范是指消费者在特定群体活动中被认同的一种期望,是群体的一种标准化观念。群体规范的形成有一定的心理机制。美国心理学家谢里夫认为,群体中人与人相互作用,逐渐形成了成员共同的判断标准或依据,使各成员的判断趋于稳定,这个过程就是群体规范形成的基本过程。

按照规范的形式,可以将消费者群体规范分为成文规范与不成文规范。成文规范一般由组织正式规定,通过制定明确的书面条文,以行政、政策乃至法律的手段为成员提供行为标准,强制性地影响消费者的心理与行为。

不成文规范常指群体成员所认同的文化与习俗对于个体的约束,其作用形式表现为通过群体压力迫使消费者调整自身行为,以适应、顺从群体的要求。例如,办公室职员等职业群体上班时,一般都需要穿着正式服装,如果某个成员着装过于休闲或暴露,则可能受到指责。

(二) 消费者群体压力

群体压力是消费者群体对个体心理产生的一种无形压力或约束力影响,当受到群体压力时,消费者会自动或被迫按照群体目标和准则调整自己的行为。群体压力与权威命令不同,它并不是通过自上而下的明文规定强迫个体与群体保持一致,虽不具有强制性,却使个体在心理上难以违抗而顺从群体并与之保持一致。因此，群体压力对于消费者行为的改变常常比权威命令效果更明显。

心理学家莱维特在《管理心理学》一书中对群体压力产出的过程进行了详细的描述，他认为群体压力的形成分为四个阶段。

第一，辩论阶段。在辩论阶段，群体成员充分发表自己的意见，并耐心听取别人的意见。经过辩论，意见逐渐趋于两派，即多数派和少数派，这时，少数派已经感到某种压力。

第二，劝解说服阶段。多数派已由听取意见转为劝解说服，少数派感受到越来越大的群体压力，有些人因此放弃原来的观点，顺从多数人的意见。

第三，攻击阶段。个别少数派仍坚持己见，不肯妥协，多数人开始攻击其固执己见。

第四，心理隔离阶段。对于少数不顾多方劝解和攻击仍然固执己见的人，大家采取断绝沟通的方法，使其陷于孤立。这时，个体会感到已被群体抛弃，处于孤立无援的境地。

第二节　不同年龄阶段群体的消费心理

年龄是最常见的划分消费者群体的标准。有研究根据我国国民特征，将年龄划分为以下六个阶段：0~3岁为婴幼儿期，4~11岁为儿童期，12~17岁为少年期，18~35岁为青年期，36~59岁为中年期，60岁以上为老年期。不同年龄阶段的消费者有着不同的生理和心理特征，因而形成了不同的消费心理。

一、儿童群体的消费心理

儿童群体的心理成长过程有自己的规律，其认识能力、意识倾向、学习兴趣、意志及情绪等心理现象是逐渐加强的过程。

首先，婴幼儿期的消费需要主要表现为生理性的，且纯粹由他人帮助完成。进入儿童期后，所需购买的消费品在花色、样式上逐渐增加个人意识。在消费过程中逐渐形成对所接触商品的评价意识，开始为自己选择消费品确立目标，并逐渐具有列举理由的能力。

其次，随着年龄的增长，儿童消费者的自我意识不断形成，消费心理逐渐由模仿性消费心理向按照自己的需求愿望、带有个性特点的消费方面发展，在面对众多同类商品时，能提出自己的购买意见、选择和要求。

最后，儿童群体的消费心理多处于感情支配阶段，消费情绪极不稳定。但随着年龄的不断增长，社会消费实践、知识、经验等不断增加，调节与控制自己情感的能力也在不断增强，消费心理也渐趋理性。

二、少年群体的消费心理

少年与儿童相比，他们的生理和心理都有了较大的变化，呈现依赖与独立、成熟与幼稚、自觉与被动性的相互交织特征。

首先，少年消费者自我意识发展的显著心理特征是独立性强，有成人感。在主观上他们认为自己已经长大，就应该有成人的权利与地位，反映在消费心理方面，不愿受父母过多干涉，希望按自己的意愿行事，要求自主独立地购买所喜欢的商品，喜欢在消费品选择方面与成年人相比拟。

其次，购买行为的倾向性开始确立，购买行为趋于稳定。少年时期，由于对社会环境的认识不断加深，知识不断丰富，兴趣趋向稳定，鉴别能力提高。随着购买活动次数的增加，购买行为趋于习惯化、稳定化，购买倾向性也开始确立。

最后，少年消费者由于参与集体学习、集体活动，接触社会的机会增多，受社会环境的影响逐渐增加，消费观念和偏好由主要受家庭影响逐渐转变为受同学、朋友、老师、明星、书籍及大众传媒等社会因素的影响。

三、青年群体的消费心理

（一）追求时尚

青年人思维活跃，勇于创新，习惯于追求新颖与时尚，力图站在时代前列，青年消费者总是对新产品产生极大的兴趣，喜欢更换品牌，体验不同的感受。青年消费者往往是新商品或新消费方式的尝试者、追求者和推广者。

（二）突出个性

青年群体自我意识迅速增强，求新、求名、求美的心理动机强烈，非常喜欢个性化商品，有时还把所购买的商品同自己的理想、职业、爱好和时代特征，甚至与自己所崇拜的明星和名人等联系在一起，并力求在消费活动中充分表现自我。

（三）意愿强烈

青年群体正处于人生的成熟期，大学毕业后具有独立的经济基础，能按照自己的意愿花钱，并对许多商品形成了自己的购买模式和品牌依赖，消费过程更加注重感受和体验，消费意愿强烈。

（四）冲动性强

与中老年消费者相比，青年消费者的消费活动受情感和直觉影响较大，他们具有果断、迅速及反应灵敏的特点，也更容易受客观环境影响而发生冲动性购买，这使得他们更容易陷入后悔的境地。

四、中年群体的消费心理

中年消费者群体人数众多，负担重，大多处于购买决策者的位置，且购买的商品既有家庭日用品，也有为个人、子女、父母购买的商品。

（一）理智性强

中年消费者阅历广，购买经验丰富，情绪反应一般比较平稳，多以理智支配自己的行动，感情用事的现象不多见。注重商品的实际效用、价格和外观的统一，从购买欲望形成到实施购买往往是经过多次分析、比较后才给出判断，随意性小。

(二)计划性强

中年消费群体大多是家庭消费的主要承担者,经济条件的限制使他们养成了勤俭持家、精打细算的消费习惯,消费支出计划性强,很少有计划外开支和即兴购买。

(三)注重传统

中年消费群体以稳重、老练、自尊和富有涵养的风度有别于其他群体。在消费方面,更多考虑他人的看法,维护自己的形象与众人保持一致。例如,中年男性选择服装时,宁可压抑自己个人爱好而随俗,也不愿意让别人感到自己花样翻新和不稳重。

五、老年群体的消费心理

随着世界人口老龄化趋势不断增强,老年人在社会总人口中所占的比例不断增加。截至 2021 年年末,全国 60 周岁及以上老年人口 26 736 万人,占总人口的 18.9%,全国 65 周岁及以上老年人口 20 056 万人,占总人口的 14.2%。按照国际标准,我国已经进入老龄化社会。老年群体在生理和心理上同青年消费者、中年消费者相比发生了明显的变化,其消费心理特征与其他人群不同。

(一)消费习惯稳定

老年群体消费者在长期生活实践中,形成了自身难以改变的生活、购物习惯,他们怀旧心理强烈,品牌忠诚度高,使得面向老年群体的商品市场相对稳定。老年群体消费观较为成熟,对消费新潮的反应显得较为迟钝,讲究实惠。

(二)追求实用性

老年消费群体收入有所下降,购买商品常常把商品的实用性放在第一位,强调质量可靠、方便实用、经济合理和舒适安全。至于品牌、款式、颜色和包装等考虑较少。

(三)追求便利性

老年消费群体生理机能下降,他们总希望购买场所交通方便、商品标价清晰、商品陈列位置适当,也要求商品能够易学易用,方便操作,减少体力和脑力的负担。

(四)需求结构变化

老年消费群体的需求结构发生了变化,对于衣着和饮食等基本生活需求持续减少,而在保健食品和医疗保健用品等方面的支出增加,满足个人嗜好和兴趣的商品支出有所增加。

(五)补偿性消费心理

部分老年消费群体在子女独立之后产生了较强的补偿性消费心理,在美容、衣着打扮、娱乐和旅游观光等方面,有着与青年人类似的消费兴趣,以补偿那些过去未能实现的消费愿望。

第三节 参照群体

一、参照群体的含义

参照群体是消费者认同的为其树立和提供认知、评价、标准的群体，是在消费者购买或进行消费决策时，用以作为规范、比较的群体。参照群体能够影响一个人的价值观念，并影响其对商品和服务的看法及其购买行为。

参照群体可以分为两类。一是个体所归属的成员群体，如家庭、同事和同学等群体。二是个体所倾慕和向往的榜样群体，也就是该个体没有参与但渴望归属的群体，如运动员明星、社会名流和成功的企业家等群体。很多时候，参照群体对消费者的影响是在人们有意识时发生的，但有时这种影响可能是在无意识中产生的。

二、参照群体的划分

参照群体有不同的划分标准，根据是否从属该参照群体，参照群体可以分为成员型参照群体和非成员型参照群体，见图8-1。

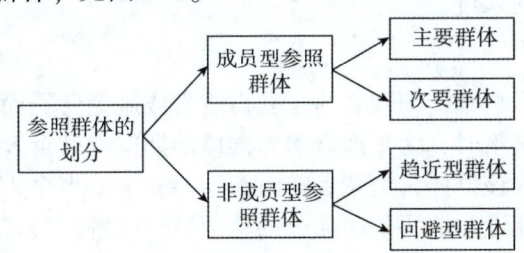

图8-1 参照群体的划分

（资料来源：孟亮. 消费者行为学[M]. 北京：清华大学出版社，2022.）

其中，成员型参照群体一般由我们认识的人组成，如同事、同学、朋友等。根据成员之间接触的紧密程度，又可分为主要群体和次要群体，主要群体是那些与消费者个体频繁接触的人，这类群体的规模往往不大且非正式，但是与消费者的联系十分紧密，对消费者的行为有着较大影响。次要群体指那些与消费者个体接触不多的群体，这类群体一般比较正式且规模较大，但是成员与成员、群体与成员之间交流较少，相互之间的影响自然也少，如协会成员、兴趣小组等。

非成员型参照群体是指与个体之间没有从属关系的群体，其典型代表是趋近型群体。例如，那些消费者个人没有交往但十分钦佩的人，包括知名运动员、著名作家等各行业精英。另一类非成员型参照群体是回避型群体。生活中，很多人想要成为趋近型群体中的一员，同时会极力避免成为回避型群体中的一员，例如，大家极力避免自己成为孤僻的人。

企业营销活动中，广告往往就是按照成员型参照群体和非成员型参照群体来分别制作，从而影响消费者。如果广告中的主角是生活中的普通人，这时广告商是在利用成员型参照群体对消费者施加影响。例如，大众在推出夏朗MPV车型时，主打全家出行的多功能场景，选择一个温馨的三口之家作为主角进行拍摄，容易让具有同样需求的家庭产生带入感。当然，很多企业愿意选择大明星作为品牌代言人，其明星光环会引发消费者的模仿行为，属于趋近型参照群体的成员，从而对大众消费者产生重要的影响。

三、参照群体的影响

 相关学习视频：参照群体的影响

对于消费者来说，参照群体会产生三个方面的影响，分别是信息性影响、规范性影响和价值表达性影响。

（一）信息性影响

参照群体的信息性影响是指当消费者面临不确定性时，会主动去寻求来自参照群体的信息以降低购买的不确定性和风险。例如，购买笔记本电脑时，首先会询问身边懂电子产品的家人或朋友，了解哪款性能更好。通过这些信息，消费者扩大了对产品和品牌的认知，决策能力也相应提高。这也可以解释为什么在牙膏和牙刷广告中，品牌方常常会安排医生、研究人员等角色出境，而运动品牌都会邀请运动员代言，这些专业人士无疑是最容易成为消费者参照群体的人群。

（二）规范性影响

参照群体的规范性影响是指消费者为了获得赞赏或避免惩罚而满足群体的期望。很多时候消费者在做出购买决策时，为了迎合参照群体的期望，其个人偏好可能会受到参照群体偏好的影响，为了融入该群体，消费者有时甚至会完全放弃个人偏好。例如，为了得到同事的赞同，消费者可能专门购买某个品牌的葡萄酒，或者因为害怕同事嘲笑而不敢穿自己心仪的服饰。

（三）价值表达性影响

价值表达性影响也称为认同性影响，这类影响的产生以消费者个体对参照群体价值观和参照群体规范的内化为前提。认同参照群体的价值观或规范后，个体无须任何外在奖励就会依据参照群体观念与规范行事，此时，参照群体的价值观实际上已经成为个体的价值观。

四、参照群体的相关理论

（一）模仿行为

模仿是一种普遍存在的社会心理和行为现象。正如《乌合之众》一书中写道："人类就像动物一样有着模仿的天性。模仿对人类来说是必然的，因为模仿总是一件很容易的事情。正是因为这种必然性，才使所谓时尚的力量如此强大。"日常消费中，消费者能够模仿的活动极其广泛，从着装、发型、家具到饮食习惯，都可能成为消费者模仿的对象，例如，对名人、明星装束打扮的模仿。总体来看，消费者的模仿行为呈现以下特点。

第一，热衷于模仿的消费者兴趣广泛，注意力易分散。这类人群大多对新事物反应敏感，接受能力强，喜欢追随消费潮流和时尚，经常被别人的生活方式吸引，并力求按照他

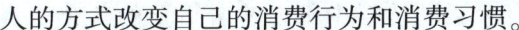

人的方式改变自己的消费行为和消费习惯。

第二，模仿是消费者理性思考与感性冲动共同作用的结果。那些自我概念清晰、目的明确的消费者，选择模仿对象时比较慎重。相反，那些消费观念模糊、缺乏明确目标的消费者，更容易出现盲目跟风的模仿消费行为。

第三，模仿行为具有普遍性。在消费领域，一切活动都可以成为模仿的内容，只要是消费者羡慕、向往、感兴趣的他人行为，无论流行与否，都可以加以模仿。

第四，引起模仿的心理冲动是消费者自愿选择的结果。在模仿中，消费者将他人的行为视为榜样，主动努力加以模仿，而不是受到社会或群体的命令强制发生。

(二) 从众行为

从众行为是个体在群体规范和群体压力作用下，在知觉、判断、信仰以及行为上表现出与群体中多数人一致的行为倾向。与模仿相似，从众也是在社会生活中普遍存在的一种社会心理和行为现象。人们为什么会从众？按照社会心理学的解释，个体往往认为众人提供的信息更加全面可靠。从众行为具有以下共同特征。

第一，从众行为往往是被动接受的过程。很多情况下，消费者为了避免因行为特殊引起群体压力和心理不安而被迫选择从众。例如，如果一个班级的大部分同学都拥有某件商品，则少数没有购买该商品的学生可能被迫购买。此时，消费者个体会产生复杂的心理感受。

第二，从众行为涉及的范围有限。事实上，消费者行为的表现形式多种多样、各不相同，让大多数消费者保持一致性消费行为是不可能的，因此，从众行为不可能在所有的消费活动中呈现，它的发生往往需要一定的客观环境和诱因刺激，如舆论误导、小道消息蔓延、重大突发事件冲击等。例如，2003 年，"非典"时期，非典型肺炎与缺"碘"有关的谣言四起，市民抢购加碘盐。2011 年 3 月，日本地震核泄漏、核辐射引起的谣"盐"风波，使全民抢盐，尤其是武汉市民郭先生因抢购 13 000 斤盐被戏称为"抢盐帝"。

第三，从众消费发生的规模较大。从众现象通常从少数人的模仿、追随开始，最终扩展成为多数人的共同行为。多数人共同行动后，又刺激和推动了更大范围更多消费者做出相同或相似的消费行为，从而形成更大规模的流行浪潮。

第四节　意见领袖

一、意见领袖的含义

意见领袖(Key Opinion Leader，KOL)的概念最早出现在信息传播学领域。信息传播学领域的学者认为，意见领袖一定是某领域的信息高度爱好者和整理者，他们在兴趣爱好驱使下专注于收集和整理某个领袖的信息，并进一步将信息内化为自身的经验。由于这些信息是经过意见领袖耗费大量时间整理的，当整理后的信息传播时，消费者便会不自觉产生认同感和信任感。

相比于广告、报纸、杂志等信息来源，消费者更倾向于相信意见领袖。大量研究证明，意见领袖的观点输出能够刺激消费者购买。尤其 21 世纪以来，互联网技术的飞速发展，加速了网络意见领袖的产生，其在网络信息、话题传播中都扮演着重要的角色。例如，2019年6月，小米创始人雷军入驻小红书，正式成为一名意见领袖。入驻不到一周，雷军发表了超过20篇笔记，被网友戏称为小米的"宣传委员"，这位有趣的意见领袖无疑增加了消费者对小米的关注度。

日常生活中，有两类最容易被忽视的意见领袖。第一类是市场行家，他们热衷于搜集大量最新的市场信息，并且和周围的人进行分享。市场行家总是对新上市的产品了如指掌，可能发展成为专门的职业，如美食鉴赏家、美妆博主等。第二类是代理消费者，他们为消费者决策提供信息，有时候他们甚至会代替消费者做出决策，如室内设计师、股票经理人、职业买手等。

二、意见领袖的识别

意见领袖通常是一个特定领域的专家，使得他们分享的信息、观点能够让大多数人信服，并且专家的身份使得他们必须保持公正，因为这关系到他们的可信度与商业变现能力。识别最具影响力的意见领袖对企业营销活动至关重要。

首先，成功的意见领袖应当在社交方面非常活跃，与消费者互动频繁，在线上或者线下具有重要的社交影响力。同时，意见领袖还应对消费者具有吸引力，并具有亲和力。例如，网红主播李某凭借多年从事美妆行业的专业知识，详细地为不同需求的消费者进行分析和讲解，结合不同消费者的皮肤状况、年龄层次、预算等因素，教消费者应该选择包含哪种成分、购买哪种价位的产品。专业性兼具真诚、耐心和亲和力，使得他成为十分受欢迎的意见领袖。

其次，成功的意见领袖往往与普通消费者处于相同的社会阶层，但在社会地位和受教育程度方面却又比普通的消费者略高。例如，短视频平台中教授如何拍摄与推广视频、如何撰写推广文案的培训课程大受欢迎，"草根"阶层（零起点的创业者）的网红如雨后春笋般竞相涌现。

最后，意见领袖需要勇于承担风险，敢于率先尝试新产品，因为他们的使用体验会给普通消费者，尤其是那些偏保守的消费者，提供宝贵的经验作为参考。

现如今，网络意见领袖的识别并非难事，各类平台可以轻松获得意见领袖的曝光度、转化率等一系列能够证明意见领袖影响力的数据，从而识别和筛选最具影响力的意见领袖为品牌和产品发声。

 拓展阅读

粉丝经济：新媒体环境下经济增长活力

随着数字中国战略有力地快速推进，我国大数据、人工智能、区块链、5G等技术发展成效显著，以技术驱动为核心支撑的新媒体发展不断走向高阶，新媒体对社会生产生活等各个领域的介入程度不断加深，影响日益深刻。目前，各类新媒体应用不断在产品、内容、渠道等环节发力深耕，致力于为用户提供更为精准、良好的体验。新媒体的快速发展为粉丝经济发展提供了有效助力。整体来看，新媒体环境下的粉丝经济向上向好发展，呈现出较旺盛的增长活力。

第八章　消费群体与消费心理

首先，粉丝经济运作模式丰富多元。最初的粉丝经济主要是指某一人群因爱好而消费，这种消费更多的是以情感纽带为联结基础，其在满足个体情感需求的同时，也为社会创造了一定的经济利益。以网络为载体的内容、形态、方式、方法等愈发多元，直接或间接促进了粉丝经济运营模式的多元化，如明星经济模式、网红经济模式、IP 经济模式、社群经济模式等。

其次，粉丝经济产品生态日益完善。新媒体环境下，信息传播格局与生态不断重塑，信息形态、传播方式等都更为多元，这些都为粉丝经济自我优化提供了良好契机，加上以微博、抖音等为代表的新媒体应用有效放大了社会成员的个体价值，促使其在产品体系建设方面以粉丝需求为重要参考。

最后，粉丝经济整体发展势头强劲。2018 年被称为是流量明星、"网红"以及粉丝经济爆炸式增长元年。2019 年上半年，虽然质疑声不断，但是粉丝经济整体发展态势依旧保持向上，凸显出粉丝经济强劲的发展势头与增长活力。与此同时，随着我国经济社会发展水平不断提高，人们对美好生活的向往与期待更加强烈，加上当前我国处于全面深化改革的关键时期，消费升级、需求驱动以及行业变革共同为粉丝经济的发展注入充足动力。

长期以来，粉丝经济发展过程中一直存在着一些不良的问题和现象，如流量、收视率、票房等数据造假，文娱产业市场环境一度处于亚健康状态，亟须加以管理和完善。受技术驱动影响，当前新媒体发展正日趋智能化、规范化，作为粉丝经济的重要依托平台，新媒体将为粉丝经济的规范化发展提供平台保障。例如，综合运用大数据、人工智能、云计算、区块链等技术，一方面能够准确把握粉丝的各自偏好，从而为精准个性化营销提供参考；另一方面，可以有效监测流量、票房等数据以及粉丝社群舆情，从而确保粉丝经济整体生态健康向上，及时掌握并有效应对行业内的不良现象，为粉丝经济营造良好的发展环境。

（资料来源：人民网；https://baijiahao.baidu.com/s?id=1642247079938603269&wfr=spider&for=pc）

思考题

1. 消费者群体的细分变量有哪些？
2. 请分别论述不同年龄阶段消费者群体的心理与行为特征。
3. 请分析群体规范和群体压力对消费行为的影响？
4. 请分析模仿行为和从众行为的营销启示。
5. 请结合自身偏好，分析意见领袖对购物决策的影响过程。

第九章　产品与消费心理

学习目标

1. 掌握产品名称的心理功能与命名方法。
2. 掌握品牌设计的心理策略。
3. 了解产品包装设计的心理策略。
4. 了解消费者的价格心理。

导入案例

长城汽车百万销量背后的四大转变

2018年是中国车市新时代的开始，行业在变，技术在变，用户在变，营销方式也在变。所谓的车市寒冬考验的是车企对于全新形势的应对，更考验的是车企从经营产品到经营用户的能力。

过去，对于长城汽车，也许更多人的印象仍然是一个专注于SUV（Sport Utility Vehicle，运动型多用途汽车）市场的车企。但是，从2018年开始，在乘用车市场中，长城汽车2018年销售915 039辆，排名国内乘用车企第7名。如果计入已经连续21年国内皮卡市场销量冠军的长城皮卡，长城汽车2018年总销量达到1 053 039辆，连续三年销量突破百万。

当一家车企突破年销售百万辆以上的规模后，大多会遭遇极强的再向上阻力。因此，在行业变局中，在更快速的前进与更稳健的前进中，长城汽车坚定地选择了后者。这意味着在近几年里，长城汽车都会将对自身体系能力的建设摆在靠前的位置。从2018年开始，我们从长城汽车的四大转变中已经可以看到这样的趋势。

转变一：从单一爆款车型到全面产品矩阵

提到长城就不能不提哈弗H6这款"国民神车"，无疑哈弗H6是长城汽车最重要的元素之一，但早已不是长城汽车的全部。2018年，长城汽车销量中哈弗H6的份额同比下降近4个百分点，对于单一爆款车型的依赖程度进一步降低。

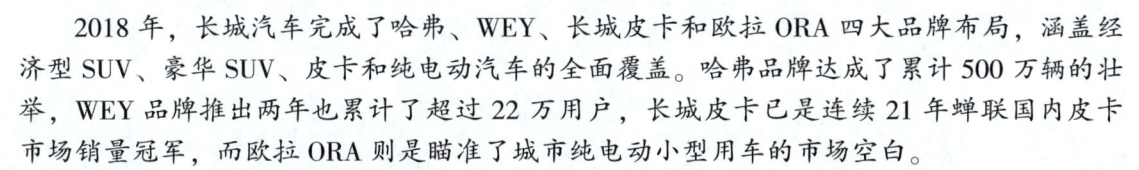

2018年，长城汽车完成了哈弗、WEY、长城皮卡和欧拉ORA四大品牌布局，涵盖经济型SUV、豪华SUV、皮卡和纯电动汽车的全面覆盖。哈弗品牌达成了累计500万辆的壮举，WEY品牌推出两年也累计了超过22万用户，长城皮卡已是连续21年蝉联国内皮卡市场销量冠军，而欧拉ORA则是瞄准了城市纯电动小型用车的市场空白。

转变二：从产品导向到品牌力初现

中国汽车品牌往往是从有性价比的产品做起，达到吸引消费者的目的。但是当性价比不再是长城汽车的唯一标签时，当产品逐步获得更多消费者的认可时，长城汽车也开始在自主车企中率先建立自己的品牌力，并以品牌力的增强反哺销量的提升。

当长城汽车要跳出产品同质化、依靠性价比的圈子时，品牌的重要性会被迅速放大，过去的苹果、如今的华为都是例证。当提到国民SUV，消费者立刻会想起哈弗；提到中国豪华SUV，WEY也会浮现在脑海中——这就是品牌的力量。从产品导向到品牌导向，这是头部自主品牌上升过程的必经之路。

转变三：从经营产品到经营用户

汽车存量市场是一场争夺用户的战争，车市零增长时代更是以用户口碑定输赢，汽车行业的"用户思维"从没有像在今天显得这般重要。过去，人们对长城汽车的车型更为熟知，相反，对于其在用户与营销层面的举措却知之甚少。但是一直以来，长城汽车都是自主车企中用户满意的佼佼者，在2018年CACSI（中国汽车行业用户满意度指数）测评中，哈弗及WEY品牌获得六项第一，长城汽车也是中国流通协会认定的售后服务最优服务环境体验品牌。在长城已有的车主中，这些都会被口口相传，也会吸引更多的潜在用户成为长城的新车主。如果经营产品是长城汽车的根基，经营用户就是长城汽车持久强劲的生命力。

转变四：从国内领先到进军全球

自主品牌向上发展，总有一天要走出国门，成为全球化的一分子。在2018年，长城汽车在全球化方面既展现出了自信，更展现出了担当。

自信的是长城已经有了全球的研发体系，除了国内的保定与上海，还在美国、德国、日本、印度、奥地利、韩国等建立了包括智能驾驶、智能网联、新能源、造型等八个研发中心和技术孵化实验室。未来5年长城汽车在全球的研发投入将超过300亿元。同时，中国车企中的首个国外全工艺工厂——长城俄罗斯图拉工厂也开始建设，成为长城汽车未来辐射欧洲市场的"桥头堡"。与宝马的"民营车企第一合资"，更是中国车企新合资时代的典范。

车市寒冬中，长城汽车的眼光不是停留在销量之上，而是用四大转变清晰地描绘了面对未来趋势的发展思路。这家略显执着的车企，从成立伊始从来都不缺少面对困难的韧性，发展多年后如今更是又添加了领军者的风范与全球化的视野。在变革的时代中，不被风吹草动干扰，而是一直在做对的事情，做能持续造血与增强生命力的事情，这是长城汽车在2018年带给市场的启示。这份坚持与专注，值得我们尊敬。

（资料来源：有价网；https://www.yoojia.com/article/9603252870533633865.html）

请思考： 长城汽车全新的产品矩阵迎合了消费者的哪些心理？

第一节 产品名称与消费心理

一、产品名称及其心理功能

(一) 产品名称的含义

从消费者心理学角度来看,由于产品名称概括地反映、描述了商品的某些特点,如性能、用途、成分、形状等,品种繁多的商品具有了一个独特色彩的称号,它能代表具体的商品并起到信号提示的作用,刺激消费者的知觉而作用于条件反射系统,具有给消费者的心理活动带来认识和记忆商品的功能。因此,企业在生产产品的同时,必须考虑给不同品质的产品起一个能吸引消费者的名称。一个合适的名称会帮助企业在竞争中确立市场优势,为企业带来长期利益。

(二) 产品名称的心理功能

商品的命名方法虽多种多样,但基本的心理功能主要有以下三个方面。

1. 认知商品

通过用简洁凝练的文字高度概括,告知消费者商品的称谓、用途和特点。消费者即使没有看到商品实体,也可以通过名称感知到商品。然而,互联网时代,App产品的命名与传统行业的产品命名有很大的不同,但依然要突出功能描述与概括。例如,阿里巴巴集团旗下的很多App都使用动物名称进行命名。

2. 便于记忆

言简意赅、易读易懂的产品名称,会在消费者头脑中留下深刻的印象。产品名称的长短会直接影响名称的传播范围和程度,在同样的信息传递条件下,产品名称的文字越简短、笔画越少,则越占优势。根据人们的记忆规律,产品命名最好在五个字以内,太长容易导致人们记忆困难及印象模糊。例如,人们熟悉的药品阿司匹林,它还有另外一个晦涩难懂的化学名称叫乙酰水杨酸,而这是大众所不熟悉的。

3. 诱发情感

产品名称如能具有某种情绪色彩和特殊意义,符合消费者某方面的心理需要,就会得到消费者的信任和偏爱,如"活力运动鞋""情侣衫"等。另外,由于消费者的文化背景多种多样,产品命名若有不慎,将引起消极情感或不被消费者理解。

二、产品命名的方法

产品命名牵涉美学、语言学、心理学、民俗学等诸多领域,根据行业特点不同,可以采用多种不同的产品命名方法。

1. 效用命名法

根据商品具体效用进行产品命名,使用这种方法能直接反映商品的主要效用性能,帮助消费者迅速了解商品。例如,药品、护肤品、食品等品类经常采用这种命名方法,如江中牌健胃消食片、999感冒灵颗粒等。

2. 成分命名法

这种方法的主要特点是突出了商品的主要成分及材料，可以有效地吸引消费者，便于消费者根据自己的情况，选择自己实际所需要的商品。例如，酸菜牛肉面、冰糖雪梨、大宝SOD蜜等。

3. 产地命名法

这种方法常用于颇具名气或特色的地方性名优产品命名，以突出该商品的地方风情、区域特点而使其独具魅力，符合消费者求名、求特、求新的心理，可以增加商品的名贵感和知名度，如五常大米、北京烤鸭、西湖龙井茶等。

4. 人名命名法

这种方法是利用历史人物、创造者的名字给产品命名的方法。这种命名方法可以给消费者一种商品历史悠久、工艺优良、正宗独特、质量上乘等印象，诱发消费者购买商品的积极态度，如张小泉剪刀、朱养心膏药、胡庆余堂等。

5. 形象命名法

这种方法具有形象化的特点，突出商品的优美造型和色彩，引起消费者的注意和兴趣，迎合消费者爱美的心理要求，如宝塔糖、碧螺春、花脸雪糕等。

6. 外文译音命名法

这种方法常被用在进口商品的命名上，既可以克服某些外语翻译上的困难，又能适应消费者求新、求奇、求异等心理要求，如可口可乐（Coca Cola）、雀巢咖啡（Nescafe）、嘉年华（Carnival）等都是模仿外文商标的发音汉译后形成的产品。

第二节　品牌与消费心理

一、品牌的含义

 相关学习视频：品牌的含义

"品牌"一词源于古挪威语"Brandr"，意思是"打上烙印"。《英汉大词典》中"Brand"一词有两个意思，一是指商标或商品的牌子，二是指牲畜、奴隶身上标明所属的烙印。科特勒认为，品牌是一种名称、术语、标记、符号或设计，或者它们的组合运用，目的是使之同竞争对手的产品或服务区别开来。市场营销学者们一致认为，品牌是消费者心目中的一组无形资产。因此，品牌是一个以消费者为中心的概念，品牌不仅存在于工厂或营销部门，而且存在于消费者心中。一个品牌创立之初，它属于制造商或服务提供商，而品牌建设的转折点是占据消费者的心理空间。

二、品牌的心理功能

（一）品牌的心理作用基础

很多时候，消费者购买商品不单单是为了取得商品的使用价值，而是同时要求获得心理上的满足，而这种心理层面的需求是通过品牌消费来实现的。因此，品牌的心理作用基础表现在象征意义、情感意义和品牌文化三个方面。

1. 象征意义

在消费者心目中，品牌所代表的是与特定形象、身份、品味相联系的意义和内涵，不仅是一种符号、图形，更是一种精神、意义的载体。同时，品牌象征意义是品牌赋予消费者表达自我的一种手段。消费者通过购买和使用商品，向外界表达自我、证明自我的价值。

2. 情感意义

情感是与人的社会性需要和意识紧密联系的内心体验，具有较强的稳定性和深刻性。品牌的情感意义来源于消费者的情感需要，它巧妙地构建了一种生活格调、文化氛围和精神世界，引导人们通过移情作用，在商品的消费中找到自我、获得慰藉、引发心理共鸣。

3. 文化意义

品牌具有一定的文化特质，是企业经营观、价值观、审美观等观念形态的结晶，并综合了品牌经营活动中的一切文化现象，以及它们所代表的利益认知、情感属性和个性形象等。例如，运动品牌李宁提出"把精彩留给自己"的主张，传播了一种热爱生活的文化意义。

（二）品牌的心理功能

成功品牌的一个重要特征是始终如一地将品牌的功能与消费者心理需求结合起来。

1. 识别功能

由于品牌与产品的一体化，并且不同品牌之间具有差异化，品牌成为消费者识别和区别产品的线索。品牌内涵集中了商品属性、价值、个性、文化等内容，消费者可以建立品牌与产品的直接对应关系，快速、有效地识别不同企业的产品。

2. 形象功能

品牌通常通过电视广告、短视频广告、广播等各种媒介进行传播，并给消费者留下深刻的印象，在消费者心中形成良好的印象，有些"品牌忠实性"消费者坚持数年甚至终生使用某一品牌的商品，动摇这种习惯或改变对商品的印象非常不易。反之，若在消费者记忆中留下恶劣印象，也是很难转变的。因此，企业必须注意品牌与商品的名实相符。

3. 促销功能

品牌是企业和消费者之间交流沟通的桥梁，消费者容易形成品牌偏好、相信品牌、忠实品牌等"认牌购货"的消费行为。例如，美国"堪农毛巾"公司与百货公司合作，将一部分品质完全相同的毛巾加上"堪农"品牌，另一部分则未冠上品牌，在这种情况下进行对比销售。第一阶段双方的价格完全相同，发现"堪农"品牌的销售量是没有品牌标识产品的三倍。第二阶段将"堪农"的价格提高4美分，则销售量是没有品牌标识产品的两倍。第三阶

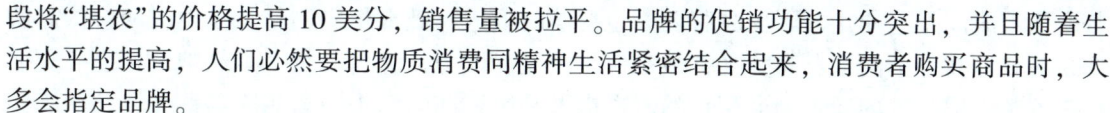

段将"堪农"的价格提高10美分,销售量被拉平。品牌的促销功能十分突出,并且随着生活水平的提高,人们必然要把物质消费同精神生活紧密结合起来,消费者购买商品时,大多会指定品牌。

4. 监督质量功能

品牌和商标是商品生产和销售合法化的证明,尤其是商标一旦注册登记,便立即获得使用专利,受到法律保护,任何人不得假冒仿造使用。为了维护其品牌的信誉,企业往往不敢随意地以次充好、降低质量。为了保持品牌的声誉,或者创造名牌产品,企业需要长期努力提高产品质量。而消费者还可以根据品牌、商标监督某种商品的质量,发现不符合质量标准的商品可以向相关部门举报。

三、品牌设计的心理策略

品牌是企业向消费者传播产品信息的关键,品牌设计要遵循可记忆性、可观赏性、可转换性、可适应性等策略,并注重在品牌发展的不同阶段进行策略转换。

(一)可记忆性

可记忆性是指品牌要素要在消费者头脑中很容易被识别和被回忆或被提取。根据认知心理学的观点,注意产生于记忆之前。因此,一种品牌要素具备可记忆性的前提是它能够引起消费者的注意。哪些特征更能引起消费者的注意呢?一般而言,越独特、越与众不同的特征越易引起注意、越能增加记忆。例如,美国20世纪50年代的汽车大多都造型庞大、豪华,而同期的甲壳虫汽车因其小巧别致而风靡全球。

(二)可观赏性

可观赏性主要表现在对消费者视觉、听觉等方面的吸引力,以及形象丰富、富有乐趣。对消费者感官的吸引力可以在设计品牌元素时通过风格和主题来体现,同时风格和主题必须一致才能传达品牌形象。例如,中国南方航空公司的标志是一个深蓝色的实心圆圈,圆圈外围是暗黄色的实线,其中深蓝色代表着蓝天,暗黄色的实线则代表着飞机在蓝天中飞行很安全,不会飞出暗黄色的界限。同时在圆圈的中央镶嵌着一朵鲜红色的木棉花,说明南方航空公司总部在广州(因为木棉花是广州市的市花)。这一标志将南方航空公司的风格和主题很好地结合在一起。

(三)可转换性

可转换性首先体现在品牌要素是否有助于品牌延伸。一般而言,品牌要素越宽泛,越不包含具体的品类和属性信息,就越容易在跨品类间进行转换。可转换性还表明品牌要素能够在不同地区和文化间传播时不会引起歧义或误解。国际品牌在全球营销时,尤其要注意品牌在特定地区,其品牌要素是否遇到文化障碍,是否在当地被误解或引起歧义。例如,小米作为面向年轻人的科技品牌,坚持"不顾一切的热爱"的品牌理念,与全球年轻人站在一起。

(四)可适应性

可适应性指的是品牌要素更新的难易程度。由于竞争环境、消费者价值观和生活方式等会随着时间发生变化，因此品牌要素也要与时俱进，做出相应调整。在更改相应的品牌要素时要注意一个问题：品牌名称最难发生改变，因为品牌名称是一个品牌的精髓，更名代表着整个旧品牌的逝去、老用户的流逝以及品牌资产的消失。与品牌名称相比，品牌标识、形象代表、口号和广告语等的更改则较为容易。例如，肯德基自1952年创立至今，品牌标识经历了多次更改，但每次更改都延续了其品牌创始人哈兰·山德士上校的头像，这个头像传递着肯德基品牌的家乡风味和烹调传统的内涵。

第三节　产品包装与消费心理

一、产品包装的类型

产品包装是商品生产的继续，凡需要包装的商品，只有通过包装，才算完成生产过程，商品才能进入流通领域和消费领域，才能实现商品的使用价值和价值。这是因为，包装是保护商品在流通过程中质量完好和数量完整的重要措施。有些商品甚至根本离不开包装，商品与包装成为不可分割的统一体。经过适当包装的商品，不仅便于运输、存储、保管、陈列和携带，而且不易丢失，为各方面提供了便利。

根据包装在流通过程中所起作用的不同，可分为运输包装和销售包装。前者的主要作用在于保护商品和防止出现货损货差；后者除了起保护商品的作用外，还具有促销的功能。

运输包装又称外包装，主要是要保证产品的运输，因此运输包装必须适应商品的特性，适应各种不同运输方式的要求，要考虑有关国家的法律规定和客户的要求，要便于各环节有关人员进行操作，要在保证包装牢固的前提下节省费用。

销售包装又称内包装，它是直接接触商品并随商品进入零售网点和消费者直接见面的包装。这类包装除必须具有保护商品的功能外，更应具有促销的功能。因此，对销售包装的造型结构、装潢画面和文字说明等方面，都有较高的要求。

二、产品包装的心理功能

美国最大的化学工业公司杜邦公司的一项调查表明，63%的消费者是根据商品的包装来选购商品的，这一发现就是著名的"杜邦定律"。在商品全球化的今天，超市、商场林立，销售渠道繁多，商品销售竞争日益激烈，而出色的产品包装是刺激消费购买的重要因素。包装技术已发展成为专门的科学，而包装也成为一个独立的工种和行业。产品包装的心理功能归纳起来有以下三个方面。

（一）唤起兴趣

在琳琅满目的商品世界里，只有那些具有艺术感、时代感、造型新颖、色彩强烈的产品包装，才能吸引消费者的视觉感官，唤起浓厚兴趣。同时，具有艺术魅力的产品包装，不断起到美化商品，乃至美化人们生活环境的作用。充分应用"情感设计""仿生设计""回归自然""绿色设计"等手段，满足消费者对情感、精神、智力、心理的需求，激发购买动机。例如，有些酒类、茶叶包装，已从以前单一的实用、识别功能，转向为陈列、收藏、美化环境的多用功能。

(二)传递信息

在商品的包装中，无论是文字还是图形都是协助和指导消费者选购的理想媒介，能较好反映商品品质、企业实力、商品构成成分、使用方法等信息，能及时地帮助消费者了解商品、认识商品，使生产厂家、设计师、消费者产生互动关系，信息的传递促进了消费者对商品从陌生到认识过程的转换。

(三)增强信任

产品包装上有关厂牌、商标、说明等方面的宣传，赋予商品鲜明的特征，使之成为一种有效的广告宣传。特别是一些知名品牌商品，其市场的可信度，是其他商品无法相比的。一种经久畅销的商品，除产品的质量可信外，其外包装的颜色、式样、商标等在长期的市场检验中培养出来，能给消费者留下良好的印象和信任，也已成为除产品本身之外的附加值。

三、包装设计策略

心理学家认为，消费者购买的商品80%是当场决定的，其中包装起着重要的作用。在商品的包装设计中，通常要研究四大问题或称为包装设计的四大要素，即色彩、形状、字号和商标。

在这四大要素中，形状不易改变，为了方便运输，包装都有一定的标准尺寸。设计人员面临的主要问题是如何在包装装潢上做文章。字号和字形能加强文字所表达的意思，强化商品信号。色彩的运用应注意与商品匹配，如红色表示暖，蓝色表示冷，黑色有一种神秘之感，如机动产品多使用朱红、黑色和深蓝色等色调。商标在包装设计中起主要作用，好的商标设计在包装上不应随意改动，如可口可乐的商标已有100年没有动过。包装设计者应在大量的市场调查的基础上，针对各种不同的购买者和使用人群的职业、年龄、习惯特点确定包装策略，使产品包装的各种心理功能得到更好的发挥。

(一)按照消费习惯设计

不同的消费者由于长期生活经验的积累，传统观念的沿袭，生理特点的适应等原因，形成了稳定的消费习惯，有些甚至是根深蒂固的。按不同消费者的消费习惯，设计产品包装，以满足这一部分消费者的需要。例如，分量包装，它往往能适应不同消费者的消费习惯或生理特点，给消费者带来方便的人性化包装，使消费者从少量消费到建立信心后再大量消费。还可以进行配套包装，即将种类不同的数件商品组合成为一件大的包装，如酒类包装配以酒杯用具，食品则配以餐具。还有就是系列包装，是指同一个企业、同一个商标和品牌的商品，其产品型号种类不同，用一种图案、色彩、字体等标识相近的统一包装，该类包装在货架陈列中，视觉效果强烈、印象深刻、便于认识和记忆。

(二)按照消费水平设计

消费者由于个人收入、家庭经济状况及生活习惯的不同，会对产品包装提出不同的要求。有的追求高贵、华丽，有的喜欢古朴、典雅，有的注重外在包装、造型，有的注重内在实物、质量。针对不同的消费水平，制订包装设计定位。例如，按照商品高中低档次，选择包装材料、包装结构、包装工艺，满足不同层次消费者的分级包装。针对少数、稀有贵重商品，选择特殊包装。针对复购率高、用途多样、能重复回收使用的需求，使用陶罐、玻璃容器、铁盒、竹筒等作为包装。针对消费者经济实惠、便利、卫生的偏好要求，使用成本低廉、构造简易的简便包装。

(三) 按照消费者特征设计

消费者由于性别、年龄、成长经历等个体特征的不同，在生理和心理上都存在差异，因而对产品包装的观念也存在一定的区别。针对这些差异，产品包装要注意突出目标用户的性别、年龄特征，从而便于不同特征的消费者感知、解读和接受产品意义。例如，儿童对鲜艳的色彩较为敏感，儿童产品包装设计可以采用鲜亮活泼的色彩，色彩搭配符合产品的生理和心理感受，增加包装的趣味性。

总之，成功的包装设计，除了要掌握技术知识之外，研究包装心理，能够使商品的包装更具有吸引力。

第四节 新产品与消费心理

一、新产品的含义和分类

(一) 新产品的概念

新产品的概念是从整体产品的角度来理解的。在整体产品中，只要对一个产品层次进行创新和变革，使产品有了新的结构、新的功能、新的品种，增加了新的服务，从而给消费者带来新的效用和利益，与原产品产生了差异，即视为新产品。需要注意的是，只改变产品外观而不改变性能的产品，不能称为新产品。在产品生命周期中，新产品一般处于导入期和成长期。

(二) 新产品的分类

通常可以按照新产品与旧产品的差异程度将其分为以下三类。

1. 全新产品

全新产品，指运用新技术或为满足消费者某种新的需要而发明的产品或者在功能相近的同类产品中产生了实质性变化的产品。全新产品无论从设计原理、工艺结构、性能特征及外观造型上都与原有产品完全不同。这类新产品的问世和使用一般会引起消费者消费方式和心理需求的变化，需要消费者改变过去的使用习惯和消费方式，创立全新的消费行为。

2. 革新产品

革新产品，指在原有产品的基础上，采用新技术或新材料，使产品性能有了重大突破，或将原来的单一性能发展成为多种性能及用途的产品。例如，洗衣机从半自动过渡到全自动控制，性能有了大幅提升。这类新产品要求消费者在使用过程中部分地改变已经形成的消费行为和习惯，因而对消费者心理影响较大。

3. 改良产品

改良产品，指在原有产品的基础上进行某些改进，仅发生次要或微小的变化，因而对已经形成的消费者购买心理与行为习惯影响很小。这类产品的特点是在原产品基本用途不变的情况下，增加某些性能或改进外观造型，使产品结构更加合理。消费者在接受这类新产品时，基本上沿用类似旧产品的消费行为，需要新学习的消费方式只占很少一部分。

二、新产品开发与设计的心理策略

随着消费者生活水平和全民文化素养的提高，其心理欲求在购买行为中所占的地位越来越重要。消费者是否购买某一新产品，常常取决于新产品能否满足其心理欲求。

（一）体现个性威望

具有个性特色的产品，在某种程度上能够提高消费者的社会威望和表现其个人成就，如高档手表、名牌服装、高级轿车等。为此，在设计这类产品时，要考虑选用上乘或贵重的材料，款式要豪华精美，要保证一流的工艺和质量。同时，对这类产品的产量要严格控制，价格要昂贵。

（二）满足自我实现

购买装饰品、美容用品、学习用品以及购买有助于提高某方面技能的专门用品时，人们会刻意寻找和要求有助于增强自尊、社会尊重和自我价值实现的商品。在设计这类产品时，应以美观协调、高雅庄重、特色鲜明、功能突出为原则。

（三）满足情感诉求

随着生活节奏的加快，消费者在强调产品实用性的同时，越来越注重情感消费，希望通过消费活动获得某种情绪感受，满足特定的感情需要。例如，年轻消费者表达友情、亲情，寄托希望、向往，追求自然、回归的情感诉求愈加明显，针对这些年轻消费者的产品，可以通过新颖、别致的造型来传递情感诉求，突出新、奇、美、趣、雅等特点。

第五节　价格与消费心理

一、价格的功能

从狭义上来看，价格是企业为产品或服务收取的货币总额。从广义来看，价格是消费者为获得、拥有、使用某种产品或服务而支付的价值。在消费活动中，价格是影响消费者决策的重要因素，企业必须明确消费者对价格的心理反应，才能制订科学合理的价格策略。对消费者而言，产品价格承载了以下三个方面的心理功能。

（一）价值认知功能

由于存在信息不对称，消费者在选购商品时，总是自觉或不自觉地把价格作为衡量商品价值大小的重要尺度。消费者认为价格高，则意味着商品的质量好，性能强；价格低，则说明商品的质量差，性能弱。这种心理认识与成本定价法和价格构成理论相一致。所谓"一分钱一分货""好货不便宜，便宜没好货"，便是这种价值认知功能的体现。所以，过低的产品价格不一定能促进消费者购买，相反可能会使人们产生对商品品质、性能的怀疑。较高的价格，可以使消费者对商品品质、性能有"放心感"。打折促销的价格会使消费者产生物有所值，甚至物超所值的感觉。

(二) 自我意识比拟

自我意识是个人对自己心理、行为和身体特征的了解、认识，表现为认识自己和对待自己的统一。消费者在购买商品时，除了进行价值衡量外，往往还通过联想与想象，把价格与个人的愿望、情感、气质、价值观、生活态度等联系起来，通过这种比拟来满足心理上的欲望或要求。所以，商品价格的自我意识比拟是价格人格化的心理意识，这种自我意识比拟的心理机制往往因人而异，千差万别，但都能反映价格的社会价值。

(三) 消费需求调节

价格高低对消费需求有调节作用。经济学的需求定理表明，在非价格因素等其他因素不变的条件下，价格与消费需求量呈反向变动关系，即当价格上涨时，消费需求量减少；当价格下跌时，消费需求量增加。但在市场经济中，价格对需求的影响，还受消费者追涨杀跌等的心理因素的制约。如当价格上涨时，有时会产生紧张心理，担心价格继续上涨，反而刺激消费者出现大量购买行为；当价格下降时，消费者会产生期待价格进一步下跌的心理，出现持币待购的现象。

二、消费者的价格心理

(一) 习惯性心理

这种心理是由于消费者长期、多次购买某些商品，通过对商品价格的反复感知而逐步形成的。这种心理一旦形成，就会对消费者的购买行为产生直接的影响。对于那些经常购买的日用商品，由于长期购买特别容易形成这种心理。如果价格有所改变，消费者就会立刻察觉并感到不适应。

(二) 敏感性心理

敏感性心理是指消费者对价格变动的反应速度。这种敏感性既有一定的客观标准，又与消费者在长期购买实践中形成的心理价格尺度相关，具有一定主观性。一般而言，与消费者日常生活密切联系的商品，特别是需求弹性系数小的商品，消费者的敏感性就高，如肉类、蔬菜、鸡蛋、牛奶等。而需求弹性系数较大的商品，如钢琴、出国旅游、高档家具等，消费者并不存在敏感性心理。

(三) 倾向性心理

倾向性心理是指消费者在购买中对价格选择所表现出的倾向性。一般来讲，商品的价格有高档、中档、低档的区别，价格高的商品质量优，价格低的商品质量差。由于消费者的社会地位、经济收入、文化水平、个性特点和价值观念等方面存在差异，不同类型的消费者在购买商品时会表现出不同的价格倾向。

(四) 感受性心理

感受性心理是指消费者对价格及其变动的感知强弱程度。它表现为通过某种形式的比较所出现的差距，是消费者对价格刺激的一种感知。价格的高与低，昂贵与便宜，都是相对的。消费者都是根据与同类商品的价格进行比较或购买现场不同类型商品的价格比较来认识的。比较结果的差异大小，形成了消费者对价格高低的不同感受。这种感受会直接影响消费者的价格判断。

拓展阅读

元气森林：用互联网思维做快消品

增长和争议总是相伴相随，最近两年的新消费领域，恐怕没有比元气森林更适合这句话的品牌了。

2021年，元气森林新发布的品牌TVC（商业电视广告）画面上是一瓶气泡水从堆满可口可乐的铁王座中"破土而出"，昭示着这家年轻的公司欲在已经成熟的饮料产业具竞争力。在市面上，元气森林旗下气泡水零售标价5元，燃茶标价6元，乳茶标价10元，相较于可口可乐的3元要高出一个档。为什么元气森林能大胆提升定价又实现一路畅销呢？

"其实我们做的事没什么神秘的，真就是完全用互联网思维来打快消品"，接受采访的元气森林创始团队成员说，"说都会说，关键得看怎么做。"他所指的互联网思维可以总结为：用户第一、快速迭代、灰度测试、数据说话。核心其实就是：用户喜欢你的产品吗？

这位创始团队成员表示，在元气森林内部，一款产品的研发流程采用游戏行业的工作室制。其中话语权最强的是产品部门，用产品来推导研发——即产品部门需要准确了解消费者的需求，他们究竟喜欢什么样的饮料，从中提炼出如"无糖""天然健康"等产品需求，向上游推动研发部门提供相应的原料与配方解决方案。至于销售、营销等人员配置，也都是围绕着产品来匹配。

对传统饮料公司来说，销售导向、渠道导向是十分常见的，即要给销售环节留够利润，给销售渠道上每个环节的经销商留出"可以赚的钱"。所以在传统的饮料公司中，研发新品的过程一般是先定预算、再出产品。有了预算表，就意味着产品是成本结构倒推后的产物。

在元气森林这儿，产品的口味是优先于成本的指标的。一个产品要想面世，首先得自己人认可，否则就得推倒重来。在采访期间，记者观察到，在元气森林内部，正在测试阶段的新品就被放在前台、大厅桌上，所有人都可以随手取来喝，给产品团队提意见。为防泄密，测试阶段的产品基本都是"白牌"、不贴元气森林自己的Logo。上述创始团队成员称，创业之初，公司曾经销毁了一款市场价值500万元的产品，就是内测没有通过的产品。

如果要问"什么才是元气森林的决定性因素"，最合适的答案是创始人。创始人的风格与态度，直接决定了元气森林在面临很多选择时的行动准则。例如，元气森林的定价流程和产品迭代，都"不计成本"。创始人唐彬森表示，世界是连续性的，伟大的公司都诞生于人类已知的伟大的行业里，如苹果、谷歌、腾讯、阿里、百威、可口可乐、雀巢等。伟大的公司不是靠创造一个全新的行业，不是靠一个商业秘密，也不是靠一个灵光一现的点子；而是靠持续组建最牛的团队，持续信奉用户第一，靠一点点、一个个像素打造出行业最高标准、最好口碑的产品，通过在巨头的行业里面与巨头厮杀来获得成功。

（资料来源：新浪科技；https://baijiahao.baidu.com/s?id=1690811987009448645&wfr=spider&for=pc）

思考题

1. 产品命名的方法有哪些?
2. 品牌设计的心理策略有哪些?
3. 消费者存在哪些价格心理?
4. 产品降价的策略有哪些?

第十章 广告与消费心理

学习目标

1. 理解广告效果的分类。
2. 掌握广告心理效果的含义。
3. 掌握增强广告效果的心理策略。
4. 掌握广告设计的策略。

导入案例

数字社会的广告向善

广告的主体是商业广告，其明显而强烈的商业利益渴求是极易带来突破法规限制和伦理底线的广告行为。数字技术带动商业广告迅猛发展，但由于技术所固有的两面性，在推动广告业发展的同时也产生了诸如算法歧视、隐私侵犯、过度消费等一系列问题。

（一）算法歧视

算法作为构成数字技术的底层逻辑之一，正在悄无声息地渗透进社会发展与变迁的过程中。算法歧视体现在广告领域最突出的问题就是"大数据杀熟"，即平台通过算法程序，对平台内消费者的数据进行搜集、汇总、分析，得到消费者最大支付意愿信息，进而实行千人千价，这种差异化定价侵害了消费者的公平交易权。导致这个问题的重要原因之一就是算法黑箱所带来的信息不对称，在不透明的黑箱里，用户不能知悉算法运行的工作原理，仅能知道最终结果。平台则处于优势地位，依靠数据的获取和分析对消费者进行精准推送，导致消费者对数据的依赖性，使其不得不让渡部分数据权利。

（二）隐私侵犯

当前的数字广告很大程度上是建立在侵犯用户隐私权基础上的，用户在网络上留下的节点印记被各个平台乃至不同平台联合起来收集、整理、串联，用户隐私在平台眼里甚至可能是透明的。而这个过程往往是隐秘且无声的，大多数用户甚至并未意识到这一点。虽然目前许多互联网企业都开始在数据保护方面进行初步尝试，但无论是从理论还是实践层面来看，现有的数据保护体系对于用户隐私的保护还有很大不足。

(三)过度消费

当前大多数字平台所倡导的个性化消费都是基于算法的支持，每一种算法都是为了达成某种目的而设计出来的。这种目的性导致算法的内置偏向，从而造成对消费者的欺骗与误导，产生过度消费的问题。这种对过度消费的诱导主要体现在两个方面：一是广告营销形式的隐蔽性对消费者注意力的分散，人们往往把数字媒介当作单纯的工具，并不关注平台界面如何潜移默化地对他们进行营销；二是企业利用算法数据对消费者的弱点和需求进行有针对性的营销攻击，例如，当消费者反复浏览某件商品时，平台就会赠送消费者该商品的限时优惠券，刺激消费者消费。

为此，我们呼吁广告向善，坚持以人为本，摒弃单一的商业利益诉求。

(一)技术向善

首先，技术的革新要基于对人民群众需求的满足和价值的实现，在挖掘数据价值的同时，平衡好数据使用与用户隐私之间的关系，尊重用户的主体性和知情权。其次，数字实践如果仅仅依靠技术很容易陷入"信息茧房"的窠臼，导致人们囿于"单人单面"的重复信息之中。因此，将人工与算法合理分配，提高推荐算法的精度并融入更健康的设计理念，或许是广告行业摆脱技术负面影响的关键。最后，技术的应用不应将经济利益看作唯一目标。

(二)管理向善

德鲁克曾认为管理的本质是激发人的善意。对企业来说，管理向善不仅是一种态度，更是一种能力。尤其是在数字社会，技术使传统广告企业在组织形态上发生了极大转变，通过平台的连接形成一个又一个生态圈，具有前所未有的连接性和交互性，表现出极强的复杂性和特殊性。基于此，广告营销平台应该承担起作为企业的社会责任，构建向善的企业文化和行业文化，在将道德建设融入日常组织管理的同时，加强公民的广告素养教育。

(三)运作向善

数字社会的广告运作首先就要求广告主在制订广告策略时借助数字技术、加强人机协同，增强决策的智能化和科学性。智能决策建立在大量数据模型的分析基础之上，能有效预测各个环节的决策可能产生的结果，为广告决策提供依据，并及时获取消费者数据反馈。在这种情况下，无论是针对消费者群体还是个人的消费者洞察，都能够得到大量的结构化数据。当然获得数据之后还需要广告企业主动寻找消费者属性之间的关联，挖掘数据真正的价值。然后结合广告主的广告诉求，在智能技术的加持下，将素材进行排列组合，快速生成契合消费者需求的广告创意。但在这个过程中应该注意，算法要融入人的思考和伦理，提前设定好价值观念和道德标准，以规范的广告作品推动广告向善的实践。

(资料来源：颜景毅，王寒菲. 数字社会的广告向善[J]. 新闻爱好者，2023，545(5)：33-35.)

第一节　广告概述

一、广告的含义

广告是指特定的广告主有计划地以付费的方式通过大众媒体向其潜在消费者传递商品或劳务信息，以促进销售的公开宣传方式。广告的目的在于劝服消费者使用某一种产品、服务或相信某一种观念，是企业促销的重要方式之一。从构成要素看，广告包含广告主、受众、信息、媒介和费用。

广告主是发布广告的主体，一般是企业、团体或个人。广告主从事市场经营活动，需要向目标消费者传递商品或服务的信息。广告受众是广告信息的接收者，包括目标消费者和一般公众，目标消费者又分为现实消费者和潜在消费者。广告信息包含广告的具体内容，包括商品、服务、观念等。媒介是信息传递的中介，具体形式包括报纸、杂志、路牌、信函等文字媒体以及广播、电视、互联网等电子媒体。费用是从事广告活动所支付的费用，如市场调查费用、广告策划费用、制作费、发布费用、效果测定费用、代理费等。

随着人工智能时代的到来，广告产业正在加速解构和重构。首先是媒体端，技术的发展直接促使广告载体丰富多元，以电视、广播、报刊为资源垄断广告投放格局的"媒体为王"的时代已一去不复返。基于互联网的各大搜索类网站、手机移动端、垂直类网站、生活 App 等正在成为广告投放的主要阵地。其次是产品端，人工智能技术的应用重构广告公司业务流程，智能技术的发展促使广告产品的生产更加智能便捷，智能化创意、内容生产、管理分析日益成熟。

二、广告效果的分类

广告效果是广告信息对目标受众产生的广告主所期望的影响。从广告所涵盖的内容和角度进行划分，广告效果可以分为传播效果、心理效果、销售效果和社会效果。从广告效果所持续的时间长短来进行划分，可分为即时效果、短期效果和长期效果。其中，心理效果和销售效果是一种短期效果，社会效果是一种长期效果。广告效果的分类如图 10-1 所示。

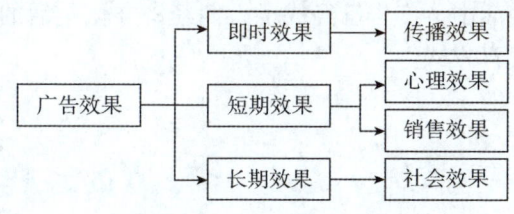

图 10-1　广告效果的分类

（一）广告传播效果

广告传播效果是指广告通过一定传播媒介到达目标消费者的情况，包括到达人数的多少和覆盖率的高低。传播效果是广告效果的基础，只有广告到达受众，使受众听到、看到广告，才会引发后续在情感、态度和行为上的一系列变化。根据中关村互动营销实验室发布的《2022 中国互联网广告数据报告》显示，2022 年中国互联网广告市场规模约为 5 088

亿元，较 2021 年下降 6.38%，市场规模近七年首次出现负增长，中国互联网营销市场规模约 6 150 亿元，较上年下降 0.37%，广告与营销市场规模合计约为 11 238 亿元，较上年下降 3.19%。该报告指出，互联网广告市场结构性调整步入深水区，市场规模首次出现回调，行业巨头广告收入增速放缓，短视频形式占据主流。可见，在互联网广告规模稳定增长的环境下，互联网企业的流量运营竞争已转化为存量竞争，以客户为导向的提高留存率、活跃度和提升新客户的转化率逐渐成为广告主营销目标的核心，也是确保互联网广告传播效果的关键。

(二) 广告心理效果

在广告传播过程中，受众不只是在获取广告信息，他们也会在认知、情感、态度等方面产生相应的有意识或无意识的心理特征变化，这种变化也就是广告传播对受众心理的影响，即广告心理效果。通常广告很难直接带来经济利益，但常以间接的方式带来更大的经济效应，例如，传播品牌或产品的相关信息、更好地贴近受众以形成受众与品牌之间的联结、创造或引导用户需求等。心理效果能够以最为客观的方式反映出广告对受众的影响程度，是广告效果中最核心的部分。

(三) 广告销售效果

广告的销售效果是广告主在广告活动中促进商品或服务销售所获得的经济利益情况。通过广告的销售效果，我们可以直接看出广告对商品或服务销售的影响程度，具体观测的对象包括销量、利润等指标。对广告主而言，广告销售效果是最被关注的也是最为重要的效果，也是广告主进行广告创作与投放的不竭动力。

(四) 广告社会效果

广告社会效果超越广告自身的品牌或产品信息传播的意义，在广告当中蕴藏着能够对社会多方面产生影响的价值观念，包括伦理道德、文明素养、消费观念等，集中体现于广告能否促进社会的精神文明建设，能否反映出所处社会的文明程度。社会效果是广告作品追求的最高层次的效果。

总之，一则好的广告，可以给消费者以美的享受，使消费者在获得信息的同时丰富精神文化生活，提高文化艺术修养。广告不仅指导消费，而且也影响着人们的消费观念、社会道德等方面。在现代生活中，广告已经成了人们经济文化生活的一部分，可以说是一种雅俗共赏、一举多得的美育方式。

第二节　广告设计与消费心理

一、广告定位策略

"定位"是一个在多领域被广泛运用的词语，其原始含义是"确定方位、明确界限"。定位理论的创始人艾·里斯和杰克·特劳特曾指出，"定位是一种观念，它改变了广告的本质"，"定位是你对未来的潜在消费者心智所下的功夫，也就是把产品定位在你未来潜在消费者的心中"。企业需要根据目标群体特征把自己的广告确定于某一细分市场，使其在特定的时间、地点，向某一阶层的目标消费者传播。具体来看，通过以下五种策略，有利于打造商品的消费者心智。

（一）抢先定位

抢先定位是指企业在进行广告定位时，力争使自己的产品品牌第一个进入消费者的心中，抢占市场第一的位置。经验证明，最先进入人们心目中的品牌，比第二个进入的品牌在长期市场占有率方面要高得多，而且这种关系是不容易被改变的。例如，皮尔·卡丹在法国名牌服装中只能排在中间的位置，但是它在中国被认为是法国最有名的服装品牌之一，拥有广泛的品牌忠诚者，只因为它是改革开放后第一个进入中国的法国服装品牌。

（二）强化定位

强化定位是指企业一旦成为市场领导者后，应不断加强产品在消费者心目中的印象。例如，可口可乐公司所用的强化广告词是"只有可口可乐，才是真正的可乐"，仿佛可口可乐是衡量其他一切可乐的标准，其他任何一种可乐类饮料都是模仿"真正的可乐"。

（三）比附定位

比附定位是指企业在广告定位中，不但明确自己现有的位置，而且明确竞争者的位置。竞争者的位置与自己的位置一样重要，甚至更加重要。然后用比附的方法努力建立或找到自己的品牌与竞争者的品牌、自己想要占据的位置与竞争者已占据的位置之间的关系，使自己的品牌进入消费者的心目之中。例如，无铅汽油、无糖汽水等都是新观念相对于老观念的比附定位。

（四）逆向定位

逆向定位是指企业在进行广告定位时，面对强大的竞争对手，寻求远离竞争者的"非同类"的构想，使自己的品牌以一种独特的形象进入消费者心目之中。例如，当娃哈哈、乐百氏在纯净水市场激烈竞争之时，农夫山泉提出天然水的概念，成功地抢占了市场。

（五）补隙定位

补隙定位是指企业在进行广告设计时，根据自己产品的特点，寻找消费者心目中的空隙，力求在产品的大小、价位和功能等方面独树一帜，如"舒肤佳"香皂提出的去菌功能定位，"立白"提出的不伤手定位、"沃尔沃"提出的最安全汽车定位等。

二、广告创意策略

（一）示范型策略

通过实物的实验表演、操作、使用等来证实商品品质优良，从而激发消费者的购买欲望，推动产品销售。例如，宝洁公司推出汰渍洗衣粉的广告，采用了现场洗涤油渍斑斑的白色衣物给消费者做示范，给消费者留下深刻印象。

（二）证言型策略

通过援引专家、教授、学者的证词来证明商品的特点、功能或作用，或者援引有关荣誉证书、奖杯、奖状、历史资料、鉴定证书或事实等，使广告商品产生威信效应，获得广大消费者的信任，例如，高露洁牙膏引用牙科专家的证言。

(三)情感型策略

把商品的特点、功能和用途，融入人的情感，进行人格化、情感化和心理化的定位和渲染，以喜怒哀乐的形式在广告中表现出来。例如，绿箭口香糖广告以绿箭牌口香糖为"媒"，使火车上两个陌生的男女从相遇、相识到相爱，通过爱情故事的演绎，赋予了商品浓浓的情意。

(四)定式型策略

广告人员根据特定时机人们所特有的定式心理或根据人们已经形成的定式观念，策划出相应的广告创意。我国各类节庆及纪念日都成为产品广告创作的重要素材。例如，在我国"神舟五号""神舟六号"飞船成功完成载人航天任务时，蒙牛乳业公司迅速推出"蒙牛牛奶是中国航天员专用牛奶"的广告，充分利用引起大众的爱国热情和民族自豪感的这一新闻事件来吸引消费者。

(五)联想型策略

利用人们的联想心理，通过在其他事物上发现与广告商品相同的属性，借以表达广告主题。例如，法国雪铁龙公司的广告中，一辆雪铁龙汽车在航空母舰上追逐着一架在天空飞行的喷气式飞机，忽然，雪铁龙汽车腾空而起，居然越过飞机一大截，接着一头栽入大海之中，就在人们惊愕之际，一艘潜艇载着这辆汽车，在进行曲的音乐中破浪而出，消费者在欣赏这段惊险广告镜头的同时，自然会联想到雪铁龙汽车的卓越性能。

(六)悬念型策略

通过设置悬念，将商品委婉地表现出来，让消费者产生好奇心理，从而给消费者留下难以磨灭的印象。例如，菲律宾国家旅游公司曾以到菲律宾旅游有"十大危险"作为广告主题，利用悬念吸引读者进一步阅读广告的详细内容，从而让人们认识到菲律宾是世界上名副其实的旅游胜地。

第三节 增强广告效果的心理策略

广告要达到预期的效果，就必须在计划、设计、制作和播出的全过程中重视对消费者心理活动规律与特点的研究，巧妙地运用心理学原理，增强广告的表现力、吸引力、感染力和诱导力。广告信息首先作用于消费者的听觉、视觉等感觉器官，并在消费者的大脑中引起不同程度的反应，从而形成一系列复杂的心理活动过程，导致需求的产生和购买行动的实现。广告引发消费者心理反应的过程包括以下四个环节。

一、引起注意

注意是增强广告效果的首要因素。只有首先引起注意，消费者才能对广告的信息内容加以接受和理解。广告界有一句流行语："能够引起人们注意的广告，已经成功了一半。"因此，引起消费者注意是广告成功的基础。

注意是消费者认识过程的关键环节，主要由两种因素引起，一是外界刺激的强度及刺激物的变化，二是主体的意向性。由于引起注意的因素不同，消费者的意识反映特点和反

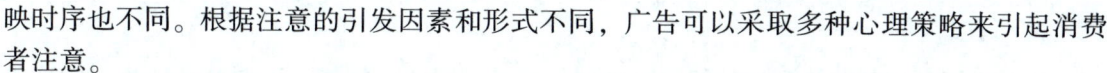

映时序也不同。根据注意的引发因素和形式不同，广告可以采取多种心理策略来引起消费者注意。

（一）加大刺激强度

刺激量要大于消费者的感觉阈值才能引起注意，而且在一定范围内，刺激物的强度越大，这种刺激物引发的注意就越集中。一般认为，平面广告版面越大越引人注目，不仅刺激物的绝对强度有这种作用，相对强度也有这种作用。例如，广告色彩艳丽，文字醒目优美，音乐悠扬悦耳，画面清新脱俗，表现方式别出心裁等，都能较好地引起消费者的注意。

（二）利用刺激物的运动变化

运动着的事物、变化中的刺激更容易引起人们的注意，动画片的效果胜过幻灯片就是一个显著的例子。诸如影视广告中忽明忽暗的光线、户外不断闪烁变化的霓虹灯、忽隐忽现往返移动的图案、播音员声音的抑扬顿挫等，都是常用的运动刺激手段。

（三）力求刺激的新奇

相同或相似的刺激接受过多，消费者会慢慢变得迟钝起来。罕见的、奇异的、一反常态的事物，却能给人以比较强的刺激力度。广告刺激的新异性通常还表现在其形式和内容的更新上。一个颇有经验的广告主在宣传产品时，往往不是集产品的各种性能或特点于一幅广告中长期不变。相反，他总是在相继推出的广告中不断变化地介绍其产品的不同特性，以期达到保持广告新异性的目的。例如，某公司促销人员在向路人发传单时，每人都牵着一条可爱的斑点狗。

二、启发想象

事物之间存在着的共性和人对事物认识上的关联性构成了想象的客观和主观基础。在广告宣传中，充分利用事物之间的联系，启发消费者的想象，无疑能起到提示消费者回忆、提高记忆效果、刺激消费需求的心理作用。启发联想的方法有以下四种。

（一）暗示法

暗示法也称暗喻，即通过语言或画面创造出一种耐人寻味的意境，给消费者留下宽广的联想空间。例如，麦氏咖啡的一则平面广告，画面上是两个相对而坐的少女的腿部，一个优雅地穿着高跟鞋，一个随意地穿着厚底鞋，还画着一只冒着热气的杯子，暗喻麦氏咖啡同时受到淑女与新潮女子的青睐。

（二）反衬法

反衬法即广告不直接道出广告主题，而以其他形式来表现。例如，巨能钙的一则平面广告，用一根油条表明缺钙的"骨头"的坏处，配以"假如它支撑你的身体……"的广告语，从反面映衬出巨能钙补钙的良好效果。

（三）讲述法

讲述法即利用文字或画外音述说一个传说或典故，意指广告商品的名贵和历史悠久。不少传统名酒即采用此种广告手法。例如，法国一家白兰地酒的广告就讲述了拿破仑家族的生活细节，反映出白兰地酒在贵族生活中的地位。

(四)比喻法

比喻法即利用某些恰到好处的比喻来宣传商品或服务。例如,英国德芙巧克力的广告词为"牛奶香浓,丝般感受",用丝绸的质地来比喻巧克力的纯正口味。方太提出"妈妈的味道,是你回家的路标"。

三、增进情感

消费者的情感状态直接影响着他们的购买行为导向。积极的情感体验,如满意、愉快、喜爱等,能够增进消费者的购买欲望,促进购买行为。而厌烦、冷漠、恐惧等消极的情感体验则会抑制消费者的购买行为。一则好的广告,应该有助于促进消费者形成以下积极的情感。

(一)信任感

广告通过自身的媒介行为激发起消费者对所宣传商品的信赖心理。消费者对广告的信任,是产生购买欲望的前提条件。如果不存在值得信任的宣传内容,则无从谈起要购买广告宣传的产品。实事求是、客观公正的广告,往往能达到增加消费者信任感的目的。例如,"佳洁士"牙膏广告中用 CD 盒做试验,证实了"佳洁士"不磨损牙齿的功效,较为令人信服。

(二)安全感

消除消费者对商品的不安全心理,增强心理安全感是广告宣传的重要内容。广告应该让消费者感到产品安全可靠,保证无毒、无害、无副作用,并有益于增进人体健康。

(三)亲切感

广告宣传要设身处地地为消费者着想,表现出对消费者的关心、爱护,或者创造一种温馨的意境,从而给人以亲切感。例如,"孔府家酒"在广告中牢牢抓住了"家"字,请远渡重洋的影视明星拍摄了一段与亲人久别重逢、游子返乡的场面,一股思家、盼望回家的感情深深地感染了离家的游子,使得在外的游子想家时,脑中自然想到"孔府家酒"。

四、增强记忆

记忆是人脑对过去感知过的事物的反映。从企业角度来看,被记住才是广告效果的最好评判,因此,有意识地增强消费者记忆是非常必要的。经常采用的增强消费者记忆的策略有以下三种。

(一)减少材料

记忆的效果与广告材料的数量有一定的依存关系。在同样的时间内,材料越少,记忆水平越高。所以,广告文案应力求扼要、精练,标题要短小、精悍,要有一鸣惊人的效果。

(二)适当重复

广告要加强对关键信息点的重复,可以在同一媒介上反复播放,还可以在不同媒介重复,以达到强化消费者记忆的目的。例如,康师傅对辣方便面的广告,选用《欢乐颂》为音乐背景,以欢乐颂的音乐旋律,利用"辣"与"啦"的谐音,不断重复"辣"的概念,最后用一句旁白点明主题"要吃辣,找康师傅,对辣"。

(三)增进理解

故事会让人不由自主地置身于情境之中,这是现在广告的一种常用手法,很多广告都通过故事增进理解。例如,1988年,Nike(耐克)那支经典的"Just Do It"广告片,广告片中一位名叫Walt Stack的80岁高龄跑步健将,一边穿越金门大桥一边在告诉电视机前的观众,他每天早上会跑17英里(约27.4千米)。Nike用这样的方式鼓励人们运动,也让人更好地理解"Just Do It"的精神。

 拓展阅读

计算广告的前世今生

2010年年末,国内网络广告服务商受到国外RTB(Real-time Bidding,实时竞价)广告的冲击与启蒙,开始部署RTB网络广告战略,到2019年中国网络广告市场规模达6 464.3亿元,同比增长30.2%,其中移动广告市场规模达5 415.2亿元,同比增长47.8%,在互联网广告整体市场中占比83.8%,并且依然保持高速增长。在此背景下,随着对消费者数据的利用和人工智能模型的发展,计算广告(Computational Advertising,或称程序化广告/移动广告等)成为网络广告的主流形式。

计算广告旨在探索以计算的方式提高在线广告的效率,它构建了一个庞大的广告生态系统,由形形色色的参与者构成,如广告主、广告媒体、广告平台、广告技术公司、数据提供商、用户等。用户洞察、广告文本生成、媒体选择、效果检测等都纳入了计算广告的运作框架。计算广告的兴起和以下因素相关。

(一)广告的数字化

广告的数字化就是把连续变化的广告信息,如图画的线条、声音信号等转化为一串离散的单元,在计算机中用二进制数字0和1表示。广告数字化的直接产物就是数字广告,一切形态的互联网广告都是数字广告。广告的数字化从技术上来讲早于互联网的诞生,但只有借助互联网它才扩散开来。1994年10月,AT&T公司(美国国际电话电报公司)在《连线》网站上发布了世界上首个网络广告——黑色背景上用彩色文字写着"你用鼠标点过这儿吗?你会的",这个横幅广告开启了一个崭新的广告时代。

(二)用户行为的数据化和在线化

随着互联网的普及,网民数量呈现爆炸式的增长,他们在网上的各种行为会以数据的形式被记录下来。此外,移动互联网时代的到来,用户倾向于实时在线,这样可以通过持续收集用户数据从而更加了解他们。互联网和数据技术的发展使互联网广告突破了早期的局限,能够把广告信息投放在特定场景下的合适用户。1996年DoubleClick公司成立(2007年被Google收购),将横幅广告与Cookies技术集合,通过记录使用者的上网行为,瞄准广告的目标群体,使广告投放更具效率。

(三)计算思维在各个领域的拓展

伴随着计算机功能的日益强大及其在社会各个领域的广泛普及,人们对计算的思考和认识也在不断深入。美国学者尼葛洛庞帝在其1996年出版的专著《数字化生存》中指出:"计算不再只和计算机有关,它决定我们的生存。"美国卡内基梅隆大学计算机科学系主任周以真教授指出,计算思维是运用计算机科学的基础概念来求解问题、

设计系统和理解人类行为的。简单地理解，计算思维就是通过算法的设计和实施来解决某一特定领域复杂问题的思维方式和自觉意识。

(四) 大数据成为资产和核心竞争力

英国《自然》杂志和美国《科学》杂志分别于2008年和2011年推出"大数据"专刊，从多个学科和专业领域分析大数据的影响和意义，大数据逐渐成为学界研究的热点。从业界来看，以数据挖掘、存储、处理、应用为核心的大数据技术在各个行业越来越受到重视，数据成为商业密码和商业财富。计算广告系统就是一个大数据处理平台，它对数据处理的规模和响应速度的要求都相当高。

(五) 以机器学习为核心的人工智能技术不断获得突破

机器学习研究机器如何模拟或实现人类的学习行为，以获取新的知识或技能，并学习如何做出预测和建议，它是人工智能的核心，是使机器获取智能的根本途径。自20世纪90年代以来，机器学习取得了巨大的进步。2016年AlphaGo(阿尔法围棋，人工智能机器人)战胜韩国围棋九段高手李世石，让人工智能成为全球瞩目的焦点，被视为人工智能第三次发展浪潮中的大事件。广告行业一直在探索大数据和人工作智能技术的应用，以此推动互联网广告的创新。从业界来看，竞价排名、程序化购买、程序化创意、信息流广告等理念不断出现，并在实际操作中得到了成功应用。

广告作为一种经济活动，不仅受经济环境的影响，而且还随着技术的进步而演化。技术已经不可逆转地改变了企业识别潜在购买者的方式——他们可能购买什么、他们何时购买、他们购买的方式以及他们为什么购买。企业现在比以往任何时候都更容易获得大量关于消费者购买意愿和行为的实际依据，广告已经从一个向人们传达产品信息的简单活动发展成为一种高度复杂和个性化的说服工具和信息服务工具。

(资料来源：①吕尚彬，郑新刚. 计算广告的兴起背景、运作机理和演进轨迹[J]. 山东社会科学，2019，291(11)：164-169. ②刘通，黄敏学，余正东. 心理协同视角下的计算广告：研究述评与展望[J]. 外国经济与管理，2022，44(7)：101-125.)

思考题

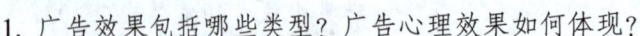

1. 广告效果包括哪些类型？广告心理效果如何体现？
2. 分析广告设计如何契合消费者心理。
3. 结合最近流行的一则广告，分析该广告运用了哪些策略来增强广告效果。
4. 谈一谈引起注意的广告策略应该如何应用。

第十一章　营销沟通与消费心理

学习目标

1. 掌握营销沟通的内涵。
2. 了解常见的营销沟通工具。
3. 掌握整合营销沟通过程。
4. 掌握营销人员的沟通障碍和消费者的心理障碍。

导入案例

完美日记：整合营销成就"国货之光"

2022年12月，逸仙电商旗下彩妆品牌完美日记在中国品牌杂志、中国品牌网主办的"2022中国品牌年会暨2022中国品牌风尚盛典系列活动"中获评"新时代品牌十年·卓越品牌案例"。作为中国美妆品牌的先行者，完美日记深耕消费者需求，不断丰富产品矩阵，持续壮大品牌生态，致力于为消费者提供触手可及且超越期待的美妆体验。面对不确定性激增的消费市场，完美日记希望通过自身努力，为国货彩妆品牌探索出一条稳健的拓展之路。

在品牌探索初期，完美日记从时尚圈切入并抓住了小红书崛起的时点，使之成为第一引流阵地。完美日记通过携手规模虽小但极具话语权和调性的时尚圈，快速提升品牌声量，同时广泛布局社会化媒体，根据渠道定位分层定制营销内容与传播策略。

在品牌爆发阶段，完美日记联名大英博物馆等文创IP，携手文化、艺术圈层；与美妆关键意见领袖（Key Opinion Leader，KOL）联名获得玩妆达人和KOL的粉丝关注；与各个明星的粉丝群体无障碍沟通，快速获得粉丝群体的喜爱。

在品牌持续增长期，品牌联名的对象开始选择更大众化的IP（网络语，译为知识产权），实现从小众到大众的"破圈"。与此同时，完美日记开始在微信生态下打造私域增长新格局，通过打造"小完子""'小美子'关键意见消费者"（Key Opinion Consumer，KOC）人设，通过微信号个人触点、服务号引导关注、小程序触达直接与用户建立连接，并通过精细化运营多次触达用户，实现复购和裂变。在打造私域流量的同时，完美日记还广泛布局新零售门店，通过打造极具艺术感的体验店或主题店让自身更加"可见"，使得用户的行为数据能够被跟踪，记录并转化为决策信息。更为可贵的是完美日记还积极承担社会责任，积极投身于保护动物、支持抗疫、关注女性发展等社会责任活动中。

通过整合线上线下营销沟通渠道，完美日记对全链路的整合营销中产生的大量渠道数据、内容数据、电商转化数据、用户反馈与行为数据进行监测，反哺产品开发策略与选品策略，这也是完美日记不断打造出受到年轻人追捧的爆品的原因之一。

（资料来源：①完美日记官网；https：//www.perfectdiary.com/pages/our-brand. ②王沫涵，薛雷.新媒体推动国产美妆产品品牌营销与发展：以"完美日记"品牌为个例[J].营销界，2020(22)：1-2. ③王卓慧.国产美妆品牌的崛起："完美日记"营销策略分析[J].传媒论坛，2020，3(4)：143-148.）

第一节　营销沟通概述

一、营销沟通的内涵

沟通是传递、接收和加工信息的过程，任何一个组织或个体想要向他人传递自身的观点和见解，并期待信息接收者(其他组织或个体)理解这些信息时，沟通就产生了。营销沟通是在市场营销活动中发生的沟通，沟通过程模型如图11-1所示。

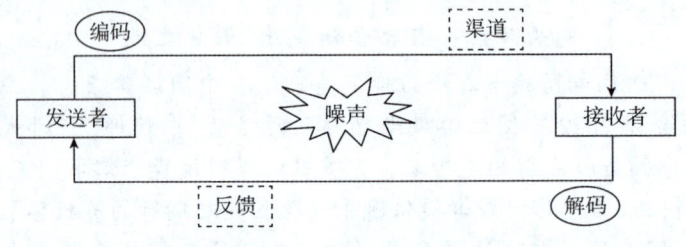

图11-1　沟通过程模型

具体而言，沟通过程涉及发送者和接收者，其中营销人员或企业通常是信息发送者，发送者会主动提供、传递用于沟通的信息，而接收者是信息送达的对象，在沟通过程中处于被动地位，在营销沟通中通常指的是消费者或某些组织。

编码指形成语言或非语言的线索。在某个地方的旅游宣传中，工作人员将有创意的想法转换成出行者乐意接收的信息。例如，他们每周五都会发布一组精选图片，并配上简练的文字，从而给出行者更多的空间去联想，他们还会不时地发起一些新奇的话题供大家讨论。通过这些活动，他们完成了对各类与营销相关的信息编码工作。之后，上述信息会通过传递工具进行沟通，这些工具包括传统的媒介，如广告牌、电视频道、书、报纸、杂志等，也包括各类社交媒体平台，甚至还可能是原始的口口相传。

当信息到达接收者后，接收者会把送达的信息经过"解读"变成自身可理解的信息，这就是解码。编码和解码的过程类似于电报传输中的加密和解密的过程。

反馈是接收者接收并翻译信息后，向发送者做出的反应。反馈在营销中具体表现为咨询、购买、访问网页、投诉等，它使沟通过程变成一个闭合循环系统，是双方实现准确的信息交换的重要环节。只有接收者积极地对发送者做出反馈，而发送者也主动从接收者那里获取反馈，互动交流，才能达到传递营销信息的最佳效果。

噪声是指对信息传递有可能造成干扰的一切因素。噪声会使信息扭曲、失真，可以发生在沟通过程中的任何一个阶段，最常见的影响营销沟通的噪声形式是广告信息超载。例如，电视频道中过长的广告时段，社交媒体平台中无孔不入的广告页面，人们对广告感到不耐烦或忽略其他不相关的信息等都会对沟通的效果造成影响。

二、营销沟通的工具

技术的发展也让营销人员有了更多的沟通工具，这些工具大体可以归为付费媒体、自有媒体以及免费媒体三大类。

付费媒体，顾名思义就是企业需要付费才可以在这些媒体上播放企业和品牌信息，包括电视、印刷品和直接邮寄的邮件等。自有媒体是企业自己拥有的、可以直接掌控的媒体平台，包括官方网站、微博、手机 App 以及其他社交媒体平台等。免费媒体是企业无法掌控的，但通过努力可以获得其支持的媒体平台，如虚拟或现实世界里用户的口碑、新闻报道等。表 11-1 是八种主要的营销沟通工具，包括付费媒体和自有媒体两种类型，这两类媒体是企业能够直接掌控并且可以主动与消费者沟通相关信息的重要渠道。

表 11-1 八种主要的营销沟通工具

营销沟通工具	构成要素	
	付费媒体	自有媒体
广告	印刷和广播广告 外部包装 包装内广告 电影随片广告 宣传册和宣传书 海报和宣传单	商品名录 重印版广告 广告牌 陈列和标语 售卖点广告 数字化视频光盘
促销	竞赛、游戏、彩票、抽奖 赠品和礼物 样品、试用装 展销会 展览 商品演示	优惠券、礼券 折扣 低息贷款 转换折让、折价物抵扣 连续性计划 捆绑销售

续表

营销沟通工具	构成要素	
	付费媒体	自有媒体
重要事件	体育运动 娱乐节日盛典 艺术 善因营销	工厂参观 企业博物馆 街头活动
公共关系和宣传	宣传资料袋 演讲 研讨会 年报 慈善捐助	出版物 社区关系 媒体认同 公司杂志
线上和社交媒体营销	网站 电子邮件 搜索广告 显示广告	第三方聊天室 论坛、微博 Facebook、Twitter YouTube
移动营销	短信 网络营销	手机 App
直复营销和数据库营销	商品目录 邮件投递 电话销售	电子购物 电视购物 传真
人员推销	销售报告 销售会议	销售样品 展销会

（资料来源：Batra R, Keller K L. Integrating marketing communications: new findings, new lesson, and new ideas[J]. Journal of Marketing, 2016, 80(6): 122-145.）

除此之外，融媒体时代，人人都是沟通端口，并且企业无法控制的免费媒体在沟通中往往扮演着至关重要的角色。2008年，加拿大歌手戴夫·卡罗尔在乘坐美联航的客机时，随身携带的名贵吉他在机场被行李运输工摔坏。由于美联航拒绝赔偿维修费用，卡罗尔编了一段音乐制成视频上传到网上想要讨回公道。短短10天内，这首遣责美联航"拒赔"的视频歌曲就红遍网络，导致美联航的股票价格在几天中狂跌10%，相当于蒸发掉了1.8亿美元(当时约合人民币12亿元)的市值。可见，数字化时代免费媒体往往发挥着举足轻重的作用。

第二节 整合营销沟通

一、整合营销沟通定义

整合营销沟通把广告、促销、公关、直销、包装、新闻媒体等所有沟通活动涵盖于营销活动的范围内，使企业能够将统一、完整的信息传递给消费者。不同学科对于整合营销沟通有着不同的观点和研究方法。新闻学更倾向于注重内部因素，如加工处理信息内容的组织过程；营销学则更倾向于强调外部因素，如基于如何对消费者产生影响的营销沟通方案设计。美国广告协会认为，整合营销沟通是全面营销计划的价值体现，通过广告、人员推销、公共关系、促销等各种营销沟通手段的整合，向消费者传递清晰、连贯的相关信息，是沟通影响力最大化的活动。美国市场营销协会认为，整合营销沟通是一个计划过程，在这个过程中能够确保消费者接收到的品牌联系以及与消费者相关的产品预期、服务预期和组织预期随着时间的推移而保持不变。在研究消费者的心理与行为时，通过研究消费者的驱动因素来设计营销沟通方案是整合营销沟通的核心。

对于企业而言，需要思考：不同沟通手段的优势、劣势是什么？传统媒体和新兴的互联网社交媒体的优势、劣势是什么？在消费者决策的不同阶段，企业应该运用哪一种工具进行营销沟通？要解决这些问题，必须进一步学习整合营销沟通框架。

二、整合营销沟通框架

整合营销沟通是一个战略性过程，整合营销沟通框架包括了沟通匹配模型（Communications Matching Model）和沟通优化模型（Communications Optimization Model），两者关系及其主要沟通要素如图11-2所示。

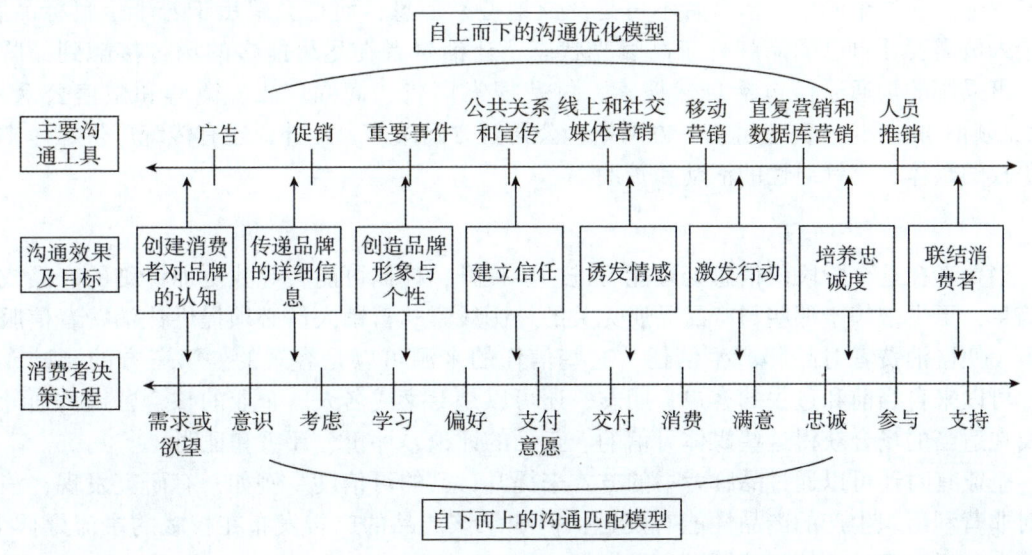

图 11-2 整合营销沟通框架

（资料来源：周欣悦，王丽丽，等. 消费者行为学[M]. 2版. 北京：机械工业出版社，2022.）

其中，沟通匹配模型基于不同消费者、情境以及内容因素对沟通效果的影响，考虑消费者决策过程中不同阶段的具体目标与期望结果以及不同沟通工具的特征，从而匹配最适宜的沟通工具。沟通匹配模型是一种"自下而上"的主动选择过程。相比之下，沟通优化模型是企业"自上而下"，对所有沟通选项进行评估，从中选出最有效且效率最高的沟通手段，以确保所选的营销沟通方式能够达到预期的目标。例如，如果企业的目标是打响一个新品牌，增加消费者了解，那么就应该更多地采取广告和促销手段。很多营销人员可能认为，整合营销沟通不过就是通过不同的沟通方式来传达同一件事，但是整合营销沟通框架模型表明，一个设计合理的营销沟通方案比仅仅通过不同的方式传达同一信息要更加丰富和复杂。

三、整合营销沟通过程

（一）需求识别阶段

消费者因内部刺激或者外部刺激而产生购买需要，这种欲望会引导消费者首先聚焦于这样一个问题：什么品牌的产品或服务可以满足这个需要或欲望？比如消费者需要解决口渴的基本需要，那么他可以选择购买矿泉水，也可以选择购买碳酸饮料，还可以选择购买凉茶。因此，竞争首先发生在品类层面，即消费者首先需要决定的是哪个品类可以优先解决自己的需要。在这个意义上，作为市场领导者的那些大份额品牌就应该肩负起市场领导者的责任，通过营销沟通扩大其所在品类的需求。此时可供选择的媒体可能包括定向的移动广告、付费搜索广告或者第三方网站。适当的消息可以满足消费者追求高质量生活的需要，从而帮助品牌在消费者心目中建立起"最能满足消费者需要"的品牌形象。

（二）品牌选择阶段

这个阶段的消费者已经知道自己要买什么样的产品或服务，他们只是需要决定具体购买哪个品牌的产品或服务。例如，消费者已经决定喝矿泉水，那么就需要从矿泉水品牌中选择一个。在这个阶段，消费者不再是泛泛地搜索信息，而是会聚焦于若干个目标品牌。营销人员需要让自己的品牌处于高曝光状态，让消费者在尽可能多的场合接触到品牌信息。可采用的沟通途径包括自然搜索、付费搜索广告、横幅广告、微博和微信公众号、"意见领袖"的评论、高流量第三方网站、公司官方网站等。此外，还有传统广告媒体中有话语权的媒体、有针对性的活动和赞助。

（三）品牌确认阶段

消费者在这个阶段的信息处理能力进一步提升，他们可能会寻找更加详细的产品或服务信息，更少依赖于那些与产品品质无关的外围线索。营销人员必须提供让消费者信服的内容，使得消费者对品牌产生信任。这些信任的来源可以是客观的、第三方的测试或推荐，可以来自当前和过去的客户、朋友，还可以是专家或名人。企业的整合营销沟通计划需要在适当的场合获得这些媒体可信的、正面的评论、评价、评级和证明。

企业有时还可以通过品牌背书的方式来提升自己的可信度。例如，有研究发现，消费者对非营利组织生产的产品性能有疑虑，但如果该产品的广告发布在权威的主流媒体上，那么消费者对产品的信任就可以大幅提升。

（四）品牌购买阶段

这一阶段的消费者开始评估自己所偏好的品牌，以及在给定的价格下自己是否愿意支付。此时企业要告诉消费者，品牌是物有所值的，品牌的价格是公平、合理的，甚至价格还低于消费者所获得的价值。为了提高品牌价值，可以采用的媒体手段包括长时段的电视广告、有高影响力的公共关系事件、名人发文或转发推文、品牌视频、公众号主页或帖子等。

消费者从具有购买意向到实际购买之间还存在着一定的距离，阻碍消费者产生实际购买行为的原因有多种，例如，购买流程过于复杂，消费者犹豫购买价格是不是最优惠等。在这个阶段，品牌沟通需要完成的工作就是去明确地推动消费者行动，让准备购买的消费者知道去哪里可以保证以优惠的价格买到这个产品。这些信息可以通过付费媒体、自有媒体和免费媒体发布。

（五）品牌忠诚阶段

品牌忠诚有助于企业获得高的顾客终身价值，获得"回头客"的前提是让消费者感到满意，只有顾客认为品牌的表现高于自己的预期，他们才可能感到满意并产生继续购买行为。所以，此时品牌沟通的任务是要让消费者相信，与自己的期望相比，与竞争品牌相比，这个品牌已经表现得很好了。在这个阶段，品牌可适当运用媒体来促进消费者的重购行为，包括发送售后邮件，发布有针对性的广告，社交媒体交流，用微信公众号和微博支持客户服务，持续追踪在线观点和评论。同时，还需要吸引消费者发表关于品牌的正面口碑评论，形成品牌效应。品牌需要做的事情就是让消费者能够通过微信朋友圈点赞、转发推文、转发微博评论等，简单容易地向其他人推荐自己的品牌。

在移动互联网时代，品牌还经常发起某项引人注目的活动，鼓励消费者参与其中，通过顾客自发参与并转发活动信息实现品牌曝光。例如，2020年的"五四"青年节，视频网站B站献给新一代青年的宣言片《后浪》在央视一套播出，并登陆《新闻联播》的前黄金时段，视频中，国家一级演员何冰用深情有力的语调、凝练的语言，与后浪们进行了一次深度交流。作为"前浪"的何冰，认可、赞美与寄语年青一代，"你们有幸遇见这样的时代，但时代更有幸遇见这样的你们"。那句"心中有火，眼里有光"更是成了年轻人的代名词。视频被广大媒体疯狂转发，形成热点事件，接连席卷各大平台。B站也成功塑造了年轻化的品牌形象。

第三节 营销沟通障碍与应对

一、营销人员的沟通障碍

营销人员通过语言与消费者进行沟通，而营销人员的语言运用经常成为制约销售达成的关键。美国著名广告人霍普金斯早在1923年出版的经典著作《科学的广告》中就曾指出，标题文案的句式对吸引消费者至关重要。在当下新媒体环境中，营销者对消费者语言心理的精准把握仍然能够帮助品牌实现更有效的沟通、建立更紧密的消费者关系。例如，可口可乐、加多宝等品牌在微博上的文案创意引发了消费者的关注与积极转发。尽管如此，很多时候营销人员自身可能存在一些心理障碍，尤其对于经验不足的营销人员而言，心理障碍成为其无法完成高质量营销服务的首要因素。

营销人员在其自身的成长过程中，受教育背景、成长环境与经历的影响，形成了一些比较稳定的个性心理特征，它们分别体现在认知、情感、意志、性格之中，这些稳定的个性心理特征在其职业实践中，通过与客户的交往表现出来，很多不和谐的人际障碍，就是由于这些个性心理特征造成的，不仅影响着与客户的沟通，更决定着营销活动的顺利进行，甚至导致失败。克服人际交往障碍，不仅是人格完善的需要，也是营销职业的需要。

（一）羞怯心理

羞怯心理是指营销人员在与客户交往中，过多地约束自己的言行，以致无法充分地表达自己的思想、观点和情感，阻碍了与客户和谐人际关系的发展。羞怯心理通常是由惧怕与人接触以及自卑、害怕冒险而造成的。它是人际交往中的一种疏远力，妨碍本人认识自己的潜力，以及享受与他人交往的乐趣，无疑是营销人员与客户人际关系建立和发展的一种障碍。

羞怯有三种类型：一是气质型羞怯，即生来气质就较沉静，说话低声细语，性格内向，见到生人就脸红；二是人事性羞怯，原因主要是过分注意"自我"，生怕自己的言行不对而被别人讥笑、瞧不起自己，总怀疑自己的能力，久而久之，羞怯与他人接触；三是挫折性羞怯，这种类型的人原本性格开朗，与人交往积极主动，但由于种种主客观原因，连遭挫折而导致消极被动乃至胆怯怕生。

气质型羞怯与营销职业要求差距甚大，属于此类型者，要从事营销事业，须正视自己气质的弱点并努力改善，解除心理上的孤独感。而对于第二、三种类型者，则主要靠调整观念，克服自卑感，增强自信心，参加社交活动，在实践中掌握交往的技巧，提高交往水平来加以改善。

（二）自卑心理

自卑心理是一种轻视自己、看不起自己的消极心理状态。在营销与交往活动中，表现为想象成功的体验少，想象失败的体验多，在与陌生客户初次交往时表现得更为突出。自卑心理使人缺乏自信，导致孤独、悲观，是人际交往的大敌，也是事业难以成功的主要原因之一。

自卑心理的原因是多方面的，概括起来不外乎主客观两大原因。客观原因包括家长教育、家庭结构、社会地位等。主观原因包括某些生理缺陷，或对自己的期望不高，把自己的交往局限在狭小的范围内，以与身边的人自然交往为满足，一旦遇到新的交往环境，便拙于交往，害怕失败而拒绝交往。或者对自己期望过高，又不切实际，常遭挫折，挫伤了交往的锐气而导致自卑。

上述原因仅对自卑心理的产生提供了一种可能性，但并非是决定性因素。起到决定作用的是缺乏正确的自我意识，这是最大的主观原因。因为任何人都不是天生就有自卑心理的，自卑心理能否形成取决于社会化过程中能否形成正确的自我意识。因此，消除自卑心理关键在于先从正确认识自我开始，要看到自己的价值，要善于发现自己的长处，切忌把他人看得十全十美，更不能只看到自己的不利和不足而低估自己。认识了这些，就容易树立交往的信心，走出自卑的误区。

（三）猜疑心理

猜疑心理是一种在与客户交往过程中无中生有地起疑心，对人对事都不信任的心理状态。交往中猜疑心理表现各异，有的人认为"与客户间的友谊、感情都是逢场作戏，不能信以为真"，有的人认为"台上握手台下踢脚，交往无非是增加痛苦，增加嫉妒，所以与其交往不如不交往"等。尽管表现不一，却有一个共同点，猜疑心理都是由于对人际关系不正确的价值观所引起，而且对人都有一种"性恶论"的观点。因此，总是以一种怀疑人的眼光看待人，对人怀有戒备心理。由于猜疑心理驱使，不以诚心待人，客户自然也不会以诚待他，他戒备别人，别人自然也防备于他，人际关系显得虚伪，导致营销活动难以顺利进行。猜疑心理是一种病态心理，它源于不正常的自我暗示，总是从自我的主观的想象出发去分析、看待事务，其结果必然导致心胸狭窄，目光短浅。因此，加强自我修养，学会全面、辩证地看问题，消除不良的自我暗示是消除猜疑心理的根本措施。

二、消费者的心理障碍

消费者在购买过程中会产生某些特殊的心理反应，这对消费者的购买行为也有重要的影响，因此营销人员在销售与服务中应当注意消费者的以下几种心理状态。

（一）抢购心理

当某种商品供不应求或价格上涨时，消费者就会产生心理紧张，担心以后买不到或价格继续上涨，因而采取超量购买和提前购买行为。凡是关于货源紧张或价格可能上涨的信息都会加剧抢购心理。

（二）待购心理

"买涨不买跌"反映了人们的待购心理。当商品供应充足、价格下跌时，人们反倒不急于购买，希望价格能继续降低。如果价格继续降低，这种持币待购的心理会更加强烈。因此，价格下调频率过快，反而不利于销售。

（三）择优心理

消费者在购买商品时总希望能在众多商品中加以比较选择后买到最好的。如果商品数量少，没有选择余地，消费者就难以下决心购买。因此，商场经常会采用把商品陈列量加大，让消费者从一堆商品中翻捡、挑选的促销方法。

三、应对沟通障碍的策略

（一）正视差异

营销人员首先要正视与消费者之间存在的沟通差异，并且试图理解这种差异产生的原因。应该以开放、包容的心态接纳这些差异的存在，并做到求同存异。尤其基于不同成长背景、教育背景、家庭环境所形成的各类沟通障碍普遍存在，很多时候这种障碍无法根本消除，并潜移默化为语言习惯、思维方式和行为习惯，认识到这些导致沟通障碍产生的根本原因，更有利于化解潜在的沟通障碍，形成有利于销售促进的良好环境。

（二）有效倾听

倾听是作为重要的沟通技巧，很多营销人员都懂得用语言堵住客户的嘴，却又经常不听客户所说的内容，营销活动中的倾听不但体现了一个人的修养，也是营销人员促成订单的必要方式。倾听不仅仅是用耳朵听，同时要积极思考和理解语言背后的事情，及时记录和反馈可能影响消费者购买决策的关键信息，让客户或者引导客户说出心底深处的声音，只有这样才能了解到客户的真实需求。

（三）有效表达

有效表达是对消费者需求的及时反馈，作为营销人员，在与消费者进行交流沟通时要有准备、有计划、有条理地去表达或介绍。要想表达得好，必须有充分的准备，有目的地提供信息、讲解、说明或演示，不断地进行引导、说服。充分了解客户的需求，寻找产品和品牌价值可以给客户带来的利益点，厘清客户关心的利益点和沟通思路，做到这些才能有效地促成交易。

（四）系统学习

营销人员在沟通中如果不能对消费者提出的问题给予恰当答复，甚至一问三不知，无疑是给消费者的购买热情浇了冷水，因此，系统学习产品知识是沟通与谈判的基础。除此之外，多学习产品相关专业的知识，熟悉自己产品的特点、优点、缺点、价格策略、技术、品种、规格、宣传促销、竞争产品、替代产品等，同时也要学习心理学、历史、地理等人文知识，做好知识储备，能够及时应对可能出现的一些专业问题和相关问题。

拓展阅读

"遣词造句"如何影响消费者行为？

语言是营销沟通最重要的工具之一。营销沟通中的许多重要信息都必须通过词、语句或语篇等语言单位或语言单位的组合进行传达，如品牌名称以及产品属性、成分、使用说明等。尽管语言承载的信息内容对沟通效果具有决定性作用，但心理语言学的有关研究已经表明，内容之外的语言因素，如文字组合、发音、句式、修辞，对沟通结果同样具有重要影响。

（一）语音

语言学研究表明，全世界6 000多种语言中大约有2/3的语言会使用相似的发音表达同一种概念。例如，"沙子"这个概念在多数语言中都包含s这个发音（布拉西等，2016）。因此，各种语言品牌名称中相同的发音特征都可能会引发消费者相近的意义联想。营销研究人员很早就开始关注品牌名称的语音问题。施洛斯（1981）发现，美国20世纪70年代末的200个最佳品牌中，名称首字母为k的比例远高于其他字母，跟进研究发现这一现象与k的发音具有积极意义象征有关。有研究对比了英图博略全球最具价值品牌排行榜中的品牌与普通品牌的发音特征，发现高价值品牌会比其他普通品牌更频繁地使用某些元音（如i）和爆破音（如k）等，研究者认为这些发音或能激发消费者的积极反应（波加查等，2015）。

（二）语义

品牌名称可基于自身的语义向消费者传递有关企业和产品的信号（艾尔丹姆和斯瓦特，1998）。品牌名称的语义还可能暗示好运或暗示原产国。周懿瑾和余青（2013）发现，中国消费者对暗示好运的吉利语义品牌名称有更好的记忆，而该效应在消费者控制感较低时更明显。国内学者研究发现，本土品牌取西化名称(如马可波罗瓷砖)仅能提高消费者的质量感知，并不能提高购买意愿(王海忠等，2007)。西化名称还会引发消费者对真实来源国的困惑(潘煜等，2012)。高辉等(2010)则发现西化的仿洋品牌名给消费者现代感，而具有传统文化风格的仿古品牌名则让人觉得历史悠久，消费者在具有避免损失的防御性动机时更加喜欢仿古品牌名称。

(三)视觉形式

品牌名称文字有时会被直接设计成品牌标识，如 Google 和海尔的品牌标识。这些图形化名称的视觉呈现形式(如字体等)也会影响消费者的语义加工。奇尔德斯和贾斯(2002)发现，字体的视觉属性可以被大脑加工为一种不同于文字内容的概念，并且与产品属性之间具有联想关系。当字体的语义关联与广告文案所表述的文字内容或广告图片所表达的含义一致时，消费者对品牌特征和广告诉求的记忆会增强。魏华等(2018)发现品牌名称采用斜体字时，消费者会认为品牌的创新性和效率更高，而端正字体则令消费者认为品牌更稳定可靠。哈格特韦(2011)则发现不完整的企业品牌名称字体(如 IBM 标识的格栅式字体)可以增强消费者对企业创新能力的感知。

如何"遣词造句"与消费者展开沟通，是许多营销管理者几乎每天都会面对的重要问题。语言是营销信息的主要载体，也是消费者展开思维活动的重要工具。因此，加强沟通语言理解与运用成为营销人员十分重要的能力。

(资料来源：韩雪珂，钟科，李新宇."遣词造句"如何影响消费者行为？——营销沟通中的语言心理效应研究综述[J]．外国经济与管理，2019，41(9)：91-108.)

思考题

1. 营销沟通的过程模型包含哪些要素？
2. 整合营销沟通框架包括哪几部分？
3. 消费者决策不同阶段的沟通策略有哪些？
4. 营销人员会遇到哪些沟通障碍，原因是什么？
5. 消费者会遇到哪些心理障碍？

第十二章 消费情境与消费心理

学习目标

1. 掌握消费情境的维度划分。
2. 掌握线下购物情境因素的类型。
3. 了解时间因素对购物决策的影响。
4. 掌握并运用在线消费决策模式。

导入案例

身临其境：电商直播背后的消费心理

电商直播除了解决传统图文展示的痛点之外，用户还能与主播互动、看到其他买家的踊跃参与，让购买体验不再是与其他买家隔离的"孤岛"，而更像是线下场景中的逛购。用户对直播最直接的感受就是看主播、围观讨论以及抢优惠，享受参与其中的乐趣。这种身临其境的沉浸式体验，就是社会临场感（Social Presence）。

（一）直播与社会临场感

营销领域将社会临场感定义为媒介允许用户将其他人当作一个心理存在者的程度。网站的互动特性能促进个人临场感的比较，由网站传达的社会临场感通过影响享乐感和有用性等感知来影响行为意图(Shen，2012)。简而言之，就是"不在面前时却有面对面的感觉"，让用户感知到类似真实环境的温暖和社交。

直播的即时互动相比以往形式更加直接、高效，带来的临场感也越强。但在直播环境中社会临场感只是背景，并非感到身临其境就会狂热参与到剁手队列中。用户感受更直接具体的是直播间氛围与亢奋感，实时互动的热闹氛围带来的持续参与感让用户"上瘾"。

（二）直播与社会助长

狂热气氛更像是生理宣泄，从情感层面直接驱动从众消费行为。社会助长(Social Facilitation)理论指出，临场感会对个体产生情绪唤醒，从而影响态度及行为。实验发现，他人在场或陪伴会让被试者对商品图片表现出更高水平的情绪唤醒(Pozharliev等，2015)。

更重要的是，内驱力唤醒会直接影响人们的决策偏好，增强任务中的优势反应。举个例子，在很激动和开心的状态下，人们擅长高效完成常规任务，如打扫、收纳，但是解决推理问题时就很难静下心集中注意力。网购决策也是如此，商品材质、规格参数是需要仔细查看对比的复杂任务，在情绪唤醒的状态下效率较低；但是依赖口碑(品牌、效率)、信誉(专家、红人)等边缘线索进行的启发式决策是简单任务，可以快速完成，通常"头脑一热"就买下了。

(三)社会化情境下的消费促进

用户在身临其境的直播观看体验中，产生了社会临场感。主播的推荐、其他买家的拥簇，增强了人们对判断决策的信心，与他人的选择保持一致也减少了决策失误的风险。直播间的氛围与互动交流唤醒情绪，更容易使人有积极态度及购买冲动，并进一步改变了人们的思维路径，倾向于依靠边缘线索快速决策，从而形成最终的从众消费行为。社会临场感的产生是前提，所以电商直播本质上也是一种沉浸式的体验，也说明了为什么越来越多的人享受在观看直播的同时购物。

(资料来源：京东设计中心 JDC；https://mp.weixin.qq.com/s/6vPc19YO9HvGNbM4XxOrEg)

第一节 消费情境概述

一、消费情境的含义

在教育学领域中，情境往往指的是场景的氛围和形象，从而引发学习人员的融入感。在艺术创作中，情境往往用在戏剧的布景和剧情切换中。在消费者心理学研究中，最为经典的是阿塞尔于1955年创立的消费情境理论，专门研究消费情境因素与消费者自身因素以及产品或服务因素的关系，把情境界定为发生在消费决策之前的暂时性的外界环境，这种外界环境独立于消费者自身情况和产品因素，这是一种狭义的定义。而广义的消费情境涵盖了影响消费者购买决策的各种主客观因素，不仅包括销售的商品或服务，还包括很多其他因素，如消费者购买产品的原因以及消费者在购物环境中的感受等。

消费者在不同的情境中往往有不同的期望，为了达到这些不同的期望，所做出的消费选择也会有所不同，并且购买行为也受到产品使用情境的影响，这就是营销人员十分重视研究消费情境的原因。除此之外，营销人员重视消费情境的另一个原因是，消费者在不同情境中会扮演不同的角色，自我形象也会有所不同。例如，在购买圣诞节礼物的消费决策中，同一位消费者可能会是朋友、儿女或恋人的角色，这种不同情境下的形象会导致他们做出不同的决策。

为了更好地理解消费情境与消费行为的关系，需要进一步考虑产品的使用情境。换句话说，因为生活中产品的使用情境不同，消费者才可能发生多次购买。例如，端午节购买粽子、春节购买对联、冬天的火锅、夏天的冰激凌等，这些不同的产品使用情境，有的是基于文化，有的是基于季节。通过这些特定的联结，人们一到相应的节日或季节，就会产生相应的购买行为。

对营销人员而言，充分考虑产品使用情境是制订产品市场细分策略的关键。具体来说，营销人员需要考虑哪些人群是这款产品的目标消费者，以及这款产品有哪些使用情境。有了这些思考之后，就可以建立起一个矩阵，从而根据消费情境的不同，有针对性地进行产品的推广，并突出产品的不同特征。

二、消费情境的维度划分

对消费情境的关注集中在营销领域和计算机的交互设计领域，由于学者们对消费情境的理解不同，因此会形成多种消费情境维度，具体如表 12-1 所示。从表中可以看出，消费情境包含的内容十分丰富，营销实践中对消费情境的理解应该是客观且全面的，一切可能影响消费者购物体验的情境因素应该都纳入消费情境的范畴，当然营销人员无法改变很多情境因素，但要努力为消费者营造良好的情境氛围。

表 12-1 不同学者对消费情境的维度划分

学者	维度	内涵
贝尔克（Belk）（1975）	社会环境	消费者在交易过程中受到的社会关系的影响
	任务情境	消费者使用商品或接受服务的需求目的
	物理环境	有形的物质情境
	时间	在消费环节中，使用者能够保证的可支配时间的富余情况
	消费前状态	在进入消费环节前消费者自身的短暂的心理活动和身体状态
席立特（Schilit）（1995）	使用者情境	使用者自身特征、社会关系与使用时的干扰
	物理情境	温湿度、光线、声音、空气质量、交通拥堵情况等
	网络情境	互联网连通情况、带宽、计算机处理能力、通信费用等
布莱克威尔（Blackwell）等（1995）	交易情境	消费者在商品或服务交易情境与交易过程中的心理活动
	使用情境	产品使用过程中所处于的时间节点、地理位置和外界环境
	协商情境	消费者与销售人员、协同人员、宣传人员等的协商与沟通
符国群（2004）	购买情境	消费者在进行商品交易时所处的状况，包括做出交易行为以及实际使用中的信息环境、时间紧凑情况和销售时的外界环境
	使用情境	消费者在消费环节和产品使用过程中的外界环境
	沟通情境	消费者在面对销售人员或宣传信息时的背景环境
	消费者情境	消费者自身特征、社会地位和具体地理位置
顾忠君（2005）	时间因素	时、分、秒，月、日、年，星期，季节
	网络情境	网络信号强度、通信费用、网络带宽等
	物理情境	温湿度、光线、声音和道路拥堵情况等

续表

学者	维度	内涵
施密特（Schmidt）（2013）	社会情境	风度习惯、社会秩序、法律法规等
	外部情境	产品的基本物理信息、网络通信情况、地理区位等
	内部情境	消费者自身特征因素，包括描述性特征、任务目标和需求、社会因素、人文环境等
程文英（2015）	外部环境	消费者进行商品或服务的交易前外界环境特征，诸如温湿度、亮度、地理位置、时间因素等
	个体情境	消费者心理活动、知识等
	网络环境	网络带宽、信号强度、手机或个人电脑的计算机运算处理速度、内存等
孙浩（2016）	环境情境	消费者身边的外部环境和自身的人文环境，前者是使用过程和交易前的物理环境，后者指社会环境
	消费者情境	消费者生活方式、心理状态、选择偏好等
	任务情境	有别于外部环境和消费者自身情境，指具体任务目标属性，即为消费者行为的具体做法和方式以及行为属性

（资料来源：相博. 消费情境对共享单车使用意愿的影响[D]. 上海：上海交通大学，2019.）

第二节　线下购物环境与消费心理

现阶段，随着网络的快速发展，人们的消费情境发生了翻天覆地的变化。尽管线上消费很大程度上挤占了线下实体消费的空间，但线下购物的真实体验依然是线上消费无法取代的，因此，线上线下相结合成为很多企业的共同选择。

实体店的店容店貌是消费者对品牌的最初感觉，会给消费者留下强烈的第一印象，影响其进入后的情绪和行为。具体而言，这些线下购物的物理因素包括店面地址、装潢、产品陈列等。以全球咖啡连锁品牌星巴克为例，成立之初星巴克全球门店执行统一的装修，但全球金融危机后，星巴克关闭了很多门店，并且其管理者逐步认识到：虽然统一装修能提升开设和管理新门店的效率，但会导致消费者将星巴克看作与肯德基和麦当劳一样的快餐店，这显然与星巴克高端、精致化的定位不匹配。此后，星巴克对旗下门店的装修风格进行了大幅度的变革，提出的原则是每一家门店都要结合当地消费者的审美偏好进行装修，甚至星巴克会依据当地建筑风格或商圈特色思考如何融入。例如，位于上海城隍庙的星巴克，外观就像座现代化的庙宇；苏州周庄古镇的星巴克外观看上去和当地古色古香的建筑一样，不看招牌都很难会发现这是星巴克。这种个性特色的店面设计，为星巴克带来了巨大的收益，也更加体现了星巴克"我们的店就是最好的广告"这个经营理念。

一、物理因素

店面地址选择要综合考虑所在区域的人口因素、地理环境因素、地段因素，并掌握与此相关的消费者购物过程中的消费心理。

(一) 店面选址

店面选址首先要了解人口是否密集，消费者人数是否足以形成市场，规模性的目标消费群体是否存在等因素。其实每个城市都形成了特定商圈，这些商圈内各类店面林立，由于从众心理和集聚效应的存在，消费者往往更愿意选择店面集聚的商业圈进行购物，为此，店面选择首先要考虑的就是集聚效应，当然这些店面集聚区域的营销成本更高，尤其房屋租金、水电、人工等固定成本偏高。

消费者都希望购物场所周围拥有便捷的交通条件，并且能够获得便捷的购物支付、快速运输和良好的售后服务。为了满足这一点，很多企业也是不断创新经营模式。例如，盒马鲜生作为阿里巴巴对线下超市完全重构的新零售业态，提出快速配送模式，消费者可以到店购买，也可以在移动端下单，并且门店附近3千米范围内，30分钟送货上门。这种完全以满足消费便捷为遵旨的模式创新受到广泛好评。

著名商人李嘉诚曾经提出"地段、地段还是地段"的观点，这一观点影响了很多线下实体商店的选址，也成为店面选址的重要原则。例如，上海南京路、北京王府井、哈尔滨中央大街等全国著名的商业街成为一流品牌实体店出现最多的地段。

(二) 招牌店标

店面招牌，即店面名称，是企业区别于其他经营者的重要标志。招牌的好坏对于消费者的心理影响是十分明显的，正因为如此，一个设计精美，具有高度概括力、强烈吸引力的商店招牌，能够有效地刺激消费者的感官和购买心理，并引导其产生相应的购买行为。

不论是简洁大气的苹果体验馆，还是人气爆棚的网红店，门头招牌设计都很独特美观。招牌店标向消费者传递的信息包括卖什么、叫什么、有哪些亮点。同时，朗朗上口又有趣的名字和招牌材料的选择会引起更多人的关注，可以通过用颜色、形状、灯光等方式刺激消费者视觉，引起消费者注意，加深他们对店面的印象。例如，ABC童装、平民大药房等招牌，都直接显示了店面交易范围与经营项目，给消费者购物提供了极大的方便。

我国有很多传统老店，具有悠久的历史和传统的经营特色，其商店招牌更是具有十分深刻的内涵。例如，中华著名老字号"全聚德"包含了"全而无缺、聚而不散、仁德至上"的内涵，象征着"全聚德"圆满、仁义、恭谦的道德观念和以德为先、诚信为本、热情、周到地为各方宾客服务的经营理念。

(三) 商品陈列

商品陈列是指柜台及货架上商品摆放的位置、搭配及整体表现形式。商家应根据消费者的心理特性来陈列商品，做到醒目、便利、美观、实用。不同的零售业态因为其经营特点、出售商品和服务对象的不同，在商品陈列上也表现出不同的形式。

商品摆放位置的高低会直接影响消费者的视觉范围及程度。心理学研究表明，人眼的视场与距离成正比，而视觉清晰度与距离成反比。通常，商品摆放高度要根据商品的大小和消费者的视线、视角来综合考虑。一般来说，摆放高度应以 1~1.7 米为宜，与消费者的距离应为 2~5 米。

对于重点商品，要陈列在最能吸引消费者眼光的地方。无论超市、商场还是普通店面，最优位置最适合陈列重点商品进行销售，并且通过合理的空间布局，引导消费者顺畅地逛遍整个商场，增加购买。

二、销售人员

销售人员直接与消费者接触，对消费者店内决策产生重要影响。很多时候，消费者对企业的不满大都来自对销售人员的不满意。一个优秀的销售人员，要做到以下几个方面。

首先，要衣着得体，很多大品牌会统一提供得体的服装，因为统一得体的着装会让销售人员显得更专业，更容易获得顾客的信任。在以服务为核心的银行、保险、零售等行业，销售人员都会穿着统一得体的服装。对于消费者来说，正式的着装也会让他们感觉自己受到了重视。

其次，好的销售人员应当具有足够强的动机来做好销售工作，因为消费者能直观地通过语言、表情、态度等感受销售人员的热情，当他们觉得销售人员的态度很真诚时，更有可能去购买产品。例如，日本保险业"推销之神"原一平连续 15 年全国业绩第一，他为了能让自己的微笑在别人看起来是发自内心的真诚，进行了长时间的微笑训练，针对不同的场合，总结出著名的"39 种微笑"。当热，成功背后是原一平长期不懈的努力学习和坚持的结果。

最后，优秀的销售人员会努力寻找自己和消费者之间的相似之处，这样可以拉近与消费者的心理距离。有的时候，这种相似之处可能很微小。例如，销售人员与消费者之间有共同的爱好，或者来自同一个地方。大多数时候，当销售人员表示他与顾客之间存在一些相似之处或者关联时，往往代表着他能理解顾客的一些想法，这无疑有利于消除消费者的防备心理。

三、时间因素

对所有人来讲，每天都只有 24 个小时。从消费行为的角度看，不同消费者对自己时间安排的不同会表现出不同的消费行为，这种时间安排也可以被称为时间风格。

一方面，对于消费者来说，时间充裕的购物与时间不充裕的购物，最后做出的购买决策会不太一样。精心挑选的礼物和随手买到的产品，显然需要付出的时间是不同的。当然，时间因素不仅影响消费者在线下的购物决策，同样影响消费者的网络购物决策。另一方面，随着经济社会的不断发展，都市生活的节奏也变得越来越快，消费者总是会感受到时间的稀缺性，并产生焦虑。这也成为企业营销的机会。例如，预制菜品、速食产品等商品的广告总会向目标消费者传递出节省时间的信息，这很准确地抓住了现代消费者的痛点，满足了消费者的需要。

第三节　线上购物环境与消费心理

一、线上购物的主要形式

互联网技术的飞速发展，极大地改变了消费者的购物形式，通过各类电子商务平台，消费者能够足不出户、顺利安全地完成线上购物。根据中华人民共和国商务部（简称商务部）发布的《中国电子商务报告（2022）》显示，2022年全国电子商务交易额为43.83万亿，比上年增长3.5%。同时商务部数据显示，2023年上半年，我国网络零售市场规模总体呈稳步增长态势，全国网上零售额7.16万亿元，同比增长13.1%。其中，实物商品网上零售额6.06万亿元，同比增长10.8%，占社会消费品零售总额的比重为26.6%。

从内涵来看，电子商务是指以互联网为依托的所有实物、服务和虚拟商品的在线交易行为和业态，主要包括以大宗商品和工业品为主的产业电商，以消费品为主的数字零售、跨境电商，以在线外卖、在线旅游、在线租房、交通出行等为主的数字生活等。从电商平台的类型看，电商平台不仅包括天猫、京东、苏宁等传统的B2C电商平台，还发展出社交电商、内容电商、直播电商、跨境电商等新兴业态。

二、线上购物的心理特征

（一）便捷心理

随着5G网络、电子支付、物流配送等相关环节的发展，网络购物变得越来越便捷。无论年轻群体还是中老年群体，基本都能够参与到网络购物当中，并且与实体店购物相比，消费者可以在同等时间内浏览更多的商品，并且可以通过平台设计的筛选功能，实现精准匹配。应该说，线上购物既节省了消费者的时间和体力，也通过持续优化的平台功能极大地改善了消费者的购物体验，这种便捷性十分符合消费者追求时效性的心理。

（二）自主心理

线上购物时，消费者不需要面对特定的销售人员，这也极大地提升了消费者购物的自主性。如果在实体店购物，消费者可能会因为销售人员提供了周到的服务而购买商品，但线上购物时，销售人员对购物决策的影响相对较小，消费者可以通过品牌、价格、评论等其他因素对产品进行综合判断，从而决定是否购买。当前，线上购物的支付便捷、退换货政策、优惠以及补贴等都促使更多的消费者选择线上购物形式。

（三）廉价心理

大部分电子商务平台在发展初期都会通过高额的补贴吸引消费者，这就形成了消费者的刻板印象，认为网上的商品比实体店便宜。一般情况下，消费者在网上购物时，大都会货比三家，首选的也是同级别、同质量商品中价格最低的。而网购平台之间的竞争、网购平台内部商户之间的竞争都很激烈，因此，彼此之间打价格战就在所难免。但是，随着电商平台发展进入稳定期，高额补贴逐渐退出，商家们也逐步开始回归理性，甚至很多品牌推出线上线下同价策略，此时消费者在线上购物体验到的价格优势逐步消退，品牌竞争力、产品质量等成为决定消费者购买决策更为重要的因素。

三、在线消费决策

（一）在线消费决策模式

随着在线消费的增加，消费者决策行为呈现出一些新特征。在传统媒体时代与互联网发展初期，行业广泛奉行的是 AIDMA（消费理性模型），即 Attention（注意）、Interest（兴趣）、Desire（渴望）、Memory（记忆）、Action（行动），该模型强调以媒体为中心，处于向用户单向传递信息的阶段。

在信息与人互动的互联网 2.0 时代，基于搜索和分享应用的出现，用户对传统媒体的聚焦转到了网络媒体上，信息的来源变得分散，用户的行为由被动变成了主动，形成 AISAS 模型，即 Attention（注意）、Interest（兴趣）、Search（搜索）、Action（行动）、Share（分享），实现消费者间信息的传递与渗透。

在智能互联的互联网 3.0 时代，形成了 SICAS 模式和 ISMAS 模式，前者包括 Sense（感知）、Interest（兴趣）、Connect（连接）、Action（行动）、Share（分享），后者包括 Interest（兴趣）、Search（搜索）、Mouth（口碑）、Action（行动）、Share（分享）。这就弱化了品牌商家主观推送信息的概念，强调消费者的需求与接纳度，并将忠实消费者与品牌忠诚度作为传播的核心。主要消费决策模式如图 12-1 所示。

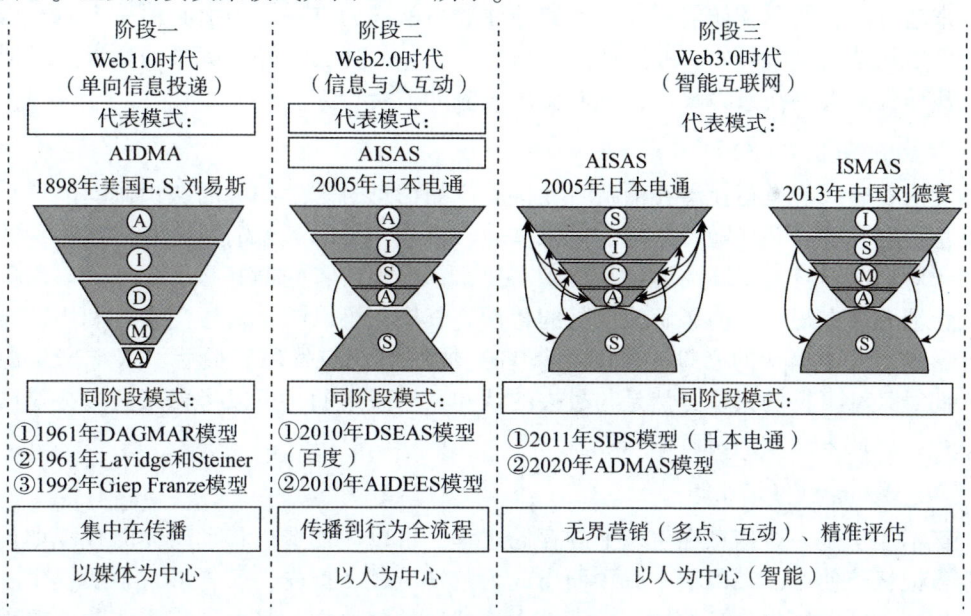

图 12-1　主要消费决策模式

（资料来源：用户消费行为模型的类型与使用；https://www.woshipm.com/u/784494）

（二）在线消费决策模式构成

尽管在线消费决策模式包含的具体要素不同，并且这些模式随着网络技术的发展逐步变化，但一些核心要素并没有发生本质性改变，图 12-2 展示了不同阶段，在线消费决策模式包含的主要元素。无论哪种决策模式,大多包含了注意、兴趣、记忆、行动、分享五种要素。

Web 1.0时代	AIDMA（美国,1898）	Attention 引起注意	Interest 产生兴趣	Desire 培养欲望	Memory 形成记忆	Action 促成行动	—	—
Web 2.0时代	AISAS（日本,2005）	Attention 引起注意	Interest 产生兴趣		Search 主动搜索	Action 促成行动	Share 进行分享
Web 3.0时代	SIPS（日本,2011）	—	Sympathize 共鸣	Identigy 确认	Participate 参与	—	Share 进行分享
	SICAS（中国,2011）	Sense 互相感知	Interest & Interactive 产生兴趣&形成互动		Connect & Communicate 建立连接&互动沟通	Action 促成行动	Share 进行分享
	ISMAS（中国,2013）	—	Interest 产生兴趣		Search 进行搜索	Mouth 参考口碑	Action 促成行动	Share 进行分享
	ADMAS（中国,2020）	Attention 引起注意	Desire 需求		Message & Mouth 信息&口碑	Alternative 选择	Share 进行分享

图 12-2 主要消费决策模型关键要素

（资料来源：用户消费行为模型的类型与使用；https://www.woshipm.com/u/784494）

1. A（Attention）：注意

互联网时代，时间变得越来越碎片化，传达出的信息也愈发零散，使得消费者的注意力也越来越分散，所以，如何抓住消费者的注意力就成为重点。为引起消费者对广告的注意力，可以从情绪唤醒开始，通过产品广告、视频、品牌标识等，刺激消费者生理或心理反应，从而促进大脑注意力集中，随时做出相应的消费行为。

2. I（Interest）：兴趣

激发消费者兴趣是指让潜在消费者在接收产品信息时产生积极的认识倾向。这种兴趣倾向是稳定存在的，并伴随着肯定的情感体验。首先，可以考虑消费者对产品兴趣的产生是来源于对产品本身的实际需要还是心理需要，掌握消费者的偏好和需要，并以简单明了的方式让消费者在短时间内了解该产品的特性。其次，可以结合目标受众，利用社会群体的相互影响、同步消费的心理来影响消费者兴趣的形成与发展。最后，兴趣产生源于认知，人们对某种事物的兴趣必然是与过去的认知紧密联系的，可以考虑人们过去对同类商品的认知，以此来激发消费者的兴趣。

3. M（Memory）：记忆

记忆本质上是一段信息在生理上的存储过程，可以被创造。移动媒体时代，如何通过打造广告记忆点使产品在市场中脱颖而出成为营销难题。首先，广告形式上要提供一种记忆点，用特别的方式将产品的核心卖点植入消费者的脑海中。其次，广告要让消费者在内容上有所收获。人都是互相关心的，但同时又都以利益为导向。如果能让受众从广告中有所收获，那也一定在受众的脑海中留下了深刻的印象。最后，借助明星效应也是加强该产品记忆点的方法之一，对新锐品牌可能起到事半功倍的效果。

4. A（Action）：行动

促成购买行动发生是营销活动的重要目的，消费者的购买行为会发生在任意时间和任意地点，满足消费者的潜在需求对此阶段的消费者来说具有重要影响。线上购物过程中支付、物流配送以及售后服务等，对促成行动十分关键。当前各大电商平台都基本构建了完善的体系，以确保消费者购买行动的顺畅。

5. S(Share)：分享

互联网时代联结与分享变得十分顺畅，消费者线上购物体验能够及时、迅速、真实的反映出来，并且可能得到快速传播。大量的研究发现，在线评论会直接影响消费者购买意愿，并且绝大部分消费者都有在购买之前阅读在线评论的习惯。这就意味着商家一定要做好在线评论的管理。作为消费者，也要对消费者体验进行客观评价，遵循有关法律法规。

拓展阅读

为什么消费者的时间总是很稀缺？

生活中，明明时间还有很多，人们却总觉得时间所剩无几，从而造成一种时间紧迫感。为什么会产生这种情况？2015年的一项研究发现，消费者对目标冲突的主观感知影响了他们对时间的感知。这里的目标冲突是指，个人需要完成的任务和需要投入的资源具有很大的差异或冲突，例如，消费者要购买高质量的产品，但同时还想省钱。

在这项研究中，学者们做了多个实验。实验一中，将被试者随机分为四组，分别遵循时间冲突组、金钱冲突组、一般冲突组或控制组的要求。在时间冲突组中，被试者被要求："列出两个你觉得相互冲突的目标，因为它们争夺你的时间。"在金钱冲突组中，被试者被要求："列出两个你觉得相互冲突的目标，因为它们争夺你的金钱。"在一般冲突组，被试者仅仅被要求列出两个相互冲突的目标，没有收到关于冲突类型的具体指示。在控制组中，被试者仅仅被要求列出两个目标。在这些操纵后，每个被试者都会被要求填写一份关于主观时间感知的量表。实验一的结果发现，所有三种被引导去感知目标冲突的被试者都会有时间紧迫感。

为了探究原因，研究者展开了第二个实验。在实验二中，被试者依旧被操纵产生三种类型的目标冲突，分别是时间目标冲突、金钱目标冲突以及一项与资源无关的目标冲突。接着，一部分被试者被要求描述一个感知到目标冲突的时刻（高冲突组），另一部分被试者则被要求描述没有感知到这些目标冲突的时刻（低冲突组）。之后，每组被试者都填写一份关于时间感知的量表以及一份感知压力与焦虑的量表。结果显示，相比低冲突组被试者，高冲突组被试者会感觉时间更紧张，并且会更有压力，焦虑感也会更强。这表明目标之间的冲突是通过增加参与者感受到的压力和焦虑，进而降低他们对时间的感知来实现的。

上述研究发现，目标之间存在更大的冲突会让人们感到拥有更少的时间，这是因为感知目标的冲突会使消费者产生更多的压力和焦虑感，从而让人在主观上产生时间紧迫感。此外，这项研究还证明，让人们感到可用时间更少，感知到更多的目标冲突，会降低人们等待产品的意愿，并增加他们为节省时间而付费的意愿。当然，学者们同时提出了一些解决方案，例如，慢慢呼吸或者重新评价自己的目标。

这就为商家采用各种办法降低消费者感知到的等待时间提供了理论基础。例如，海底捞提供免费小吃、美甲、小游戏等服务，让排队等待的消费者减少感知到的等待时间。

（资料来源：Etkin J, Evangelidis L, Aaker J. Pressed for time? goal conflict shapes how time is perceived, spent, and valued[J]. Journal of Marketing Research, 2015, 52（3）：394-406.）

思考题

1. 你认为消费情境维度可以如何划分？
2. 请分析线下购物情境因素的类型。
3. 请分析商家应该如何克服消费者时间稀缺所产生的焦虑感。
4. 请比较说明不同在线消费决策模式的适用性。

第十三章 数字时代的消费心理

学习目标

1. 理解大数据时代的消费痛点。
2. 掌握人工智能对消费者心理的影响。
3. 理解直播带货的心理基础。
4. 理解网络种草的心理基础。

导入案例

大数据杀熟第一案

携程定位于在线旅游服务市场，利用现代互联网与信息技术将旅游服务提供商与消费者联系在一起，以提供酒店及机票预订业务为主，同时还将机票及酒店预订整合成自助游与商务游产品。携程的业务系统主体涉及航空票务代理商与酒店。携程作为旅游电子商务的中介，连接了上游旅游服务提供商（酒店、旅行社、航空票务代理商）及消费者。

携程酒店网络以三星级至五星级为主，70%的签约酒店可保证分配给携程的房间数占总房间数的2%~5%。大约15%的酒店给予了携程房间保证，而其中85%的酒店供应商同时向多个服务中介提供房间分配。目前，携程已占据中国在线旅游服务市场50%以上的份额，已成为绝对的市场领导者。2011年，携程获评商务部电子商务示范企业，并入选"中国现代服务十大创新企业"，2012年又获"最佳在线旅行社"大奖，进一步确立了其领导者的地位。

正是这样一家大数据时代的营销巨头，2020年7月却爆出"杀熟"丑闻。绍兴市柯桥区法院审理了胡女士诉上海携程商务有限公司侵权纠纷一案，该案是绍兴市首例消费者在质疑遭遇"大数据杀熟"后成功维权的案例。胡某长期使用携程App来预订机票、酒店等，因此其成了携程App的钻石贵宾客户。据携程公司宣传内容，钻石贵宾客户享有酒店会员价8.5折起等特权。2020年7月18日，胡某通过携程App代理渠道订购舟山希尔顿酒店的一间豪华湖景大床房，支付价款2 889元，但退房时，酒店发票显示房价仅为1 377.63元。胡某发现其不仅没有享受到钻石贵宾客户应享优惠，反而以高于酒店挂牌价的价格支付了房费。为此，胡某致电携程客服，经查询后，携程客服仅同意退还胡某1 268元。由此胡某认为携程利用其个人信息，根据其"高净值客户"的标签向其报出高价，构成欺诈，遂对携程提起诉讼，要求携程对欺诈所涉的房费差价进行退一赔三的赔付，并要求携程增加当用户不同意携程App的《服务协议》《隐私政策》时仍可使用携程App的选项，以避免被采集个人信息，拒绝"大数据杀熟"。

绍兴市柯桥区法院经审理后当庭宣判，判处上海携程商务有限公司赔偿原告订房差价并按房费差价部分的3倍支付赔偿金，且在其运营的携程旅行App中为原告增加不同意其现有《服务协议》和《隐私政策》仍可继续使用App的选项，或者为原告修订携程旅行App的《服务协议》和《隐私政策》，去除对用户非必要信息采集和使用的相关内容。

"目前大多数App在使用之前，都会要求用户概括性地同意他们的用户协议和相关隐私政策，从这个案子的判决中我们就要杜绝这种概括性地要求用户授权的行为。"柯桥区法院庭审法官介绍，这对于保护公民隐私，杜绝"大数据杀熟"有着重要意义。

"目前在面对'大数据杀熟'时，消费者天然处于劣势地位，平台对于消费者拥有压倒性优势，消费者往往面临着举证不易、维权困难的困境。"柯桥区市场监督管理局相关负责人表示，该案为消费者在质疑遭遇"大数据杀熟"时成功维权创建了样板。下一步，市场监管部门也将对此类依托大数据从事其他经营活动的行为进行更加严格的监管，更好地规范经营者行为，净化市场环境，保护消费者的合法权益。

（资料来源：①陈洁，王亚鹏. 携程网旅游产品的网络营销策略研究[J]. 现代商业，2023，672（11）：72-76. ②中国青年报；https://baijiahao.baidu.com/s?id=1705627231572532828&wfr=spider&for=pc）

请思考：大数据时代携程网的成功与失败都体现在哪些方面？

第一节　大数据与消费心理

一、大数据的含义

数据已经成为企业的重要资产。2006年英国数学家克莱夫·亨比提出"数据是新的石油"这一观点。2011年，美国著名研究机构Gartner高级副总裁彼得·桑德加德称："信息是21世纪的石油，分析是内燃机。"2017年著名的《经济学人》杂志宣称："世界上最宝贵的资源不再是石油，而是数据。"当然，把数据比作石油，更多的是指数据的价值，是指数据在人工智能、机器学习和数据科学应用中的巨大价值，这种巨大价值如同石油在工业经济中的巨大价值。

对于大数据的定义，麦肯锡全球研究所认为大数据是一种规模大到在获取、存储、管理、分析方面大大超出了传统数据库软件工具能力范围的数据集合。第46届夏威夷国际系统科学会议（HICSS）从数据量大小的角度提出，当数据字节超过10^{18}甚至更大时，大数据即产生。Gartner认为，大数据需要新的处理模式才能具有更强的决策力、洞察发现力和

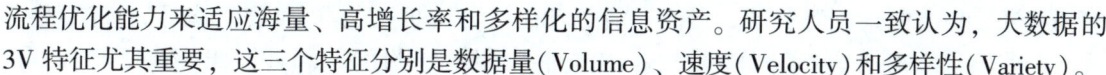

流程优化能力来适应海量、高增长率和多样化的信息资产。研究人员一致认为，大数据的 3V 特征尤其重要，这三个特征分别是数据量(Volume)、速度(Velocity)和多样性(Variety)。

还有学者在现有 3V 特征基础上引入了更多的特征，其中较为重要的是价值性(Value)。甲骨文公司提出，以最原始的数据状态接收数据时，数据集的价值比较低，而通过数据分析来获取信息价值，消除不重要的与不相关的部分数据，获得有价值的数据与结果后，才能称为"大数据"。因此，大数据是一种具有高容量、高速度和多种类特征的信息资产，需要特定的技术与分析方法才能将之转化为价值。

二、消费数据的类型

企业能够从多种来源获得多种类型的消费数据，主要包含结构化数据与非结构化数据。

(一)结构化数据

结构化数据是结构明确的数据，一般由二维表结构来表达和实现。结构化数据严格遵循数据格式与长度规范，主要通过关系型数据库进行存储和管理。例如，产品库存、客户记录等都是结构化数据。尽管这部分数据以较为传统的形式存在，但是在大数据管理下，这些数据的管理更为便利，能够实现周期性的循环与更新。

(二)非结构化数据

非结构化数据指数据结构不规则或不完整，没有预定义的数据模型，不方便用数据库二维逻辑表来表现的数据，包括所有格式的办公文档、文本、图片、HTML(超文本标记语言)、各类报表、图像、音频、视频信息等。对企业营销决策最为重要的非结构化数据包括消费者在线评论和社会媒体内容信息。

1. 消费者在线评论

在线评论是线上消费决策的重要部分，所有电商平台都提供了界面丰富的评价信息反馈窗口。在数值信息方面，在线评论信息包含产品的平均评分、最高分。在文本信息方面，消费者可以在固定位置输入文字，系统会利用大数据技术对消费者评论进行关键词提取的处理，便于后续更加快速地把握评论整体的风向；系统还可以对大量消费者评论进行分类，以便消费者选取自己想要查看的内容。此外，消费者还可以提供图片、视频信息。随着评论形式的多样化升级，为直观地展现消费体验，部分产品还会提供具体的品类榜单，用户能直接了解该产品在同类产品中的排名。

2. 社交媒体内容

这部分数据来自两个方面，一方面来自消费者在社交媒体上发布的与个人有关的信息，这些信息能够被社交媒体用来辨识消费者特征；另一个来源是消费者在自己的社交媒体上发布的与产品直接相关的使用体验、满意度等信息，这类信息因不直接在利益相关的平台上发表，用户会传达自身最为真实的态度与想法，对这些信息的分析，能够有效地判断消费者的产品偏好与消费痛点。

三、大数据时代的消费痛点

(一)数据隐私性

消费者的各种消费数据被一一记录，企业可以通过对这些消费数据的分析，更好地理解消费者，更有效地配置资源。然而，消费者在一定程度上成了"大数据滥用"的直接受害者。企业不仅知道消费者在哪个位置通过哪种渠道购买了什么产品以及购物的历史记录，还尝试预测他们将来可能的购买行为，更为严重的是，部分敏感的个人信息也暴露无遗。消费者面临着大数据杀熟、隐私泄露、数据滥用等一系列问题，甚至由此引发了信任、道德及法理等社会问题。

（二）数据可靠性

随着可获取数据的不断增加，如何从海量数据中获取高质量数据成为挑战。由于数据滥用的存在，消费者可能刻意提供虚假信息，从而有意避开自己的真实态度。面对大量不同来源的数据，企业需要考虑这些数据是不是可验证的，来源是否可靠，并从中识别出真实可用的数据。因此，提供大数据管理能力，利用先进的工具和技术分析方法来挖掘不确定数据中隐含的宝贵信息，是大数据分析应用在消费者行为领域时需要关注的重要方面。

（三）数据唯一性

尽管大数据已经成为企业十分重要的资产，但对企业而言，挖掘消费者大数据背后的有价值的规律，并作出正确的营销决策才是重中之重。但很多时候，企业营销决策受制于资源、能力、品牌等各种因素的影响，过分关注数据而忽略其他因素，会影响营销决策的科学性和可行性。应该说，拥有消费大数据是提高营销决策效率的必要非充分条件，即拥有消费大数据不一定会带来更好的营销效果，而好的营销效果一定要以坚实的消费数据为基础。

第二节　人工智能与消费心理

一、人工智能的含义

1943 年，麦卡洛克（McCulloch）和皮茨（Pitts）提出了第一个神经元计算模型，通过模拟人类神经网络构造实现数据处理与分析，这标志着人工智能的正式诞生。为了解决神经网络的复杂结构问题，1956 年，以麦卡锡、马文·明斯基等为代表的，从事数学、心理学、计算机科学、信息论和神经学研究的年轻科学家集聚在达特茅斯大学，召开了人类历史上第一次人工智能研讨会，并第一次使用了"人工智能"这一术语，这一年被视为人工智能的元年。

此后，人工智能的发展经历了一波又一波的浪潮，1997 年，IBM 公司推出的计算机"深蓝"在与国际象棋大师卡斯帕罗夫对弈中获胜，极大地激发了人们对人工智能技术研发的热情。2016 年，人工智能机器人 AlphaGo 以 4 比 1 的战绩战胜围棋世界冠军李世石，掀起了又一波人工智能发展高潮。2022 年，美国 OpenAI 公司开发的一款以聊天为主的机器人 ChatGPT 引发了全球对生成式人工智能的关注。随后，我国一批互联网公司和高校科研院所发布了各种以大语言模型为基础的人工智能产品。

通俗来讲，人工智能（Artificial Intelligence，AI）就是人造的智能，主要是指以计算机模拟或实现的智能。人工智能的发展，体现了人类不断突破自我的精神。作为当前最为火爆的一门学科，人工智能主要研究如何使用机器来模拟人的学习、推理、思考、规划等思维过程和智能行为。早期的人工智能是计算机科学的分支，但现在其研究范畴几乎涉及了

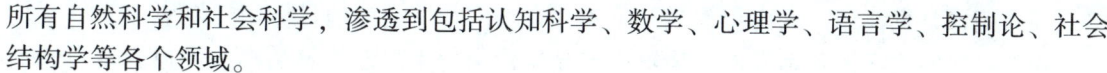

所有自然科学和社会科学,渗透到包括认知科学、数学、心理学、语言学、控制论、社会结构学等各个领域。

二、人工智能时代的个性化推荐

个性化推荐是数字时代各类电子商务平台最为常用的营销策略,平台利用消费者的浏览、购买和评分历史等数据,以及通过相似消费者的行为数据推断消费者个人偏好,然后在消费者浏览网页时为其推荐他们可能感兴趣的产品或服务。由于消费者浏览的内容不尽相同,平台针对消费者的个性化推荐会帮助消费者筛选出可能喜欢的商品,这极大地提高了消费者的购物体验和消费者忠诚度,并增加了产品被售出的机会。因此,个性化推荐也是电商平台重要的竞争工具。

随着人工智能时代的来临,大家对个性化推荐的要求逐渐增加。一方面消费者希望获得相对传统推荐方式更准确、更人性化的推荐结果;另一方面消费者对个人信息暴露的现象十分警惕,不希望自己的评价和消费记录被商家掌握,甚至于对个性化推荐引发的消费主义潮流非常抵触。因此,人工智能时代的个性化推荐要做好以下几个方面的工作。

(一)构建用户认知模型

用户认知模型是存在于用户头脑中关于一个产品应该具有的概念和行为知识,这种知识可能来源于用户以前使用类似产品的经验。消费者认知决定了他们的购买意愿,而传统个性化推荐注重消费者的偏好,而忽略了对消费者认知的关注。具体表现在,忽略了对个性特质和心理特征的差异,一些消费者依赖他人的意见,一些消费者坚持独立判断。因此,即使偏好相似的消费者,由于认知差异,他们的购买意向也是有很大差距的。人工智能时代的个性化推荐要面向独立型、依赖型、思考型、冲动型等不同认知模式的消费者构建推荐模型。例如,独立型消费者以自身内部状态为参照,对他人的意见不敏感,依赖型消费者自我与非我的心理分化较低,对他人提出的意见较为敏感。对于独立型消费者的个性化推荐要基于自身需求出发,而依赖型消费者的个性化推荐可以考虑结合朋友圈的影响。

(二)构建用户心理抗拒模型

个性化推荐是一种在线营销形式,可以理解为对消费者的"劝说",一旦推荐达到了消费者感知的激活程度后,就会有意识地出现抗拒心理。而关注用户认知的同时,需要进一步关注情感层面的需求,这样可能形成更能够理解消费者的个性化推荐模型。例如,目前大量使用的语音机器人,由于其专业素养不佳、程序烦琐等,很容易让消费者产生抵触心理。构建用户心理抗拒模型,能够最大限度地削弱用户自由被限制的感觉。

(三)构建用户消费动机模型

由于消费者需求是分等级的,这就产生了不同的消费动机。例如,以维持生存为主的需求会导致实用型消费动机。人工智能的优势在于能够通过精准的算法设计,形成消费动机模型,刻画消费者对于某些被推荐对象的心理特征,通过对消费者求实、求新、求美、求名、求廉、求胜等购买动机的定量化,实现精准的个性化推荐,提升营销效果。

三、机器学习在用户画像中的应用

用户画像这一概念最早源于交互设计、产品设计领域,交互设计之父艾伦·库珀指出，用户画像是真实用户的虚拟代表，是建立在真实数据之上的目标用户模型。

随着互联网技术的蓬勃发展，为解决产品运营中的用户定位不精准、用户运营中的个性化服务不足等问题，用户画像被引入用户行为分析，是根据用户社会属性、习惯和消费行为等数据抽象出的一个标签化的用户模型，构建用户画像的核心是为用户贴标签。从交互设计、产品设计转向用户行为分析，用户画像的内涵和外延一直在动态变化，数据容量与分析技术的发展，使得用户画像实现了从传统静态模型（人口统计特征、空间和地理特征等）到动态模型（消费行为、使用行为等）的进阶，实现了企业千人千面的精准营销。

机器学习是人工智能的核心技术和实现手段，从营销角度来看，机器学习是指计算机利用各种机制进行学习的过程，该过程中计算机可以从数据中自动学习并记住规律，并不断应用这种规律改善性能。根据学习能力不同，机器学习可以分为有监督学习、无监督学习和弱监督学习。机器学习在用户画像的标签分类中有着十分重要的应用，根据用户是否在线，可以分为实时用户画像和离线用户画像。

实时用户画像是按需计算，不需要提前计算，处理逻辑要求迅速响应，实时处理。例如，消费者在访问某网站时，会触发对浏览、购物车、购买等行为数据的收集，不同行为被赋予不同权重，加上时间衰竭因素，每个用户会形成一个带权重的兴趣商品集合，然后这些商品集合关联到 Redis 缓存（一个开源的使用 ANSIC 语言编写的应用程序编程接口）计算好的商品数据，从而得到一个商品推荐结果并进行推荐。

离线用户画像需要提前计算用户画像，其基本思路是前期粗筛选过程匹配后期的细筛选过程。例如，粗筛选一般在夜间某个时间点触发，全量计算出所有用户的画像，全量计算完成后即可利用 Spark 处理程序（一种通用的计算框架）分布式地为每个用户计算最可能感兴趣的商品，并在该用户属性对应的商品 MySQL 表或者搜索引擎里去筛选前几个分值最高的商品作为推荐结果保存在 Hadoop 分布式文件系统上，细筛选将会使用 Rerank 二次重排序。例如，用逻辑回归、随机森林等来预测商品被点击或购买的概率，把概率值最高的商品排在前面。经过粗筛选和细筛选，形成最终的用户画像与产品推荐。

第三节　网络营销的心理机制

一、直播带货的心理基础

直播带货已经成为网络营销的重要形式，消费者之所以热衷在直播间进行购物，主要是因为直播带货满足了消费者的一些心理特征。

（一）稀缺效应

稀缺是指实际水平与更高的、更为理想的参照水平之间的差异。在直播间，我们总是能听到各种关于"最后 1 单、马上下车"等营销话术，主播们通过营销话术激发消费者关于产品数量、商品价格、购买时间上的稀缺感，这种稀缺感能够极大地促进购买。在商品价格方面，直播间内，主播们通常会给出较大的折扣，但这种价格优势一般持续时间很短，消费者一旦错过只能等待下一个机会。在商品数量方面，主播会不断告知某产品在此次直播中的数量，并分批次进行补货，重复强调产品数量有限是直播带货引发稀缺性的常用策略。在购买时间方面，直播间通常采用两种策略激发消费者的时间稀缺感，第一种是产品上架前采用倒计时语句，第二种是进行库存数量倒计时，营造紧张刺激的购买氛围。

（二）视觉信息

与嗅觉、听觉信息相比，消费者能更快地处理视觉信息。直播带货中主播特征和直播间场景是影响消费者购买的两个重要因素。

1. 主播特征

直播间主播不仅要求五官端正、长相良好，还要求懂产品、会沟通，能够通过主播介绍，达到吸引消费者的目的。有研究发现，主播对所推荐和推广产品的了解、熟悉程度及相关专业知识的掌握程度会促进消费者的非计划购买行为。

2. 直播间场景

在直播间，消费者把直播内容当成真实的东西来感知，认为自己在真实的环境中进行体验，好的直播间场景有利于观众产生对主播的信任，并产生强烈的直播空间临场感。例如，农产品直播间，可以结合农产品的特性和地域特点，添加特殊的元素和符号展示乡村风貌，增加识别度和视觉体验。

（三）低价心理

为了做出最佳购买决策，消费者通常不断比较每个品牌的信息，继而选择最符合自身期望的产品，这意味着较高的信息搜索成本。然而，直播间销售的产品都是由主播团队精心筛选后确定的，帮助消费者节省了信息搜索与比较的时间，并且省去了很多中间加价环节，因此消费者普遍认为直播间销售的产品价格更低。

（四）冲动消费

进入直播间后，在稀缺效应、囤积心理和低价心理效应的推动下，消费者受到视觉信息的刺激，容易产生冲动消费行为。即使没有购买计划，但在直播间整体氛围的烘托下，消费者也可能进行消费。研究发现，在电商直播情境下，高愉悦、高唤醒的消费者更容易具有冲动性购买意图，主播特征、直播间活跃度等外部刺激的水平和强度能够增强消费者的感知愉悦和感知唤醒。对于企业而言，要更加关注消费者的情感体验，通过加大促销力度、改善主播特征、活跃直播间氛围等方式增加购买。

二、网络种草的心理基础

"种草"本意是指在土壤中培养绿植，后来在互联网语境中泛指通过社交网络向他人分享体验，以激发他人参与消费体验的行为。"种草"最早出现在美妆领域，美妆达人通过个人的体验分享以形成影响他人购买选择的攻略。

随着社交媒体平台"社交+电商"商业生态圈的构建，"种草"从个人层面的经验分享演变为各式各样的社交带货行为，因而"种草"又被视为将品牌和产品信息承载在内容上并通过不同的社交渠道影响消费者心智的过程。

现今，"种草"已经成为社交媒体平台最火的经济现象之一。以知乎、小红书、抖音、B站为代表的种草内容平台加速商业化进程，不断拓宽内容的种草场景的广度和种草深度,赋能品牌市场营销业务。"种草经济"和传统商业模式的本质差异就在于前者能获得报酬递增效应,而后者常常出现报酬递减效应。"种草经济"打破报酬递减规律的关键在于其基于网络平台形成特定的"种草网络"。例如,游戏中有隐藏在玩家之中的"托",知乎、微博等平台中有各种消费"导师",搜索平台中有广告推送,视频网站中有广告嵌入,等等。

"种草经济"通过普通消费者和网络达人的链接,形成一个个消费网络,这种网络不像传统商业模式受制于地理空间,其可以快速实现全网聚集,并形成某些聚点。这些聚点形成了一个个网红产品,为普通产品附加了特殊身份,使其获得了附加值。像脏脏包、蓝莓、芦笋等,都是日常生活中常见的"种草经济"产品。因此,"种草"其实也是一种创租过程,聚集的消费者越多,网络的直接和间接外部性越强,就越容易形成"赢者通吃"的现象,从而造就了网络时代的各种消费奇迹。例如,某网红主播曾在短短 5 分钟内直播销售 1.5 万支口红,"文化使者"李子柒也在 2019 年"双 11"总成交额突破 8 000 万,新东方双语主播董宇辉在短短 10 天内使"东方甄选"直播间及其关联账号的商品总交易额暴涨。当然,网络种草背后具有一定的心理机制。

(一)社交化心理

热衷于"种草"的消费群体多为年轻群体。艾瑞咨询与唯品会共同发布的《种草一代·"95 后"时尚消费报告》显示,"95 后"(1995 年 1 月 1 日至 1999 年 12 月 31 日出生的人)在网购人群中占据主力,63.7%的受访"95 后"表示每天都会使用电商平台。愿意猎奇、追求新鲜有趣、娱乐至上、喜好多样个性化、独立与创意兼具的特点,使得社交娱乐成为其生活的一部分,跟踪热点,社交分享,已经成为他们世界里的共同语言,这种心理驱动网络种草飞速发展。

(二)动机多样化

如今网络格局日新月异,年轻消费者的消费方式受新生事物的影响呈现多样化、多元化。一项调查显示,46%的大学生有过被"种草"而消费的经历,其中娱乐旅游消费占比14%,电子产品消费占比 10%。同时,年轻消费者更容易被颜值、品牌、质量吸引而进行消费,除了这类消费动机外,还可能通过知乎和小红书测评、直播实推、广告代言等获得认同感后产生消费动机。相比之下,"种草经济"下消费者的消费动机更加多样,出现悦己消费、健康消费、绿色消费等新趋势。

(三)从众心理

线上购物始终无法向消费者提供与产品近距离接触的机会,各大平台只是提供了一种商品信息搜索服务,而"种草"能够为消费者提供相对客观的第三方意见,这就导致评论更多、好评数量更多、评论形式更多样的产品进入消费者的视线,获得用户青睐,进而积累了销量,循环往复,爆款就诞生了。

(四)好奇心理

当某商品持续不断地曝光,消费者通常很难保持理性而不点击产品页面进行查看。在查看人气产品的过程中,消费者可以连续地访问页面,随时切换社交媒体平台和购物 App,不断与"种草"者交流,持续的社交联系和信息访问使消费者产生了强烈的沉浸感。正是好奇心不断驱使,消费者拥有了更高的欲望水平和更强的动机。

大数据消费者画像：消费者洞察的新路径

根据维克托·迈尔与肯尼思·库克耶在《大数据时代》中的观点，大数据时代给人类思维带来的最重要的挑战之一便是用相关关系而不是因果关系来理解这个世界，知道"是什么"比"为什么"更能有效地解决问题。过去，营销团队进行消费者洞察的主要目的是要找出消费者行为背后的原因，即为什么购买或不购买某个品牌的产品或服务，为什么喜欢或为什么不喜欢。消费者是基于怎样一种观念或态度来决策的，这样的因果推断会成为我们营销决策的重要依据。而以大数据为基础的消费者画像更多的是相关关系分析，在海量数据中发现隐含的相关性，这为人们提供了一种全新的消费者洞察路径。但是人们习惯于以因果关系如 A 导致 B 这样的思考方式来理解外部世界，例如，习惯性地将销售业绩好归因于销售和市场营销团队的努力，所以遇到旺年，团队可以收获很好的奖金。而第二年一旦业绩下滑，团队的奖金也就下降甚至没有。在销售好的年份，人们会说今年的市场推广很有创意、很有效，一旦遇上灾年，人们可能会觉得市场营销做得不够到位。但事实上，销售、市场营销团队在这两年中可能都不曾懈怠，或者都没有那么拼命。

相对于传统的消费者洞察，大数据消费者画像具有以下优势。

(1) 全景式

过去，消费者洞察的主要手段是市场调研，无论是定性调研还是定量调研，面对数量众多的目标客户，都需要进行抽样调查，通过样本去考虑整体。而采样的方式、问题的设计、信息的筛选都会直接影响到结果的偏差程度。而大数据时代的消费者画像，可以面对更多甚至全部用户，处理的是与用户相关的海量数据。与之前的采样分析相比，消费者画像所处理的样本量很大，大幅减小了统计偏差。这使得人们能洞察到在原来极为有限的采样情况下无法看到的细节，如小众群体的存在及其行为特征，而小众群体的需求往往是一个利基市场的开始。

(2) 透明性

大数据消费者画像能采集到的数据维度非常广泛，不再局限于静态数据或简单的动态数据(如交易记录等)。一个用户在过去某个时间段所有的移动记录、App 使用记录、社交记录甚至其在社交媒体上表现出来的情绪等统统被采集。意味着在手段合法的情况下，企业可以尽可能多地了解到客户的几乎所有相关信息，消费者画像将客户变成了透明的人。例如，海尔已连接 1.4 亿线下实名数据，19 亿线上匿名数据，生成的 360 度用户画像的标签体系，包含 7 个层级、143 个维度、5 236 个节点，现在的数据标签超过 11 亿。即便如此，海尔用户识别、用户画像依然没有"结束"，只要企业的业务还在发生，用户画像就不会停止。

(3) 高精度

大数据消费者画像解决了传统采样调研中所存在的与精度相关的两个问题。

其一，主观因素对结果精确度的干扰。无论是问卷调研、焦点小组或者专题工作坊，都需要预先设定好问题，虽说专业调研者会尽量避免带有主观倾向性地进行访谈，但毕竟有人为的组织和引导。但在一个没有预设的环境中，"样本"不需要与采访者面对面，人的行为比在有预设环境中的人的反应更为真实可信。因此，大数据所反映出的人的特点和映射出的需求相比传统采样调研的结果更为客观、准确。

其二，传统采样调研观察的粒度不够细。当采样调研面对多层次的观察时，因受其样本量和数据数量的影响，层次越深，采样调研结果的错误率越会显著地增加，而大数据消费者画像则不存在这样的困扰。例如，某企业要对全国市场做一个关于消费者对皮具的需求分析，以选择不同区域的产品策略和营销策略。这个分析所需要划分的层级非常多，区域是第一个层级，接下来每个区域又将消费者按照年收入细分为10万~20万元、20万~30万元、30万~40万元三个类别，第三个层级可能就是性别，第四个可能是皮具细分类别，然后还会有第五个、第六个层级。面对这样的一个企业需求的时候，传统的采样调研很难一次性满足调研需求。试想我们在全国的采样总数为5 000，经过第一个层级区域的划分后，每个区域可能就只有1 000个样本了，等划分到第四个、第五个层级的时候，可能就只有几十个样本了，样本量逐级递减。当我们要去讨论第四个或第五个层级的时候，这样的样本数所得出的结论是不可能精确的，而大数据消费画像因其样本量够"大"，所以面对多层次的分析时，正如一幅高清图片，无惧放大，细节也是"高清"的。

(4) 动态化

过去，当我们做消费者洞察或客户分析时，我们分析的是他们的现状，我们所获得的数据基本上是静态的、稳定的数据，这些数据是基于过去的。很多时候，甚至当我们发现业绩下滑而消费者都跑到竞争对手那里时，我们的第一反应不是去研究消费者怎么变了，而是去思考竞争对手都干了些什么，而其实这很有可能是因为我们没有抓住消费者的变化。不要忘了，消费者的行为会随着时间、情境以及环境的改变而改变。因此，消费者画像应该是动态的，假以时日，甚至可能需要推翻、淘汰过去的画像。这种淘汰不是自上而下地始于企业，而恰恰是来自消费者自身，是自下而上的，这也是对过去传统的营销链运行规则的彻底颠覆。

大数据消费者画像所采集的数据不仅有相当大一部分是客户的动态行为数据，并且可以实时采集、分析，这一天然优势有助于我们随时观察客户行为的转变，观察一些可能错过的变化。当我们的销售出现状况的时候，我们不需要重新进行市场调研，可以根据动态的消费者画像所体现出的变化来调整、重新校准我们的营销策略。

（资料来源：曹虎，等. 数字时代的营销战略[M]. 北京：机械工业出版社，2021.）

思考题

1. 数字时代消费者心理程度有哪些转型特征？
2. 如何使用人工智能进行用户画像？
3. 结合自己在直播间购物或被"种草"的经历，谈一谈你的心理感受。
4. 你认为数字技术是否改变了消费者个性心理特征，为什么？

参 考 文 献

[1] 国秋华，戴佳琪，席时祯. 社交媒体平台"种草"行动者的价值共创[J]. 北京文化创意，2023(2)：21-26.
[2] 李春玲. 破局、重构、升维：人工智能时代的中国广告产业结构演进[J]. 商业经济研究，2022，850(15)：180-183.
[3] 李欣琪，张学新. 人工智能时代的个性化推荐[J]. 上海对外经贸大学学报，2020，27(4)：90-99.
[4] 刘万里. 营销人员与客户交往的心理障碍及消除[J]. 商场现代化，2006(36)：102.
[5] 刘毅. 人工智能的历史与未来[J]. 科技管理研究，2004(6)：121-124.
[6] 罗洪莉，马晓雪. 自媒体时代"种草经济"对大学生消费行为影响的研究——以小红书为例[J]. 中国集体经济，2021(25)：165-166.
[7] 迈克尔·所罗门. 消费者行为学（第10版）[M]. 卢泰宏，杨晓燕，译. 北京：中国人民大学出版社，2014.
[8] 孙鲁平，张丽君，汪平. 网上个性化推荐研究述评与展望[J]. 外国经济与管理，2016，38(6)：82-99.
[9] 张淑萍，冯蛟. 电商直播中消费者冲动购买的机制——基于互动和匹配性假设视角[J]. 哈尔滨工业大学学报（社会科学版），2023，25(3)：138-144.
[10] 周业安. "种草经济"：新经济、新问题与新政策[J]. 人民论坛，2019(30)：62-64.